产业经济学重点学科建设项目

技术创新与产业发展

黄 宁　张国胜　著

云南大学出版社

图书在版编目（CIP）数据

技术创新与产业发展/黄宁，张国胜著.—昆明：云南大学出版社，2008

ISBN 978-7-81112-709-6

Ⅰ.技… Ⅱ.①黄…②张… Ⅲ.技术革新—影响—产业—经济发展—研究—中国 Ⅳ.F12

中国版本图书馆 CIP 数据核字（2008）第 175392 号

技术创新与产业发展

黄 宁 张国胜 著

策划编辑：蔡红华
责任编辑：纳文汇 石 可
封面设计：丁群亚
出版发行：云南大学出版社
印　　装：云南大学出版社印刷厂
开　　本：787mm×1092mm 1/16
印　　张：20.25
字　　数：385 千
版　　次：2008 年 11 月第 1 版
印　　次：2008 年 11 月第 1 次印刷
书　　号：ISBN 978-7-81112-709-6
定　　价：46.00 元

社　　址：云南省昆明市一二·一大街 182 号
　　　　　云南大学英华园内（邮编：650091）
网　　址：http://www.ynup.com
E-mail：market@ynup.com

前 言

纵观人类经济发展的历史，技术创新的加速趋势以及技术的扩散对提升产业素质、增强产业竞争力以及促进产业全面发展的作用越来越明显。技术创新是产业高速发展并具备高生产率的基本特征，是产业发展的本质。

在经济发展的过程中，技术创新首先是在物质领域实现突破，在某一个产品部门引入新的生产函数，实现该产品生产方式的重大突破，但由于技术扩散的存在，技术创新本质上也蕴含着对一系列产品的创造和改造。单个产品在技术突破后的突飞猛进的发展过程中，技术的扩散一方面必然会改造其他现存的产业部门，推动其发展，另一方面也会诱致相关技术的产生，导致新产品乃至新产业的产生。因此，从长期来看，技术创新会通过产业链条在各产业间进行扩散，一个行业的技术创新最终会通过产业间的前向关联或后向关联拉动其他行业劳动生产率的提高。所以作用于一个产品的技术创新会通过技术扩散影响一个产业的创新，进而通过产业之间的经济技术联系实现产业的分立、融合与结构的优化，继而实现产业的全面发展。

本书立足于"广博而不分散，专深而不偏颇"，根据技术创新与产业发展的主线，共分三大部分。

第一部分即第一章，主要评述技术创新与产业发展的经典理论，探讨技术创新、技术创新与主导产业演进、技术创新与产业结构演进的一般规律，并研究了欠发达地区的技术创新与产业发展的特殊规律。

第二部分从第二章开始，至第八章结束，共七章，主要研究云南省技术创新与产业发展的现状。作者在充分调研的基础上，依次分析了云南省技术水平发展的现状、技术创新与产业发展的载体情况、技术创新与高新技术产业化的环境、技术创新与高新技术产业化发展、高新技术产业化与工业结构优化、技术创新与生物产业发展、技术创新与产业生态环境变化、产业转移过程中的技术扩散与云南产业发展等。

第三部分主要是促进云南省技术创新与产业发展的对策研究,包括第九至第十二章。作者通过立足技术创新与产业发展的一般规律,基于云南省技术创新与产业发展的基本现状,提出了加快技术创新与产业发展的载体建设、形成技术创新与产业发展的政策支持体系、搭建技术创新与产业发展的人才支撑平台等对策。

目 录

前 言 …………………………………………………………… (1)

第一章 技术创新与产业发展理论评述 ………………………… (1)
  第一节 技术创新的理论评述 ……………………………… (2)
    一、熊彼特的技术创新理论 ……………………………… (2)
    二、技术创新与经济增长理论 …………………………… (5)
    三、新熊彼特学派的技术创新理论 ……………………… (9)
    四、技术创新理论研究的新趋势：技术创新与制度创新的融合
    ………………………………………………………… (17)
  第二节 技术进步、经济长波与主导产业演进 …………… (25)
    一、技术创新与经济长波 ………………………………… (26)
    二、经济长波中的主导产业演进 ………………………… (29)
  第三节 技术创新与产业结构演进 ………………………… (34)
    一、产业结构演进的规律 ………………………………… (34)
    二、技术创新与产业结构演进的关系 …………………… (39)
  第四节 欠发达地区技术创新与产业发展 ………………… (44)
    一、欠发达地区技术创新的特殊性 ……………………… (44)
    二、欠发达地区的产业发展 ……………………………… (46)

第二章 云南技术发展水平研究 ……………………………… (48)
  第一节 技术发展水平的测量方法 ………………………… (48)
  第二节 技术成就指数(TAI)的测量方法 ………………… (50)
    一、技术成就指数(TAI)简介 …………………………… (50)
    二、TAI方法的优化 ……………………………………… (52)

第三节　云南技术发展水平的现状 …………………………… (53)
　　一、技术发展水平 ……………………………………………… (54)
　　二、新技术创造 ………………………………………………… (58)
　　三、新兴技术的扩散 …………………………………………… (66)
　　四、传统技术的扩散 …………………………………………… (66)
　　五、人员技能的培养 …………………………………………… (72)
第四节　云南技术发展的问题及原因分析 …………………… (74)
　　一、云南技术发展的主要问题 ………………………………… (74)
　　二、云南技术发展较差的主要原因分析 ……………………… (75)

第三章　云南技术创新与产业发展的载体研究：昆明高新技术开发区
………………………………………………………………………… (78)
第一节　高新技术开发区：技术创新与产业发展的载体 …… (78)
第二节　昆明高新技术开发区的发展现状：基本状况与运行特点
………………………………………………………………………… (80)
　　一、昆明高新技术开发区的基本状况 ………………………… (80)
　　二、昆明高新技术开发区与全国高新技术开发区的比较 …… (84)
　　三、昆明高新技术开发区的运行特点 ………………………… (86)
第三节　昆明高新技术开发区发展中存在的主要问题 ……… (87)
　　一、区内管理体制已不能适应知识经济条件下的技术创新与产业
　　　　发展 …………………………………………………………… (88)
　　二、区内企业的发展形态未能有效地推动技术创新与产业发展
　　　　………………………………………………………………… (88)
　　三、高新技术开发区内缺乏推动技术创新的区域文化 ……… (90)
　　四、高新技术开发区内的人才结构难以适应技术创新与产业发展
　　　　的需要 ………………………………………………………… (90)
　　五、粗放型发展模式下的"工业园区" ………………………… (91)

第四章　技术创新过程中的云南高新技术产业化环境分析 ………… (92)
第一节　高新技术产业化的环境 ……………………………… (92)
　　一、高新技术的研发环境 ……………………………………… (92)
　　二、高新技术企业的形成及其发展环境 ……………………… (95)
第二节　云南高新技术产业化的环境分析 …………………… (97)
　　一、高新技术的研发环境 ……………………………………… (98)

二、高新技术企业的形成及其发展环境 …………………………（105）
　第三节　推进云南高新技术产业化的政策效应分析 ……………（112）
　　一、引进和留住人才的政策效应 …………………………………（112）
　　二、提高企业研发地位的政策效应 ………………………………（112）
　　三、扩大风险投资的政策效应 ……………………………………（113）
　　四、加强技术保护的政策效应 ……………………………………（114）
　　五、发展技术市场的政策效应 ……………………………………（114）

第五章　技术创新、高新技术产业化与云南工业结构优化 …………（116）
　第一节　高新技术产业发展与工业结构变化之间的关系 ………（116）
　　一、高新技术与工业结构升级的相互关系 ………………………（116）
　　二、高新技术产业推动工业结构升级的作用机制 ………………（118）
　　三、高新技术产业推动工业结构升级的直接效应 ………………（120）
　第二节　云南高新技术产业发展现状 ……………………………（121）
　　一、高新技术产业规模增长较快 …………………………………（121）
　　二、高新技术产业基地作用明显 …………………………………（122）
　　三、产业化效率较高 ………………………………………………（122）
　　四、产业规模较小 …………………………………………………（122）
　　五、产业化水平较低 ………………………………………………（123）
　第三节　高新技术产业发展对云南工业结构升级的影响 ………（124）
　　一、高新技术产业对云南技术密集型行业发展的影响 …………（124）
　　二、高新技术产业对云南高附加值行业发展的影响 ……………（125）
　　三、高新技术产业对云南轻度污染行业发展的影响 ……………（126）
　　四、高新技术产业对云南低消耗行业发展的影响 ………………（127）
　第四节　云南高新技术产业发展对工业结构升级影响的原因
　　……………………………………………………………………（128）
　　一、云南高新技术产业的创新性特征 ……………………………（129）
　　二、云南高新技术产业的聚集性特征 ……………………………（131）
　　三、云南高新技术产业的成长性特征 ……………………………（132）
　第五节　发展高新技术产业，促进云南工业结构优化的对策建议
　　……………………………………………………………………（133）
　　一、加快高新技术产业化机制的建立和完善 ……………………（133）
　　二、加快构建区域创新体系，增强科技创新和自主开发能力
　　……………………………………………………………………（135）

· 3 ·

三、推进传统产业的高技术化是云南高新技术产业化发展的重要
　　领域 ……………………………………………………………（137）
四、建设产业孵化器是促进高新技术产业发展的重要内容 ……（138）

第六章　技术创新与云南生物产业发展 ……………………………（140）
第一节　生物经济及其发展趋势 ……………………………………（140）
一、生物技术相关产业飞速发展 ………………………………（141）
二、生物技术运用的深度和广度不断扩大 ……………………（141）
第二节　世界各国生物经济的政策选择 ……………………………（142）
一、确立生物经济的战略地位 …………………………………（142）
二、设立高规格、全局性的领导和协调机构 …………………（142）
三、加大对生物经济的资金支持 ………………………………（143）
四、制定和完善一系列保护和鼓励生物经济发展的法律和政策
　　………………………………………………………………（144）
五、培养生物技术产业化的良好环境 …………………………（145）
第三节　云南生物产业重点发展领域选择 …………………………（147）
一、现代生物医药产业 …………………………………………（147）
二、生物能源 ……………………………………………………（150）
三、生物农业 ……………………………………………………（153）
第四节　云南生物经济发展的主要制约因素 ………………………（155）
一、投资渠道单一，科技投入较少 ……………………………（155）
二、研发力量较弱且较为分散，针对性研究成果较少 ………（158）
三、从业者素质有待提高 ………………………………………（159）
四、缺乏有效的科技服务体系 …………………………………（159）

第七章　技术创新与云南产业生态环境 ……………………………（161）
第一节　云南生态足迹研究 …………………………………………（161）
一、生态足迹研究理论与研究方法 ……………………………（161）
二、云南1995—2005年生态足迹分析 …………………………（163）
三、云南生态承载力分析 ………………………………………（169）
四、生态足迹与生态承载力比较 ………………………………（171）
五、资源利用效益 ………………………………………………（172）
第二节　云南工业经济增长与环境污染关系研究 …………………（173）
一、研究方法 ……………………………………………………（173）

二、变量与数据 ……………………………………………………… (174)
　　三、冲击响应分析 …………………………………………………… (174)
　第三节　云南工业发展的生态环境压力分析 ……………………………… (177)
　　一、生态环境压力指数(ESI)的设计与计算 ……………………… (178)
　　二、1996—2005年云南省工业发展对生态环境压力状态的定量
　　　　评价 ………………………………………………………………… (180)
　第四节　技术创新、增长方式转变、产业生态环境改善的思路与对策
　　　　　 …………………………………………………………………… (185)
　　一、形成生态经济发展的新思路 …………………………………… (185)
　　二、建立可持续的生态经济发展模式 ……………………………… (186)
　　三、加大环境保护力度,建立生态补偿机制 ……………………… (187)
　　四、完善生态经济建设的财税政策 ………………………………… (188)

第八章　产业承接中的云南技术转移与产业发展 ……………… (190)
　第一节　云南承接产业转移的现状 ………………………………………… (190)
　　一、云南承接产业转移的区域结构 ………………………………… (191)
　　二、外省在云南投资的产业结构特点 ……………………………… (193)
　　三、外省向云南产业转移的部门类型 ……………………………… (194)
　　四、云南通过直接投资吸引外部技术转移的特点 ………………… (195)
　第二节　通过产业转移向云南进行技术转移的成本—收益分析 ………… (197)
　　一、成本分析 ………………………………………………………… (197)
　　二、收益分析 ………………………………………………………… (199)
　　三、引进投资过程中的技术转移效应的比较 ……………………… (201)
　第三节　通过产业转移实现技术转移的难点 ……………………………… (202)
　　一、技术转移的制度制约 …………………………………………… (202)
　　二、云南软环境对技术转移的制约 ………………………………… (203)
　　三、云南吸引技术手段和方法上的制约 …………………………… (205)
　第四节　促进发达地区向云南进行技术转移的对策建议 ………………… (206)
　　一、形成加快向云南进行技术转移的新思路 ……………………… (206)
　　二、完善政府推动机制 ……………………………………………… (208)
　　三、完善技术转移的中介联系和组织机制 ………………………… (209)
　　四、促进企业承接能力及合作能力的提高 ………………………… (210)
　　五、建立促进科研开发和科技成果转化的市场环境和法律环境
　　　　 ………………………………………………………………………… (211)

六、进一步完善产学研技术合作体系 ……………………………… (212)
七、增加对技术转移及引进的金融支持 …………………………… (213)

第九章 技术创新与云南产业发展的载体建设：企业集聚理论视角下的高技术园区发展 ……………………………………………… (214)

第一节 高新技术开发区发展的区域理论 ……………………………… (214)
  一、企业家理论、苗床理论和地区创造性理论 ……………………… (215)
  二、增长极理论 …………………………………………………………… (216)
  三、空间扩散理论 ………………………………………………………… (219)
第二节 企业集群与高新技术开发区发展的关联机理 ………………… (221)
  一、企业集群与产业竞争力 ……………………………………………… (221)
  二、高新技术开发区的发展有赖于企业集群的形成 ………………… (222)
第三节 国内外高新技术开发区的案例分析与经验启示 ……………… (223)
  一、美国硅谷地区的发展 ………………………………………………… (223)
  二、印度班加罗尔地区的发展 …………………………………………… (224)
  三、中国台湾新竹科学工业园区的发展 ………………………………… (225)
第四节 企业集群视角下的高新技术开发区的发展 …………………… (226)
  一、企业集群视角下的高新技术开发区的发展模式 ………………… (226)
  二、基于企业集群的昆明高新技术开发区的发展对策 ……………… (228)

第十章 技术创新与云南产业发展的政策体系：技术要素分配 …… (236)

第一节 云南企业技术要素参与收益分配的现状 ……………………… (236)
  一、工资奖金的差异化 …………………………………………………… (236)
  二、技术入股只在少部分企业中采用 …………………………………… (237)
  三、云南企业技术要素参与收益分配的激励效果 …………………… (238)
第二节 云南企业技术要素参与收益分配面临的主要问题 …………… (238)
  一、技术要素的产权归属不清晰 ………………………………………… (238)
  二、技术要素的定价难以及定价机制缺失 …………………………… (243)
第三节 促进云南企业技术要素参与收益分配和技术进步的对策思路 ………………………………………………………………… (248)
  一、云南鼓励技术要素参与收益分配的政策思路 …………………… (248)
  二、技术要素产权明晰化方案 …………………………………………… (250)
  三、技术要素的定价方案 ………………………………………………… (253)
  四、技术入股方案 ………………………………………………………… (255)

第十一章 技术创新与云南产业发展的政策体系：政府采购 …… (257)
第一节 政府采购与自主创新的关系 …… (257)
第二节 云南政府采购的现状 …… (259)
一、云南政府采购的现状 …… (259)
二、云南自主创新产品、服务、系统的购买方式以及涉及的范围 …… (261)
第三节 云南自主创新的政府采购与现行政府采购制度的矛盾 …… (262)
一、政府采购推进公共技术采购的制度设计仍不明确 …… (263)
二、政府采购目标与支持自主创新存在矛盾 …… (263)
三、政府采购与激励企业创新存在矛盾 …… (264)
四、政府采购缺乏基本的技术标准作为采购底线 …… (264)
第四节 云南自主创新的政府采购的有利条件 …… (264)
一、云南省自主创新的政府采购的有利条件 …… (265)
二、政府采购支持的企业自主创新的实现机理 …… (266)
第五节 国外利用政府采购扶持自主创新企业发展的成功经验 …… (267)
一、美国的经验 …… (267)
二、英国的经验 …… (267)
三、日本的经验 …… (267)
四、韩国的经验 …… (268)
第六节 完善云南自主创新产品政府采购管理的政策建议 …… (268)
一、制定政府采购自主创新产品目录，明确政府采购激励自主创新产品的范围 …… (268)
二、优先安排自主创新项目，建立激励自主创新的政府首购制度 …… (269)
三、加强预算控制，强化自主创新产品政府采购预算管理 …… (269)
四、完善云南自主创新产品政府采购评审方法 …… (270)
五、完善政府采购合同管理制度，确保自主创新采购政策的落实 …… (271)
六、细化云南货物审核制度和购买外国产品审核制度 …… (272)
七、进一步加强云南对政府采购自主创新产品的监督 …… (272)
八、建立促进云南中小企业自主创新的政府采购制度 …… (272)

第十二章 技术创新与云南产业发展的人才支撑 …… (274)
  第一节 云南科技人才队伍总体状况 …… (274)
  第二节 云南科技人才队伍行业分析 …… (277)
    一、科技人才行业集中度 …… (277)
    二、科技人才行业流动性 …… (279)
    三、流动性原因分析 …… (280)
  第三节 云南科技人才流动和效用 …… (281)
    一、云南科技人才流动 …… (281)
    二、云南科技人才效用发挥情况 …… (286)
  第四节 云南省人才引进政策 …… (286)
    一、引进人才对象与定位 …… (287)
    二、引进人才的工资、住房待遇 …… (288)
    三、引进人才的家属、子女配套政策 …… (288)
    四、引进人才的职称晋升 …… (289)
    五、引进人才的科研条件 …… (289)
    六、引进人才的绩效评价 …… (289)
    七、江苏省引进人才具有的而云南省引进人才不具有的几点优惠条件 …… (290)
  第五节 云南生物医药产业高层次人才存在的问题案例调查 …… (291)
    一、生物医药企业A集团的调查分析 …… (291)
    二、生物医药企业B公司的调查分析 …… (294)
    三、生物医药企业C公司的调查分析 …… (295)
    四、案例调查分析的几点启示 …… (296)
  第六节 云南软件产业高层次人才分析 …… (297)
    一、软件产业人才缺乏 …… (297)
    二、软件人才吸引政策比较分析 …… (297)
    三、软件人才引不进来、留不住的主要原因 …… (300)
    四、云南吸引软件产业人才的建议 …… (300)

参考文献 …… (302)

后　记 …… (311)

第一章 技术创新与产业发展理论评述

在经济学的经典理论中，对技术创新（Innovation）的关注最早可以追溯到亚当·斯密在1776年出版的《国民财富的性质与原因》一书。在该书中，亚当·斯密指出：国家的富裕在于分工，而分工之所以有助于经济增长，一个重要的原因在于它有助于某些机械的发明，"分工的结果，个人的全部注意力自然会倾注在一种简单事物上，所以只要工作性质还有改良的余地，各个劳动部门所雇用的劳动者中，不久自会有人发现一种比较容易而便利的方法，来完成各种工作。惟其如此，用在今日分工最细密的各种制造业上的机械，有很大部分，原是普通个人的发明"①。这里，亚当·斯密实际上对技术创新的来源以及技术创新对经济增长的影响进行了初步的探讨。

马克思也是一位十分重视技术创新研究并作出了许多精辟论述的经济学家。在《资本论》中，他明确指出"资产阶级除非使生产工具……不断革命化，否则就不能生存下去"②，说明了技术在经济发展中的力量之大。虽然马克思没有明确使用技术创新的概念，但他从哲学高度上阐述了技术创新的基本思想，并对科学发明和技术创新在社会经济发展中的重要作用作了精辟论述。罗森伯格（N. Rosenberg）认为，马克思关于技术创新问题的论述，仍是当今对技术及其分支研究的出发点③。

不过，在谈到技术创新理论的创造者时，人们还是很自然地将其与熊彼特的名字联系在一起，这主要是因为熊彼特不但在经济学中首次提出了

---

① 亚当·斯密：《国民财富的性质与原因》（上卷），商务印书馆1972年版，第10页。
② 中共中央马克思恩格斯列宁斯大林著作编译局：《资本论》（第二卷），人民出版社2004年版，第98页。
③ N. Rosenberg, *Inside the black box*. Cambridge University Press, 1982, pp. 34.

创新的概念，而且还初步系统地探讨了技术创新理论，成为现代创新理论研究的一块重要基石。本节将从熊彼特的技术创新理论开始，系统评述技术创新理论及其发展。

第一节 技术创新的理论评述

一、熊彼特的技术创新理论

1912年，美籍奥地利经济学家约瑟夫·熊彼特（Joseph A. Schumpeter）在其成名作《经济发展理论》（*Theorie der wirtschaftlichen Entwichlung*）一书中首次提出了"创新"，之后他通过一系列著作进一步完善，形成了熊彼特的（技术）创新理论，其主要内容包括如下两个方面。

首先，熊彼特对创新进行了定义。熊彼特认为，创新就是建立一种新的生产函数，也就是说，把一种从来没有过的关于生产要素和生产条件的"新组合"引入生产体系。这种新组合包括以下内容：（1）引进新的产品，即产品创新。制造一种消费者还不熟悉的产品，或一种与过去产品有本质区别的新产品。（2）采用一种新的生产方法，即工艺创新或生产技术创新。采用一种从未通过产业部门检验的方法，这种新的方法绝不需要建立在科学新发现的基础之上，并且可以存在于商业上处理一种产品的新方式之中。（3）开辟一个新的市场，即市场创新。开辟有关国家或某一特定产业部门以前尚未进入的市场，不管这个市场以前是否存在。（4）掠取或控制一种原料或半成品的新的供给来源，即开发新的资源，不管这种资源是已经存在的，还是首次创造出来的。（5）实行一种新的企业组织形式，即组织管理创新。如形成新的产业组织形态，建立或打破某种垄断[①]。

熊彼特的创新概念主要属于技术创新范畴，也涉及管理创新、组织创新等，但他强调的是把技术与经济结合起来，更多是从经济学的角度界定创新。通过经济上引入某种"新"的东西，不能等同于技术上的发明，只有新的技术发明被应用于经济活动时，才能成为"创新"。他把发明和创新分开，强调第一个将发明引入生产体系的行为才是创新。

其次熊彼特研究了技术创新模式。熊彼特特别强调企业家的作用，认

---

① 熊彼特：《经济发展理论》，商务印书馆1997年版，第73－74页。

为创新的承担者（主体）只能是企业家。发明者不一定是创新者，只有企业家才会有能力把生产要素和生产条件的新组合引入生产体系，实现"创新"。同样，资本家或股东也不同于企业家，资本家和股东是货币所有者，是物质财富的所有人，而企业家则是资本的使用人、实现生产要素组合的首创人。企业家可以同时是一个资本家或是一个技术专家或是一个技术发明者，但拥有资本的资本家或技术发明者如果不把他们的资本和技术用于生产方式的组合，没有创新行为就不能成为企业家。在熊彼特看来，企业家应该是有眼光，能看到市场潜在的商业利润；有能力，有胆略，敢冒经营风险，从而取得可能的市场利润；有经营能力，善于动员和组织社会资源，进行并实现生产要素的新组合，最终获得利润。

正是因为能看到创新可能带来的盈利机会，或使潜在的盈利机会变成实现的利润，企业家才追逐创新，从而形成了企业家技术创新模式（如图1.1）：（1）有一个与科学发展相关但不能确定的发明流；（2）企业家意识到这些发明的可能潜能，准备冒险进行创新；（3）一旦成功地进行了一项根本性的创新，现有的市场结构将处于非均衡状态，成功的创新者将获得超额利润，但这种利润会随大量模仿者的进入而被削弱。

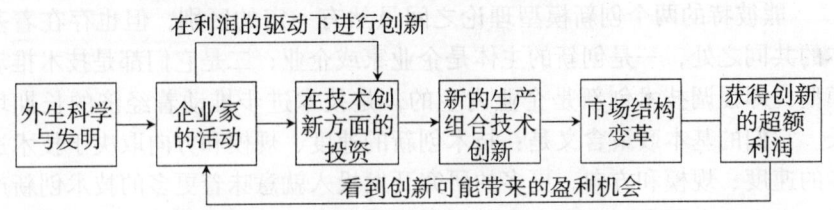

图1.1　熊彼特的企业家技术创新模式

第一次世界大战之后，熊彼特对技术创新又有了新的见解，改变了在企业家技术创新模式中"技术是经济系统外生变量"的看法，转而认为：技术来源于企业内部创新部门，是内生的，而且技术进步与完全竞争是不相容的。在1942年发表的《资本主义、社会主义与民主》（Capitalism, Socialism and Democracy）一书中，熊彼特强调了垄断性大规模企业在创新中的巨大作用，认为市场垄断地位是企业承受创新所带来的风险和不确定性的先决条件，"大企业是技术进步最有力的发动机"[1]。

熊彼特的上述新见解被菲利普斯（Phillips, A）在1971年所著的

---

[1] 熊彼特：《资本主义、社会主义与民主》，商务印书馆1997年版，第175-176页。

《技术与市场结构》(Technology and Market Structure)、弗里曼（C. Freeman）1982年在其所著的《工业创新经济学》(The Economics of Industrial Innovation)共同概括为熊彼特的大企业创新模式（见图1.2）：（1）技术创新来自于大企业内部的创新部门；（2）成功的技术创新使大企业获得了超额利润，企业规模扩大，形成垄断；（3）大量模仿者进入，垄断地位削弱。

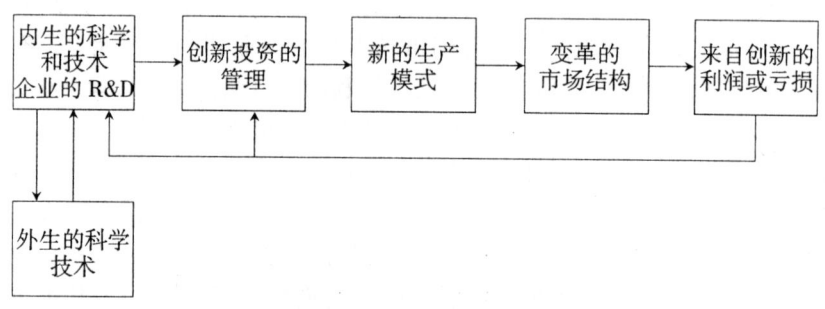

图1.2 熊彼特的大企业技术创新模式

熊彼特的两个创新模型理论之间虽然有一定的区别，但也存在着基本的共同之处，一是创新的主体是企业家或企业；二是它们都是技术推动模型，即强调技术创新是企业内生的，是技术进步推动着经济的长期增长。它们的基本政策含义是：技术创新的速度、规模和方向取决于技术进步的速度、规模和方向，更多的研究开发投入就意味着更多的技术创新产出。大企业在研究开发支出方面具有优势，所以，它们在技术创新方面也必然具有先天性的市场优势。正因为它们都特别强调研究开发对于技术创新的推动作用，后来的学者将这两个熊彼特技术创新模型称为"技术推动模型"。

熊彼特去世后，他的"技术创新理论"基本上是围绕着两个方向进行：一是新古典经济学家为将技术进步纳入到新古典经济学的理论框架中所做的努力，其结果就是经济增长理论以及近年来发展声势颇大的新经济增长理论；二是以美国经济学家曼斯菲尔德（E. Mansfield）、英国经济学家C. 弗里曼（C. Freeman）和卡曼（M. I. Kanmien）为代表，他们将技术创新理论从熊彼特的经济理论中独立分离出来，对技术创新的概念、研究的内容和类型进行界定，侧重研究科技进步与经济结合的方式、途径、机制以及影响因素等，经验研究和案例分析为其突出特点。由于他们恪守经济分析的熊彼特传统，基本围绕熊彼特的技术创新理论而展开研究，因此被称为新熊彼特学派。

二、技术创新与经济增长理论

技术创新与经济增长理论主要阐述技术创新在经济增长过程中的贡献日益扩大，技术进步日益成为现代经济增长的主要动力等。这一块的理论研究经历了从技术外生的新古典经济增长理论到技术内生的新经济增长理论的发展过程。

（一）技术外生的新古典经济增长理论

自经济学产生开始，经济学家就不断探索经济增长的原因、经济增长的内在机制以及经济增长的途径。但将经济增长作为一个独立、专门的研究领域进行研究，是从英国经济学家哈罗德（R. Harrod）和多马（E. Domar）开始的。他们在将凯恩斯的宏观经济理论长期化、动态化的过程中同时提出了一个极为相似的经济增长模型：

$$G = S/C$$

其中 G 是单位时间的增长率，S 是收入中的储蓄比例，C 是资本产出比。假定 C 不变，则储蓄率 S 就被认为是决定经济增长的唯一因素，从而得出了经济长期增长的均衡路径。

由于哈罗德—多马模型假定资本产出比率为固定常数，资本和劳动不能替代，而与20世纪以来技术进步的现实不符。因为，资本产出比率主要是由技术水平决定的，而技术水平是不断发生变化的，当技术创新发生时，资本的产出率将增加，而单位产出的资本量就会下降。因此，技术创新推动下的经济增长就很难满足哈罗德—多马模型中提出的恒等式。

索罗（R. Solow）在哈罗德—多马模型的基础上，放松了资本和劳动不可替代的假设，把经济增长归因于资本积累、劳动力增加和技术变化，并提出了自己的经济增长模型：

$$Y = AF(KL)$$

其中，Y 是经济产出，K 是资本存量，L 是劳动投入，A 是技术发展水平。在最简单索罗经济增长模型中，人均产量是资本—劳动比率和技术进步的增函数，储蓄等于投资，人口增长率被假定为固定的和外生的。因此，储蓄率上升会引起人均产量和资本—劳动比率持久性上升，但经济的稳定增长率却并不发生变化。较高的人口增长率会导致增长率的持久性增加，却会使人均产量的稳定状况水平下降。因此，只有技术进步才能导致经济更快的持续增长。这样，索罗模型实际上是第一次提出了"技术进步对经济增长具有最重要的贡献"的观点。尽管如此，索罗模型假定技术进步是一个外生变量,大大影响了其理论的合理性。

继索罗之后,丹尼森(E. Dension)、乔根森(D. Jorgensen)、宇泽弘文(H. Uzawa)等人继续研究技术进步对经济增长的贡献。但新古典经济增长理论却存在着不可克服的局限性,也始终没有解决索罗"剩余"的问题——如何将技术进步对经济增长的作用内生化。

(二)技术内生的新经济增长理论

为解释经济增长的来源,弥补索罗模型的不足,以及消除新古典经济增长模型存在的局限性,经济学家开始把技术进步引入经济增长模型,形成了两条思路对技术进步与经济增长的关系进行研究:第一条思路以在生产中积累的资本来代表当时的知识水平,将技术进步内生化,这一类模型可称之为知识积累模型,简称为 AK(accumulation of knowledge)模型;第二条思路是认为技术进步取决于人力资本建设的资源投入,主要体现在对 R&D(research and development-based)部门的投入,这一模型被称之为基于 R&D 的模型。

1. AK 模型

AK 模型以罗默和卢卡斯(R. Lucas)的工作为代表。他们沿着阿罗(K. Arrow)的思路继续前进,提出了各自的技术进步内生化的经济增长模型。

罗默关于经济内生增长模型的看法受到了阿罗的影响。阿罗假设技术创新不是外生的,而是由资本积累所决定的,这就是著名的"干中学"(learning-by-doing)思想。罗默继承了阿罗的"干中学"思想,把知识作为一个变量直接引入模型。同时他强调了知识积累的两个特征:第一,专业生产知识的积累随着资本积累的增加而增加,这是因为随着资本积累的增加、生产规模的扩大、分工的细化,工人能在实践中学到更多的专业化知识,因此一个经济范围内更大的资本存量将提高对每一生产者而言的技术水平;第二,知识具有"溢出效应",即随着资本积累的增加,生产规模的扩大,知识能够外溢到整个经济范围,每个企业都能够从别的企业那里获得知识方面的好处,从而导致整个社会知识存量增加。在这些思想的指导下,罗默提出了如下形式的生产函数:

$$F_i = F(k_i, K, \overline{x_i})$$

其中,F_i 为 i 厂商的产出水平,为厂商生产某产品的专业化知识,$\overline{x_i}$ 为 i 厂商其他生产要素的向量。$K = \sum_{i=1}^{n} K_i$ 表示整个社会的知识水平。对于这个生产函数,罗默作了进一步的假定:对于给定的 K 值,F 为 k_i 与 $\overline{x_i}$ 的一次函数,即当整个社会知识水平固定,单个厂商用专业知识及生产要素投入进行生产时,规模收益不变;从社会观点来看,由于知识具有"溢出效应",所以 F 值具有全球知识边际生产力的递增性,即对于给定的$\overline{x_i}$,F 是 K 的增函数;单个厂商的专业化知识的积累是资本积累的减函数①。

卢卡斯引入了舒尔茨和比彻提出的人力资本概念,即强调通过学校正规教育获得人力资本积累,在借鉴罗默的处理技术即"干中学"的基础上,获得人力资本的积累,对宇泽弘文的技术方程作了修改,建立了一个专业化人力资本积累的经济增长模型②。

在卢卡斯的经济增长模型中,企业能获得的知识的多少不依赖于总资本存量,而依赖于经济的人均资本。卢卡斯假设学习和外溢涉及人力资本,且每一个生产者都得益于人力资本的平均水平而非人力资本总量,不再考虑其他生产者所积累的知识或经验,而是考虑从与掌握了平均水平的技能与知识的平常人的(自由)互动中得来的收益。

2. R&D 模型

技术水平可以被 R&D 支出之类的有目的的活动所推进,这样经济增长就可以基于 R&D 推进的技术进步而增长。对 R&D 模型的研究始于罗默、阿格辛、霍维特、格罗斯曼、卢卡斯等人。

罗默的 R&D 模型有三个基本前提:第一,技术进步是经济增长的核心;第二,大多数技术进步是源于市场激励而导致的有意识投资行为的结果,因此,技术进步在该模型中是内生的而不是外生的;第三,知识商品与其他商品不同,一旦一项技术发明生产,虽然必须为之支付一笔原始投资,但这之后,可以不断重复使用而无需再花费成本,这种特性被假定为技术所特有。

罗默认为,知识由两部分组成。一部分是人力资本 H,它是竞争性的;另一部分是实物资本 A,它是非竞争、技术性质的,隐含于先前的创新产品之中。A 可以无界限的增长。

罗默模型的基本含义是:科学知识就其产权而言所具有的"排他性"为单个厂商进行科研与开发提供了动力。因为每一项科学技术发明的产权都受到永久保护,由这一保护所产生的"租"可用来补偿该企业在研究

---

① P. Romer, 1986, "*Increasing Returns and Long-Run Growth*", Journal of Political Economy, Vol. 94, No. 5, pp. 1002 – 1037.

② R. Lucas, 1988, "*On the Mechanics of Economic Development*", Journal of Monetary Economy, Vol. 22, No. 5, pp. 3 – 10.

与开发过程中所支付的费用。而研究部门的科研与开发使发现新的中间产品成为可能。中间产品的增加意味着用于生产最终产品的资本存量的增加。由此可以看出,研究部门的科研与开发在罗默这个模型中起着举足轻重的作用。研究部门推动着中间产品的扩展,从而推动企业经济的增长。又因为知识就其使用而言是"排他性的",即知识具有"溢出效应",知识的"溢出效应"导致用于生产知识的人力资本的边际产出率递增,从而推动整个社会的长期经济增长[①]。

总之,技术内生的经济增长理论认为:技术创新是经济增长的源泉,而劳动分工程度和专业化人力资本的积累水平是决定技术创新水平高低的最重要因素。技术内生经济增长理论描述的经济增长模式如图1.3所示。

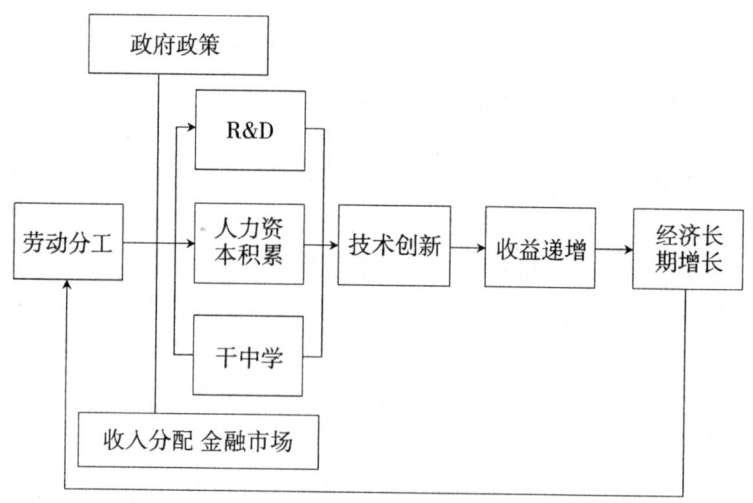

图1.3 内生增长理论的经济增长模式

纵观西方经济学家关于技术进步与经济增长的理论,可以看出,尽管在不同的历史时期,不同的经济学派对技术进步与经济增长的关系看法有所不同,但随着科学技术的不断发展,尤其是新技术革命的蓬勃兴起,经济学家越来越重视技术进步在经济增长中的重要作用,越来越把技术进步看做是经济增长的主要动因。特别是新经济增长理论直接将知识和技术内生化于经济增长模型,并认为专业化的知识和人力资本积累可以产生递

---

① P. Romer, 1986, "*Endogenous Technological Change*", Journal of Political Economy, Vol. 98, No. 5, pp. 71-102.

增的收益并使其他投入要素的收益增加,导致总的规模收益递增,从而突破传统经济增长理论关于要素收益递减或不变的假定,揭示经济持续、永久增长的源泉和动力。

三、新熊彼特学派的技术创新理论

(一) 技术创新过程

受熊彼特技术创新模式的影响,普赖斯 (W. J. Price) 和巴斯 (L. W. Bass) 把技术创新看做是一个有序的过程,它始于新知识的发现,经过不同阶段的开发,最终呈现为一种可用的形式①。克莱因 (S. J. Kline) 刻画了这一过程的三大特点:第一,它显示了"科学—技术—生产—营销"的唯一线性通路;第二,创新的流转被看做是一个单向的过程;第三,研究活动,或者是"新知识",只有在创新的初始阶段才需要②。这种创新模式可用图 1.4 表示。

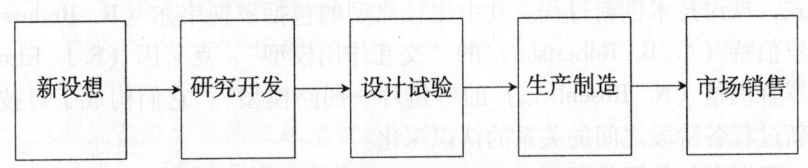

图 1.4 技术拉动的线性创新模式

该模式把技术创新过程看做是通过规定顺序或步骤把新知识转换为新产品的过程。该模式将所有精力集中于研发阶段,并不关注研发是如何转化为新产品、新工艺或新服务的,后者被假定为前者的必然结果。这就是罗森伯格 (Rosenberg) 所谓的创新的"黑箱"。

这种技术推动的创新模式提出后,受到了许多学者的质疑。20 世纪 60 年代美国经济学家斯穆克勒 (J. Schmookler) 在《发明和经济增长》(*Innovation and economic growth*) 一书中提出了与技术拉动相反的市场拉动学说,并引发了持久的争论。斯穆克勒采用时间序列方法研究了 19 世纪上半叶到 20 世纪 50 年代美国铁路、炼油、农业和造纸业等四大产业的发展。他发现,投资和专利的时间序列表现出高度的同步效应,投资序列

---

① Price, W. J., and Bass, L. W., "*Scientific Research and the Innovative Process*", Science, 1969, Vol. 164 (16): 802–806.

② Kline, S. J., "*Innovation Is Not a Linear Process*", Research Management, 1985, Vol. 28 NO. 4, pp. 36–45.

往往趋向于领先专利序列,相反的可能性较少;同时投资往往把经济的波动由低潮引向高潮。由此他得出结论:"专利活动也就是发明活动,与其他经济活动一样,基本上是追求利润的经济活动,它受到市场需求的引导和制约。"① 因此,在创新活动起因中,市场拉动是首位,也是最重要的。斯穆克勒的技术创新市场拉动模式可表示为市场需求—研究开发—设计发明—生产制造—市场销售(图1.5)。

图1.5 市场拉动的线性创新模式

经过长时间争论后,学者们发现,对技术创新的技术方面和市场需求方面,不可强调一方面而偏废另一方面。许多学者提出了新的技术创新模式,探讨技术创新过程。其中比较典型的包括罗斯韦尔(R. Rothwell)和罗伯特(A. B. Robertson)的"交互作用模型"、克莱因(S. J. Kline)和罗森伯格(N. Rosenberg)的"链环—回路模型"。它们构成了对技术创新过程各阶段之间的关系的认识深化。

罗斯韦尔和罗伯逊(Rorhwell and Robertson)关于技术创新的"交互作用"模型的核心观点是:技术推动和市场拉动对于技术创新活动来说同样重要,技术创新是技术和市场交互作用共同引发的,技术推动和市场拉动在技术创新过程中要相互结合、相互补充,技术和市场的配合是技术创新成功的基本因素。C. 弗里曼认为,技术推动和市场拉动在产品生命周期及创新过程的不同阶段会有不同的作用:在工业发展的早期阶段,技术推动作用相对重要一些;而在产品周期的成熟阶段,市场拉动的作用就会越来越重要。交互作用下的技术创新过程可用图1.6来表示。

---

① Schmooler, J. , "*Innovation and Economic Growth*", Harvard University Press, 1966, pp. 206

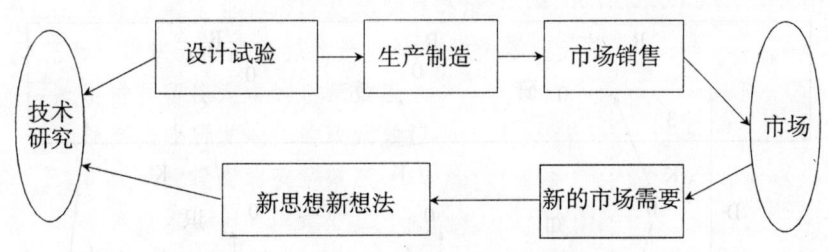

图1.6 交互作用方式的循环互动创新模式

克莱因和罗森伯格（Kline and Rosenberg）认为科学知识和研发活动并不是技术创新的唯一起点，科学、技术与经济在整个创新过程中是相互作用的。基于此，他们提出了链环—回路的创新模式（图1.7）。

在链环—回路的创新模式中，一共有五条创新路径。第一条核心创新路径以 c 表示，它从发明和分析性设计阶段开始，并通过详细设计和检测而继续，而后到再设计和生产，再到分配和销售。详细设计和再设计阶段被认为等同于更为流行的开发概念。第二条创新路径由一系列从市场到核心路径的其他阶段的反馈回路组成（以 F, f 表示），其中 F 是从市场到被称为潜在市场的方块之间的主反馈联结。这个潜在市场位于发明与创新设计之前。因此，克莱因将这个市场看做是一个重要的创新源。第三条创新路径由图中的回路 K-R 表示。K-R 回路中的箭头 1, 2, 3, 4 的含义是：在设计阶段若有问题，先看现有知识能否解决，这就是 1 - K - 2 的路径。若现有知识解决不了，则进行再研究，然后返回设计，这就是 1 - K - 3 - 4 的路径。第四条创新路径是研究导致发明和创新的路径，用箭头 D 表示。第五条创新路径 I 是从创新产品到科学的反馈[1]。

---

[1] 袁庆明：《技术创新的制度结构分析》，经济管理出版社 2003 年版，第 7 - 8 页。

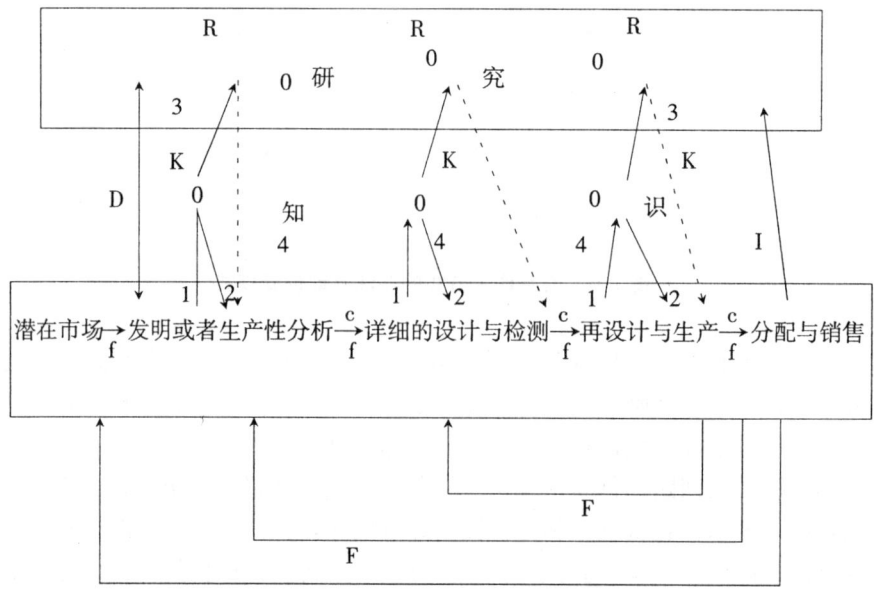

图 1.7　技术创新的链环—回路模式

20世纪80年代末、90年代初以来，以信息技术为核心的新技术革命正在导致一场从工业经济向知识经济范式的转变，从而使得技术创新的内涵和条件正在发生深刻的变化。面对外部市场竞争环境的瞬息万变，学习与知识在创新活动中的地位和作用日益突出。创新的过程被视为是一种组织参与知识积累、创造的集体学习过程。然而，知识和信息不仅存在于企业内部，更存在于企业与其他结构、组织的互动网络中。它的获取与转移需要主体与这些网络单元不断互动、相互作用才能实现。这样技术创新不再被局限于企业内部资源的整合，而可能发生在企业与供应商、客商以及其他外部合作伙伴互动的各个环节中。罗斯韦尔（R. Rothwell）指出："有相当多的证据表明今天的创新已经在很大程度上更多的成为一个网络过程。在20世纪80年代，横向战略联盟和合作研究开发集团数量有了戏剧性的增加，垂直关系，特别是与供应商之间的关系，在性质上已经变得更紧密并且具有战略性了。"[①] 这样，企业所在区域的所有相关结构与组织就构成了技术创新的网络系统。罗斯韦尔认为，网络化的技术创新模式

---

① R. Rothwell, *Industrial Innovation: Success, Strategy, Trends*. In M. Dodgson and R. Rothwell, *The Handbook of Industrial Innovation*. Edward Elgar, 1994, pp. 42 – 43.

的主要特征可归纳为表 1.1。

表 1.1 网络化技术创新模式

基本的战略要素：
※以时间为基础的战略（更快、更有效的产品开发）
※强调公司的灵活性和反应性
※以消费为中心的战略
※与主要供应商的战略一体化
※横向技术联盟战略
※电子数据处理战略
※全面质量管理战略

主要的特点：
※更大的组织与系统整体一体化
——平行的和一体化的开发过程
——供应商较早进入产品开发过程
——主要客户参与产品开发
——在合适的情况下建立横向技术联盟
※有利于迅速有效地决策的更为灵活的组织
——授予低级管理者以更大的权力
——授予产品优胜者和项目领导人更大的权力
※充分发展的内部数据
——有效的数据分享系统
——产品开发组合、以计算机为基础的启发式专家系统
——使用 3D—CAD 系统和模仿模型的电子辅助产品开发
——使用 CAD/CAE 系统联系起来以加强产品开发的灵活性和产品制造能力
※有效的外部数据联系
——利用联系 CAD 系统与供应商开发
——在客户层面上使用 CAD
——在研究开发合作方面的有效数据联系

资料来源：由 R. Rothwell, *Industrial Innovation*: *Success, Strategy, Trends*. In M. Dodgson and R. Rothwell, *The Handbook of Industrial Innovation*. Edward Elgar, 1994. 与袁庆明：《技术创新的制度结构分析》，经济管理出版社 2003 年版，第 9 – 10 页的资料整理。

（二）技术创新与市场结构

熊彼特是明确提出并研究技术创新与市场结构相互关系的首创者。

1942年熊彼特在《资本主义、社会主义与民主》（Capitalism, Socialism and Democracy）一书中，针对当时绝大多数经济学家痴迷于完全竞争市场的高效率，对剥夺社会福利的垄断企业加以排斥的现象，从垄断企业的规模角度出发，研究了完全竞争市场结构的企业内部效率，提出了大企业特别有利于创新的观点，而且提出从长期来看，垄断比完全竞争更有利于创新。后来对技术创新与市场结构的研究，无论是理论上的还是实证的，大多数都是对熊彼特论述的论证。

在理论探讨上，阿罗（K. Arrow）、卡米恩（Kamien, M）和南塞·施瓦茨（Nancy L. Schwartz）等人的工作较有影响。1962年阿罗在《经济福利和发明的资源配置》（Economic welfare and allocation of resources for innovation）一文中，比较了完全竞争和完全垄断两种不同市场结构对发明（技术创新）的影响。其结论是：在完全竞争性的市场中，技术创新的收益大于垄断市场的收益，因此完全竞争市场比完全垄断市场更有利于诱导企业创新。

卡米恩和施瓦茨则对介于完全竞争和完全垄断之间的市场结构下的技术创新进行了研究。他们在分析了市场集中度和R&D投入及市场集中度与技术创新的关系后认为，在完全竞争的市场条件下，企业规模一般较小，缺乏保障技术创新的持久性收益的垄断力量，因此不利于技术创新；在完全垄断市场条件下，由于缺乏竞争对手的威胁，难以激发企业的技术创新活力。因此，介于上述两者之间的市场结构最适宜于企业进行技术创新。该理论更多的是从企业的角度，分析市场结构对技术创新的影响和作用[1]。

在实证研究上，曼斯菲尔德（E. Mansfield）、纳尔逊（Nelson）、谢勒尔（F. Scherer）、沃利（J. S. Worley）、马卡姆（Stephen, Markham）等人的工作较有影响。1967年曼斯菲尔德通过对一些产业的实证分析，发现技术创新与垄断的关系因产业的不同而不同。纳尔逊也得出同样结论，认为熊彼特关于垄断有利于创新的理论是一个阈值理论，即企业的规模超过一定阈值后，企业规模与创新之间不存在显著相关性，而这一阈值随产业不同而不同。马卡姆认为这些学者都误会了熊彼特，熊彼特理论并不意味着企业的创新努力就是其市场支配力、企业规模的连续增函数，它只是一个阈值理论，意味着偏离完全竞争状态是创新的先决条件，但并非

---

[1] Kamien, M. I. and Nancy L. Schwartz, "Market Structure and Innovation: A Survey", Journal of Economic Literature, 1975, Vol. 13, pp. 1–37.

偏离越多，创新会同比例增加。1965年，谢勒尔对1955年《幸福》500家大企业中448家的创新情况进行了实证分析，结果是除少数几个企业外，其余均不符合熊彼特观点，即大企业有利于激发创造性的组织环境。事实上中小企业能够根据变化莫测的市场和竞争变化迅速作出反应，适时、适度进行调整，具有很强的灵活性和适应能力①。因此，专利发明（技术创新）并不与企业规模的增长成正比，相反，伴随着企业规模的扩大，常常会出现活力的衰退。

沃利也通过实证研究了不同行业中的不同企业的技术创新，认为在企业规模和研究开发（技术创新）之间存在如下关系：

$$\log R = c + b\log y$$

式中：R——研究开发投资，y——企业员工数量（代表企业规模），b作为研究开发投资对企业规模的弹性，如果在有意义的范围内超过1，就说明随企业规模扩大，研究开发投资是递增的。沃利通过对食品、建材、化工、石油制品、机械、电机、材料、运输等八个行业进行了计算和分析，其结论是只有石油制品和电机两个行业的规模弹性超过1，即符合熊彼特的假说，其他行业则不支持其观点②。

20世纪80年代，阿科斯（Z. J. Acs）和奥德斯（D. B. Audretsch）对1982年美国34个创新最多的行业中不同规模企业的创新进行了比较分析，结论是：随着集中程度的提高，企业的创新趋于下降。在不完全竞争的市场中，大企业的创新优势比较明显；而在产业成长的早期，创新和熟练劳动力的使用相对较重要的行业，以及近于完全竞争的市场中，中小企业的技术创新表现出明显的优势；创新可以在某种程度上抵消中小企业内在成本劣势，有效地帮助其进入一个行业，并提高其创新的活力。另外，在一些新兴的行业（如在计算机行业），中小企业的技术创新表现出更大的优势。但是，中小企业和大企业之间没有表现出明显的差异③。

（三）技术轨道下的技术创新

"技术轨道"（Technological Trajectories）是基于哲学视角发展了的技术创新理论，这一概念首先由美国经济学家理查德·纳尔逊（R·Nel-

---

① Scherer, F. M., "Size of Firm, Oligopoly, and Research: A Comment", Canadian Journal of Economics and Political Science, 1965, Vol. 31, No. 2, pp. 256–266.

② J. S. Worley, Industrial research and the new competition, Journal of Political Economy, 1961, Vol. 61, pp. 183–186.

③ Acs, Z. J. and Audretsch, D. B., "Innovation and Size at the Firm Level", Southern Economic Journal, Vol. 57, No. 3, pp. 739–744, Jan. 1991.

son）和悉尼·温特（S·Winter）提出，经意大利学者乔瓦尼·多西（Giovanni Dosi）发展，形成了这样一种思想：技术轨道总是基于某个技术范式，它是解决技术问题通行的模型和模式。技术创新的演化一般会有一定的技术轨道，不同行业或企业的创新往往具有不同的技术轨道，技术轨道反映了某一技术领域内技术发展的方向和内在逻辑性与规律。他们进一步指出，在许多行业中技术进步具有层次递进性和自增强性。

20世纪70年代中期开始，纳尔逊和温特发表了一系列文章。这些文章后来成为《经济变迁的演化理论》（An Evolutionary Theory of Economic Change）一书的基础。在书中，他们认为，技术进步有很强的内在逻辑，这些逻辑影响着哪些需求被满足，哪些需求不被满足。在很多情况下，技术进步总是沿着某一特定的方向和途径展开。

因此，当技术在某一些方面取得进展时，可能存在着某种强有力的内部项目启发式的研究，在广泛需求的条件下，在那个方向的技术进展存在着较好的回报，这些方向就叫做"自然轨道"。当有一股新的创新流时，"选择环境"决定不同技术的相对使用如何随时间变化，它影响某一创新产生的生产率增长的途径，也反馈企业和产业要进行R&D的影响[1]。

在此基础上，多西发展和完善了自然轨道的思想，并受库恩（T. Kuhn）科学范式的启发，提出了技术范式（technological paradigm）的概念，并将其界定为基于自然科学的高度选择性原理，解决特定技术—经济问题途径的"图景"，以及那些以获取新知识为目标，并尽可能防止这些新知识过快扩散到竞争者的特定规则[2]。

技术范式决定了技术研究的领域、问题、程序和任务，是解决经过选择的特定问题的模型和模式，具有强烈的排他性[3]。而沿着由范式定义的经济权衡与技术折中的技术进步活动就是技术轨道，它根据技术范式解决问题的一种常规活动模式，由技术范式中所隐含的对技术变化方向作出明确取舍的规定所决定，是一组可能的技术方向，其外部边界则由技术范式本身决定，即技术沿着体现在技术模式里的技术特性、解决问题的探索和

---

[1] 纳尔逊、温特：《经济变迁的理论演化》，商务印书馆1997年版，第285-286页。

[2] Dosi, G. Technological paradigms and technological trajectories: asuggested interpretation of the determinants and directions of technical change. Research Policy. Vol. 2, 1982.

[3] Dosi. Source, procedures and Microeconomics of Innovation [J]. Journal of Economic Literature, Vol. 26, 1988, pp. 1127.

积累的经验所形成的相对有序路径发展①。每一模式都需要阐明所要做的工作、查询的类型、要使用的物质技术和要发展和改进的基本制品的类型等这些必须着手解决的有关问题。罗森伯格（Rosenberg, N）和萨哈儿（Sahal, D）也对"技术范式"进行了进一步的解释。虽然罗森伯格是用"聚焦器"，萨哈儿是用"技术路标"来解释"技术范式"，但他们的结论有着广泛的一致性：技术创新活动是一种强选择性的以更准确的方向为终结的，通常是积累性活动②。总的来说，技术轨道就是遵循一种模式所确定的经济技术交易的技术进步活动。

比昂迪（L. Biondi）和加利（R. Galli）根据人类对产品性能的追求，技术发展的现状，总结了八条技术轨道：降低成本和资本成本的影响范围（指技术有一个向资本密集度性密集型发展的趋势，造成资本成本占总成本的比例越来越高）、更长的寿命、规模经济、更有效的资源利用（非物质化）、更快的服务、市场分割、商品体积（因空间成为越来越稀有的资源，商品有从一个体积大向体积较小的发展趋势）③。

四、技术创新理论研究的新趋势：技术创新与制度创新的融合

近年来，受新制度经济学理论的方法的启示，20世纪80年代以来一些技术创新经济学家逐渐纠正了过去单纯注意技术因素的偏差，开始重视技术创新的制度分析，并最终提出了结合技术因素与制度因素的国家创新系统理论。

（一）国家创新系统理论

1987年，英国经济学家弗里曼在其《技术与经济绩效：来自日本的经验》（*Technology Policy and Economic Performance: Lessons from Japan*）一书中首次提出了国家创新系统（National system of innovation）概念。1988年在多西等著的《技术进步与经济理论》（*Technical Change and Economic Theory*）一书中，纳尔逊、弗里曼、伦德瓦尔在他们的讨论中再次使用了国家创新系统这一概念。

国家创新系统理论根据其研究的侧重点可分为两类，一类以弗里曼和纳尔逊为代表，他们研究的核心是制度，强调教育和培训系统、货币、财

---

① G. 多西、C. 弗里曼、G. 纳尔逊等著，钟学义、沈利生、陈平等译：《技术进步与经济理论》，经济科学出版社1992年版，第276页。

② G. 多西、C. 弗里曼、G. 纳尔逊等著，钟学义、沈利生、陈平等译：《技术进步与经济理论》，经济科学出版社1992年版，第275－277页。

③ L. Biondi and R. Galli, *Technological trajectories*, Futures, July/August, 1992, pp. 580－592.

政及各种政府产业政策、制度差异是国家间绝对技术创新绩效差异的原因。在对日本的创新系统的研究中,弗里曼既强调了通商产业省和企业在日本技术飞速发展中的巨大作用。他们认为通商产业省的关键作用是随着最广阔的国际市场活力而长期努力指导和协调关键产业的最先进技术的研究和发展,并取得了极大的成功,而以大厂商内部的横向信息流动基础,支持关于研究、培训和投资的长期观点的竞争范式也在技术创新中起到了重要作用,他们又分析了通商产业省和企业这两种组织发挥作用的制度结构方面的原因,弗里曼认为日本创新体系有以下几个重要特色:第一是政府的重要干涉作用,尤其是通商产业省的重要作用;第二是企业研究开发的作用,尤其是在引进技术基础上的创新;第三是教育和培训的重要作用,尤其是对劳动力教育和培训,打破"蓝领"与"白领"型的就业屏障;第四是独特的产业结构,尤其是企业集团的重要作用。这种以技术创新为主导,辅以组织创新和制度创新的国家创新体系对日本在技术落后的情况下进行经济赶超发展起到了巨大的作用①。

弗里曼的国家创新系统中可用图 1.8 表示,他特别关注创新系统中的四个因素:政府政策的作用、企业及其研究开发努力的作用、教育和培训的作用和产业结构的作用。不仅如此,弗里曼特别强调在剧烈的技术变革中,通过在创新政策上的调整以及组织和制度上的创新来弥补在技术创新不足时的必要性。

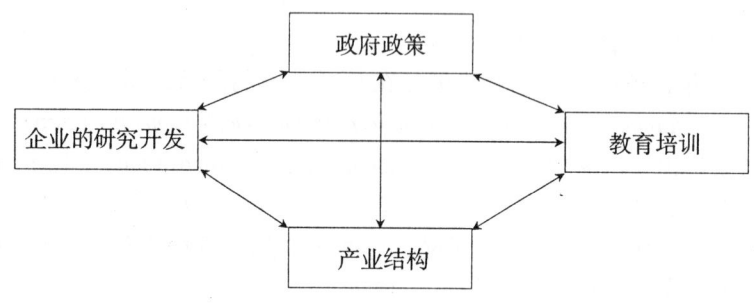

图 1.8 弗里曼的国家创新体系的构成

---

① 弗里曼:《日本:一个新国家的创新系统》,载 G. 多西、C. 弗里曼、G. 纳尔逊等著,钟学义、沈利生、陈平等译:《技术进步与经济理论》,经济科学出版社 1992 年版,第 402－419 页。

纳尔逊通过对美国支持技术进步的制度的研究，总结了资本主义经济的国家创新体系的特点。第一是许多新技术的私有化，利润动机和市场压力被用于技术改造。第二是新技术有着多元化的、独立的，一般又是竞争的来源。第三是严重依赖事后的市场力量选择由不同厂商提供的创新，而且也依赖于厂商本身。然后分析了美国技术创新赖以进行的制度结构，认为美国国家创新系统的核心是以盈利为目的的私人厂商，它由市场机制、专利制度、技术共享和研究与开发制度、致力于公共技术知识的大学教育、产学研合作以及政府支持产业技术进步的计划等组成①。

1993年，纳尔逊在《国家创新系统》（*national system of innovation*）一书中比较分析了美国和日本等国和地区资助技术创新的国家制度体系，进一步指出：现代国家的技术创新体系在制度上相当复杂，既包括各种制度因素以及技术行为因素，也包括致力于公共知识的大学和科研结构以及政府的基金和规划之类的机构。其中，以盈利为目的的私人厂商是所有这些创新体系的核心，他们相互竞争，也彼此合作。纳尔逊的研究将技术变革的存在及其演进特点当做研究的起点，将重点放在变革的必要性以及制度结构的适应上。纳尔逊强调科学和技术发展中的不确定性，并在此基础上提出了多种可能的战略选择。因此，纳尔逊认为，一个经济体的主要任务就是保持"技术的多元结构"。这就意味着，制度作为一个整体的丰富内涵，包括分享技术知识的机制，以及各机构与组织之间的合作表现出的相互依赖。纳尔逊认为，国家之间"产业组合"的差异"强烈地影响着国家创新体系的形态"。

另一类则是以伦德瓦尔等为代表的国家创新系统理论，他们所关注的核心是创新系统内部的各种关联性网络及其相互作用，认为历史经验、语言及文化的差异影响了国家创新系统中的企业间的关系以及企业同其他相关组织、部门的合作关系，进而导致了各个国家不同的创新绩效结果。

早在1987年，伦德瓦尔就在《创新是一个相互作用的过程：从用户和生产者的相互作用到国家创新体制》一文中探讨了创新的微观基础：用户与生产者之间的相互作用。认为一个高度发达的纵向劳动分工与普遍的创新活动相结合时，市场将是"有组织的市场"，而不是纯粹的市场。而国家创新体制则将包含"有组织的市场"的制度、国民生产体制、国家产业政策、大学与产业之间联系的制度等制度安排。

---

① 纳尔逊：《美国支持技术进步的制度》，载G. 多西、C. 弗里曼、G. 纳尔逊等著，钟学义、沈利生、陈平译：《技术进步与经济理论》，经济科学出版社1992年版，第380–399页。

另外,伦德瓦尔还对社会创新进行了研究,认为以增强最终用户的能力和权力的制度更新可能是一种社会创新,它使得国家创新体制在世界经济中处于一个更加强大的地位,社会创新是技术创新的基础。最后,伦德瓦尔还巧妙地论证了地理和文化上的接近能促进有效的相互影响,并继而提出国界限制了决定国家创新体系的技术相互作用网络的发展。国家创新系统是"在生产、扩散和使用新的和经济上的有用的知识的过程中各种成分和关系的相互作用……两者都位于或者说根植于一国的疆界之内[①]。"

1992 年,伦德瓦尔在《国家创新系统》(National Systems of Innovation)一书中进一步发展了国家创新系统的用户与生产者关系的分析方法,并对国家创新系统的构成要素(各种组织结构)以及各要素之间的互动,从系统论、学习论的角度进行首创性分析。

在他看来,国家创新系统实际上是一个社会体系,创新体系中的一个中心任务是学习,而且学习也是一种社会活动。创新体系包括人与人之间的相互作用,它是动态的系统,以正反馈和再生产为特征。

他还区别了狭义的国家创新系统和广义的国家创新系统。前者包括参与研究和探讨的结构和组织,如研究开发部门、技术研究所与大学等;后者包括经济结构的所有部门与方面,以及影响学习和探索的研究机构——生产系统、营销系统以及作为一个亚系统出现的金融系统。

此外,伦德瓦尔还认为,反应用户需求和技术机会的用户——生产者相互作用的信息流动对技术创新过程来说,也是特别重要的。作为这种沟通需求的结果,用户和生产者在地理和文化方面的亲近对成功的技术创新有着积极的作用。

在伦德瓦尔的国家创新系统(图 1.9)中,主要的子系统是:第一,企业的内部组织;第二,企业间的关系(产业结构);第三,公共部门的作用;第四,金融部门及其他部门的作用;第五,大学和研究开发部门[②]。

[①] 伦德瓦尔:《创新是一个相互作用的过程:从用户与生产者的相互作用到国家创新体制》,载 G. 多西、C. 弗里曼、G. 纳尔逊等著,钟学义、沈利生、陈平等译:《技术进步与经济理论》,经济科学出版社 1992 年版,第 425-448 页。

[②] 庄卫名等:《产业技术创新》,中国出版集团东方出版中心 2005 年版,第 234-236 页。

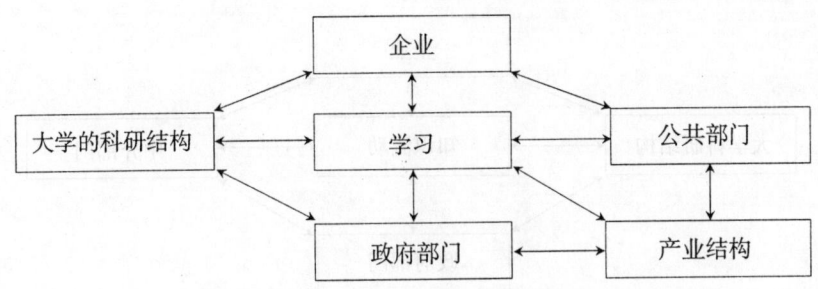

图 1.9 伦德瓦尔的国家创新系统结构图

近些年来，经济合作与发展组织（Organization for Economic Co-operation and Development，简称 OECD）的专家们也开展了对国家创新系统的研究。1996 年，OECD 对国家创新体系进行了广泛深入的实证研究，认为国家创新系统是公共和私人部门中的组织结构网络，这些部门的活动和相互作用决定着一个国家扩散知识和技术的能力，并影响着国家的创新业绩。1997 年，OECD 对组织内的十几个成员国的国家创新系统进行比较研究并发表了《国家创新系统》报告，指出："创新是不同主体和机构间复杂的互相作用的结果。技术变革并不以一个完美的线性方式出现，而是系统内部各要素之间的互相作用和反馈的结果。这一系统的核心是企业，是企业组织生产和创新，获取外部知识的方式。外部知识的主要来源则是别的企业、公共或私有的研究机构、大学和中介组织。因此，企业、科研机构和高校、中介机构是创新体系中的主体。研究国家创新系统政策的含义是纠正技术创新中的体系失效和市场失效，即纠正企业因短视而对技术开发的投入不足。国家创新系统通过创新的产、学、研合作计划，网络计划，建立创新中介以纠正创新的体系失效。"[①]

在 OECD 的国家创新系统（图 1.10）框架中，知识通过企业、政府部门、中介部门以及大学科研结构相互之间的合作联系、协调集成，来影响知识的生产，进而影响经济的发展。显然，强调网络组织内部的各种关联性、相互作用及其学习的特征是经济合作与发展组织进行国家创新系统研究的显著特点。

---

① OECD，*National innovation system*，1997，Introduction. pp. 9 – 10.

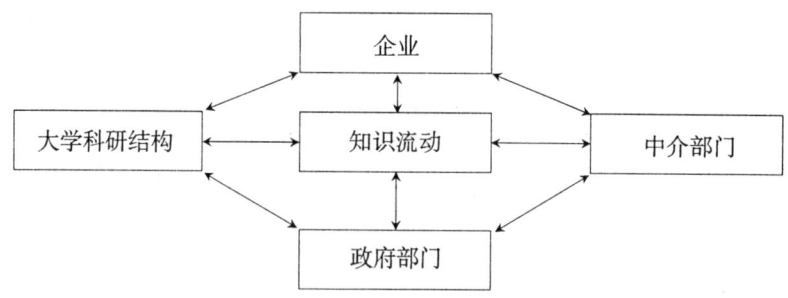

图 1.10 OECD 国家创新体系结构图

(二) 国家创新系统研究的发展和研究重点的转变

随着国家创新系统理论在学术上的成功，研究者开始将目光从宏观制度分析转向更加微观的层次，即使国家内部区域创新系统研究从国内创新系统到跨越国界的创新系统。

随着国家创新系统研究的不断深入，创新系统被用于多个层次。国家内部区域的差异决定了区域创新系统是国家创新系统的必要补充。区域内企业的创新成果如果无法在整个区域范围得以扩散与共享，区域作为竞争单位在国际竞争中的优势将就难以发挥出来。而区域内这些创新成果或创新知识的扩散单靠市场性交易显然是无法实现的，它更多地依赖于区域内企业间的交流和合作，依赖于区域范围内集聚的产业链上下游的行动者、第三方机构之间基于信任与共同文化背景下的交流与合作。英国卡迪夫大学的库克（Philip Nicholas cooke）对区域创新系统进行了较早和较全面的理论及实证研究，在库克、布拉茨克和海登里希（Cooke，Braczyk and Heidenreich）主编的题为《区域创新系统：全球化背景下区域政府管理的作用》（*Regional Innovation System*：*the Role of Governances in the Globalized World*）一书中，库克对区域创新系统的概念进行了较为详细的阐述，认为区域创新系统主要是由在地理上相互分工与关联的生产企业、研究机构和高等教育机构等构成的区域性组织体系，而这种体系支持并产生创新①。随后，其他一些学者，如阿希姆（Asheim）、卡希奥拉托（Cassiolato）和卡尔松（Carlsson）等，也从不同角度研究了区域创新系统。

区域创新系统从本质上看应该只是国家创新系统在研究层面上的微观

---

① Cooke P, Hans-Joachim Braczyk H J and Heidenreich M（eds.）. *Regional Innovation System*：*the Role of Governances in the Globalized World*〔M〕. London：UCL Press，1996.

化，但是由于国家的创新能力往往由其内部的区域创新能力所决定，因此在政策上的应用范围较区域创新系统更加普遍。区域创新系统虽然从研究体系和理论框架上与国家创新系统一致，但仍旧存在着自身特色。研究表明：在民族国家内，至少有三个特征在区域间是不相同的：即金融、基础设施以及文化①。

佩特尔（P. Patel）和帕维蒂（K. Pavitt）在1994年所写的一些文章中也对国家创新系统的研究作出了贡献。他们把国家创新系统定义为："决定一个国家内技术学习的方向和速度的国家制度、激励结构和竞争国力"②。同时认为提出国家创新系统的重要性在于：传统的有关技术进步的理论认为，开放的贸易系统将使技术的国际性迅速扩散成为可能，从而使后进国家在技术上对先进国家的追赶成为可能。但由于不同国家在对技术的投资上政策是不相同的，从而造成了国际技术差距在某些国家之间的扩大。1998年，佩特尔和帕维蒂对359家世界最大的跨国公司进行了系统分析，这359家跨国大企业都是《财富》杂志所列前500强企业中在20世纪90年代技术活动最活跃的企业。该项研究表明，研究开发的国际化引发了创新的国际化。这也就是说，国家创新系统的国家边界正在被打破，知识和创新的跨国界流动有时比在国内流动还重要③。

佩特尔和帕维蒂的国家创新系统（图1.11）包括：第一，企业，尤其是对创新进行投资的企业；第二，提供基础研究和相关培训的大学和机构；第三，提供一般教育和培训的公共和私有部门；第四，促进技术进步的政府、金融等部门。

---

① 韩振海、李国平：《国家创新系统理论的演变评述》，载《科学管理研究》，2004（4）：24-27。

② P. Patel and K. Pavitt, *The nature and economic importance of national innovation system*. OECD, STI, 1994, No. 14.

③ P. Patel and K. Pavitt, *National System of Innovation Under Strain* [EB/OL]. http: www.sussex.ac, 1998-09-21.

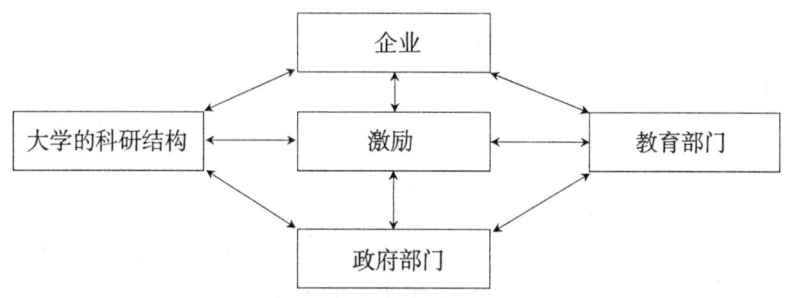

图 1.11 佩特尔和帕维蒂的国家创新体系

迈克尔·波特（M. Porter）的国家竞争理论也被认为是关于国家创新系统的另一种学说。随着经济全球化的迅速发展以及区域经济合作的崛起，国家创新体系的运转不再仅仅只受国家专有因素的影响，而是同时也受国家间相互作用的影响。正是在这样的背景下，1990年，波特在《国家竞争优势》(The Competitive Advantage of Nations）一书中研究了全球化条件下的国家创新系统。该理论认为，解释一个国家产业竞争力的关键是该国能否有效地形成竞争性环境以推动创新。一个国家的竞争优势取决于四个重要因素：第一是要素条件——一个国家在特定产业竞争中有关生产方面的表现，如熟练劳动力的供给和基础设施状况等；第二是需求条件——本国市场对该项产业所提供的产品和服务的需求；第三是相关产业和支撑产业的表现——这些产业的相关产业和上游产业是否具有国际竞争力；第四是企业的战略、结构和竞争对手——企业在一个国家的集成、组织和管理形式，以及国内市场竞争对手的表现。此外，对竞争力影响较大的还有"机会"和"政府"。产业发展的机会通常要等基础发明、技术、战争、政治环境发展、国外市场需求等方面出现重大变革和突破。机会通常不是政府和企业所能控制的。政府对竞争力的影响主要是政府造成的，如反托拉斯法将有助于国内竞争对手的崛起，法规可能改变国内市场的需求状况，教育发展可以改变生产要素，政府的保护收购可以刺激相关产业发展①。

波特的国家竞争优势决定于四个因素，受两个条件的影响（图1.12）：第一是要素条件，第二是需求条件，第三是企业的竞争战略、结

---

① 迈克尔·波特著，李明轩、邱如美译：《国家竞争优势》，华夏出版社2002年版，第67—69页。

构和竞争对手,第四是相关产业和相关支持产业的表现;受"机会"和"政府"两个变数的影响。

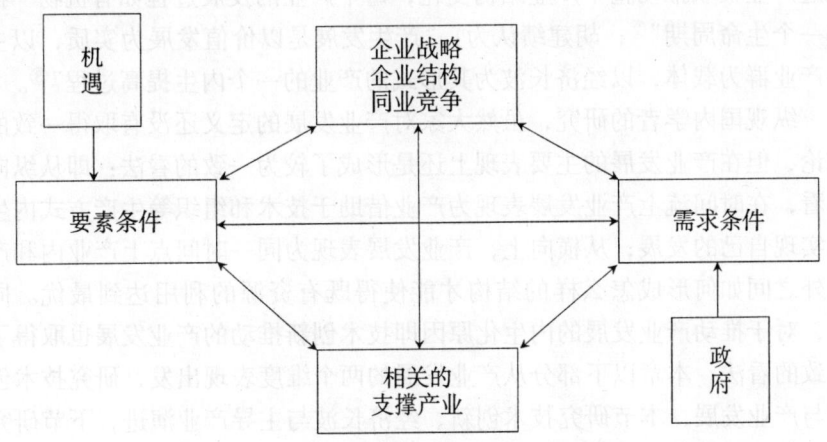

图 1.12　波特的国家创新体系结构的钻石图

第二节　技术进步、经济长波与主导产业演进

在西方经济学的文献中,产业发展(industry development)一词经常和产业演化(industry evolution)、产业动态(industry dynamic)共同使用,泛指产业发展变化的历史过程。在国内,不同学者从不同角度对产业发展进行了定义:苏东水认为:"产业发展是产业的产生、成长的过程,既包括单个产业的进化过程,又包括产业总体,即整个国民经济的进化过程"[①];简新华认为:"产业发展是指产业的产生、成长和演进。产业发展既包括单个产业的进化,也包括产业总体的演进;既包括产业类型、产业结构、产业关联、产业布局的演进,也包括产业组织的变化,产业规模的扩大、技术的进步、效益的提升[②]";厉无畏认为:"产业发展包含产业的一系列变化趋势,包括'集群化、融合化、生态化',这些变化不仅'创造出各种新的消费方式',而且推动着'产业本身的创新与变革',包括

---

① 苏东水:《产业经济学》,高等教育出版社2000年版,第474页。
② 简新华等:《产业经济学》,武汉大学出版社2002年版,第164页。

'产业结构方面的新内容、产业技术、产业组织方面的新动向'"①；庄卫名认为："产业发展是产业结构的升级，表现为各个产业自身的发展进而通过产业关联推动整个产业结构变化，每个产业的发展过程如有机物一样有一个生命周期"②；胡建绩认为："产生发展是以价值发展为实质，以主导产业群为载体，以经济长波为其形式的产业的一个内生提高过程"③。

纵观国内学者的研究，虽然大家对产业发展的定义还没有取得一致的结论，但在产业发展的主要表现上还是形成了较为一致的看法：即从纵向上看，在时间流上产业发展表现为产业借助于技术和组织等生产方式内生地实现自己的发展；从横向上，产业发展表现为同一时间点上产业内和产业外之间如何形成怎么样的结构才能使得既有资源的利用达到最优。同时，对于推动产业发展的内生化原因即技术创新推动的产业发展也取得了一致的看法。本章以下部分从产业发展的两个维度表现出发，研究技术创新与产业发展，本节研究技术创新、经济长波与主导产业演进，下节研究技术创新与产业结构演进。

一、技术创新与经济长波

经济长波又叫康德拉季耶夫周期，是经济周期的一种，主要描述的是西方国家经济增长过程中长达50年左右的明显规则性波动。经济长波理论由康德拉季耶夫提出，经熊彼特、门斯等人发展。

(一) 康德拉季耶夫的技术创新与经济长波理论

长波理论的提出者是前苏联的经济学家和统计学家尼古拉·康德拉季耶夫（Nikolai D. Kondratieff）。他通过大量的实证工作，发现发达商品经济中存在着为期50年左右的周期性波动。按他的研究，世界经济中的第一次长波从18世纪80年代末90年代初开始，从那时起至1810—1817年为上升期，从1810—1817年至1844—1851年为衰落期；第二次长波开始于1844—1851年，从那时起到1870—1875年为上升期，从1870—1875年至1890—1896年为衰落期；第三次长波开始于1890—1896年，1915—1920年为上升期。在50年左右的周期中，一般说头15年是衰退期；接着20年是大量再投资期，在此期间新技术不断被采用，经济发展快，显示出一派兴旺景象；其后10年是过度建设期，过度建设的结果是5~10

---

① 厉无畏等：《中国产业发展前沿问题》，上海人民出版社2003年版，第3页。
② 庄卫名等：《产业技术创新》，中国出版集团东方出版中心2005年版，第81页。
③ 胡建绩：《产业发展学》，上海财经大学出版社2008年版，第4页。

年的混乱期，从而导致下一次大衰退的出现。

康德拉季耶夫认为，经济长波是由资本主义经济运行中某些内在的原因引起的。由于经济领域存在着各种产品，每种产品的生产与消费时间各不相同，这就在经济发展中形成了时间长短不一、多种层次的平衡周期。在众多的产品中，有一种决定生产性质的主要固定资本品，其生产与消费需要很长的时间，故经济平衡周期很长。正是因为这些在经济生活中普遍应用的固定资本品更新换代在经济生活中所引起的长期平衡周期引起了经济的长期波动，形成了经济长波。其具体过程是这样的：当新型固定资本品能够在生产中有利可图时，就会出现大规模的生产应用和技术创新，推动经济扩张，经济进入上升波；随着经济的高速增长，而市场容量有限，再加上经济危机的冲击，上升波将会转向进入下降波。下降波的持续会迫使社会进行技术创新，当社会技术创新和资本积累达到一定程度后，新一代的固定资本品就会产生，而新的固定资本品的普遍应用和大规模生产则会推动经济进入新一轮长波的上升期。

由此可见，康德拉季耶夫强调固定资本品对经济长波的决定作用。因此，尽管他并不认为技术创新对经济长波有决定作用，但事实上，这种新型固定资本品就是当时技术条件的主导产业，即每一次经济长波都伴随了主导产业的不断更替。所以，康德拉季耶夫的经济长波论显示了技术创新、经济长期波动与主导产业之间的联系。

(二) 熊彼特的技术创新与经济长波理论

熊彼特在技术创新与经济长波研究方面也有着卓越的贡献，1939 年，他出版的《经济周期》(Business cycles) 一书中，第一次提出康德拉季耶夫的 50 年经济长波是由技术创新引起的，并把近百年来的资本主义经济发展过程分为三个长波，每一个长波都有对应于一些根本性的技术创新。第一个经济长波是大约从 1783 年到 1842 年，是所谓"产业革命时期"，这个周期的基本特征是手工制造或工场制造的蒸汽机逐步推广到一切工业部门和工业国家；第二个长波大约从 1842 年到 1897 年，是所谓"蒸汽和钢铁时代"或"铁路化时代"，其特征是机器制造的蒸汽机成为主要的动力机，并得到普及；第三个长波是从 1897 年开始（当时这个"长波"尚未最后结束），是所谓"电气、化学和汽车时代"，其特征是电动机和内燃机在一切工业部门中的普遍应用。熊彼特认为，一个经济长波可为分四个阶段，即繁荣 (prosperity)、危机 (crisis) 或衰退 (recession)、萧条 (depression)、复苏 (recovery)。技术创新产生繁荣的机制是这样的：一旦出现某个创新群集，企业家的需求就会大批出现，投资高潮随之而来，较多的资本就会被投入到新企业，这一浪接一浪，推动整个社会的生产上升、价格上涨、总量扩张，经济呈现一片繁荣景象。一旦发展过程成为常规活动，企业家成群的速率就会放慢，经济继而由繁荣走向萧条①。

熊彼特继承和发展了长波理论，在解释经济的长期波动时，他将康德拉季耶夫的固定资本品发展到技术变革以及由于技术变革而引起的扩散过程，并将经济长波与产业发展联系起来，因为新技术的普遍应用及其扩散的过程引起了新的主导产业的出现，新的技术的不断更替引起了主导产业的不断更替。因此，每一次经济长波都包括一次产业革命及其消耗吸收的过程，对应的是新兴产业的产生和旧产业消退。也就是说，每一个经济长波反映了一次产业结构的大变动：技术创新一般先推动新兴产业发展，经由基本创新在产业间的扩散、流动，成为主导产业，从而对整个国民经济产生影响，引起经济的上下波动。这实际上已经开始在经济长波的平台上描述产业发展的路径②。

（三）门斯与杜因的技术长波理论

20世纪70年代美籍德裔经济学家格哈德·门斯（G. Menseh）在其代表作《技术的僵局》（*Stalemate in Technology*）一书中，继承和发展了熊彼特的长波技术论。门斯赞同熊彼特的观点，认为技术创新是经济增长的动力，同时也是经济长周期波动的动力。但他认为不是所有的技术创新都能成为经济长波的动力，只有建立新部门的产品创新，即基础性技术创新才能推动经济增长和发展③。但是基础性技术创新需要一定的条件，这种条件就是门斯所说的"技术僵局"。

门斯认为，基础性技术创新与扩散会导致新的产业和主导产业的出现，它们共同带来了繁荣，经济进入长波中的上升波。但是，这些行业本身都存在着"引入——成长——成熟——饱和——下降"式的S型生命周期。在这些产业的发展过程中，会出现从基础性技术创新（全新产品）到改进性创新（工序创新）与伪创新（产品包装创新）的转变，而一旦进入需求饱和阶段，增长就终止了，接下来就是"技术僵局"。与僵局对应的是经济长波中的下降波，即萧条阶段，而导致僵局出现的原因，就是"缺乏基础性技术创新"。但经济的萧条孕育了基础性技术创新的条件，

---

① 熊彼特：《技术发展理论》，商务印书馆1990年版，第249-268，297页。
② 胡建绩：《产业发展学》，上海财经大学出版社2008年版，第47-49页。
③ 门斯将技术创新分为基础性创新、改进型创新和伪创新三种类型。其中基础性技术创新是指建立新部门的产品创新，改进型创新是指生产过程的创新，伪创新多是指产品包装等方面的创新。

因为在这一阶段，利用殆尽的技术所带来的利润低到令人不堪忍受，迫使政府和企业寻求新技术以摆脱困境；同时，萧条时期的经济结构比较薄弱，也为基础性的技术创新提供了合适的环境。基于此，门斯得出了一个重要结论：基础性技术创新一般是在长波萧条阶段成群出现的。他对1740—1960 年间的经济和技术方面的数据资料作了实证分析，发现在其中四个时期有基本创新集群出现，分别在 1770 年、1825 年、1885 年、1935 年前后①。

在《技术僵局》中，门斯开始思考了技术创新的内生性问题，并且将技术创新置于某个环境（大萧条）中进行考虑，同时以主导产业为中介，在基础性技术创新的平台上构建了主导产业和经济长波的关联。

范·杜因（Van. Dujin）把创新与投资两个维度的理论联系起来，对经济长波做出了较完整的解释。他首先区分了两种变量：产品创新及与之相关的基础设施投资被确立为唯一的自主变量，而其他因素，诸如货币供应的增长、利润和工资在居民收入中份额的变化、失业水平等，一律作为从属变量，它们的经济波动必须通过自主变量来解释②。然后引入技术创新生命周期理论，认为任何一项基本的技术创新活动需要经历引进、增长、成熟、下降四个阶段，这样它们就将经济长波的四个阶段和基本的技术创新的四个阶段结合起来：在基本的技术创新生命周期带动下，经济出现长周期波动。在基本的技术创新高涨时期，基础设施往往供不应求，但基础设施的建设有明显的时滞，当增加的基础设施建成投产之时，经济高涨期已经过去。由于这种时滞的存在，通过乘数效应，基础设施投资规模的扩大会延长繁荣的时间，提高繁荣的程度。而一旦形势发生逆转，主导产业部门出现衰退，就会导致耐用资产过剩和资产价格下跌，从而加剧衰退的程度。由于对"多余"耐用资产的"消化和处理"需要一段时间，这就对新的基本创新的引入造成了障碍，从而减缓了经济复苏和下一轮基础设施更新扩张的步伐。

二、经济长波中的主导产业演进

在经济长波中，技术创新是具体的，它总是与某一特定部门相联系，

---

① G. Menseh, *Stalemate in Technology: Innovation Overcomes the Depression*, New York, Ballinger, 1975.

② Van Dujin, *the Long Wave in Economic Life*, London：George Allen and Unwin, 1983, 129.651.

推动经济的周期性波动。由于技术创新的类型与作用不同，不同产业技术创新的机会和能力各异，技术创新在不同产业中具有不同的速度和强度，从而使得不同的产业具有不同的生产增长率和发展速度。因此，一项基础性技术创新的出现，最初必然表现为单个产品的突破，但由于技术扩散的存在，本质上也蕴含着对一系列产品的创造和改造。单个产品在技术突破以后的突飞猛进的发展过程中，技术的扩散一方面必然会改造其他现存的产业部门，推动其发展，另一方面也会诱致相关技术的产生，导致新产品乃至新产业的产生。在此基础上，最初的技术创新会通过横向和纵向上的扩散派生出更多的技术创新，同时又通过自身的革新为其横向和纵向上的扩散创造更广阔的空间。技术创新通过三个维度不断扩散的过程也就是主导产业形成的过程。确切地说就是技术创新在单个产品生产过程中的实际应用，通过生产工具的改进和工艺水平的提高，使得生产该产品的部门的劳动、原材料和机械设备等要素的投入量和投入比例发生变化，从而推动该部生产规模的扩大，实现由单个产品发展到单个产业，继而由单个产业发展到主导产业，由单个主导产业发展到多个主导产业。

所谓主导产业是指使用主导技术，在产业结构体系中处于主体地位并起着产业发展的引导和支撑作用的产业[1]。在经济长波中，基础性的技术创新推动单个产品部门向主导产业演变的过程就是长波中的上升期，一旦主导产业因技术创新的推动而进入成熟期，基础性的技术创新就会被改良性的技术创新所取代，生产率提高的速度和成本降低的速度就会明显趋缓，经济开始进入长波中的下降波，这又孕育着新的基础性技术创新和未来主导产业的出现。

纵观近现代经济发展的历史，从18世纪60年代到现在，人类经历四次经济长波[2]，每一次经济长波都伴随着相应的基础性技术创新以及基础性技术创新推动下的主导产业，经济长波演进的历史就是基础性技术与主导产业演进的历史（见表1.2）。

---

[1] 简新华等：《产业经济学》，武汉大学出版社2002年版，第29页。
[2] 不同学者在第三次长波和第四次长波之间的界限方面存在着较大的争议，本书采用四次经济长波的划分。

表1.2：经济长波、技术创新与主导产业演进

阶段时期		基本创新	主导产业
第一波	1760—1825（上升波）1825—1830（下降波）	1733年，飞梭 1735年，煤焦炭混合石灰炼铁 1764年，珍妮纺纱机（两轮长波交界处） 1769年，实用蒸汽机（两轮长波交界处）	纺织工业 冶金 煤炭
第二波	1830—1850（上升波）1850—1880（下降波）	1769年，实用蒸汽机 1814年，蒸汽火车	钢铁工业 交通运输
第三波	1880—1928（上升波）1929—1945（下降波）	1859年，钻机打井；1866年，发电机； 1867年，炸药；1870年，电灯照明； 1867年，内燃机；1876年，电话； 1879年，汽车	机械制造 电信业 汽车工业 石化工业
第四波	1945—1972（上升波）1973—1989（下降波）	1925年，光电显像管 1946年，计算机 1956年，核电站（两轮长波交界处） 1957年，人造卫星（两轮长波交界处）	航空航天 人工智能 新石化 新交通运输
第五波	1990—	1956年，核电站 1971年，大规模集成电路和单芯片微机发明 1986年，公众互联网	信息产业 纳米产业 生物产业 新能源

资料来源：根据胡建绩：《产业发展学》，上海财经大学出版社2008年版，第58页，简新华等：《产业经济学》，武汉大学出版社2002年版，第176-185页的资料整理。

第一轮经济长波大约发生在1760年至1830年间，其中1760—1825

年为上升波，1825—1830年为下降波。对这轮经济长波起主导作用的技术创新几乎都是在上一轮经济长波中的发明，如1733年的飞梭、1735年的煤焦炭混合石灰炼铁以及处于两轮长波交界处的珍妮纺织机和蒸汽机的发明。纺织机与蒸汽机是"机器时代"的象征，两者的广泛使用推动了棉纺织的工厂化，然后毛纺织品、麻织、丝织以及造纸、印刷等轻工业也从手工工业逐步向机器大工业过渡，煤炭、冶炼和机械制造业也得到了初步的发展。

上一轮的基础性技术创新就是这样通过各种机械的发明、使用和改进的推动作用，在产业的相互关联、相互带动下使产业由手工技术时代进入了机械化时代，形成了这一轮经济长波以纺织工业、煤炭等为主导产业。

第二轮经济长波大约发生在1830年至1880年间，其中1830—1850年为上升波，1850—1880年为下降波。对这轮经济长波起主导作用的技术创新也是上一轮经济长波中的发明，如1769年的实用蒸汽机和1814年的蒸汽火车。蒸汽动力系统的形成推动了劳动工具的巨大变化，交通流通领域得到了快速发展，火车成为陆路主要的交通运输工具，轮船成为水运的重要交通运输工具，推动了整个交通运输产业的快速发展。而运输产业的发展又进一步促进了钢铁冶金工业的兴旺。

第三轮经济长波大约发生在1880年至1945年间，其中1880—1928年为上升波，1929—1945年为下降波。对这轮经济长波起主导作用的技术创新也是上一轮经济长波中的发明：1866年发电机、1867年炸药、1870年电灯照明、1876年内燃机、1876年电话与1879年汽车等的发明。

随着发电机和电动机的发明和改进，工业的动力机械迅速完成了由蒸汽机向电动机的转换，产生了许多新兴产业，引起了制造业、运输业、化学工业、通信业等各个产业部门的巨大变化。以发电、输电、配电三大环节为主要内容的电力产业迅速形成，生产发电机、电动机、变压器、电灯泡、电风扇、电话机、电工仪表等电器制造业迅速发展，电镀、电动、电解、电焊、电热、电火花加工等新兴工业已经出现，光电、声电、半导体、自动控制等新技术逐步产生，产业进入了"电气化"时代，电力产业和电器制造业成为这一轮经济长波的主导产业。

内燃机的发明和应用，既是能源动力革命的重要内容，又引起了机械制造业的巨大变化。内燃机马力大、重量轻、体积小、效率高，很快在许多领域取代了蒸汽机，成为重要的动力机械，导致了汽车制造业的兴起。

内燃机的广泛使用使得从煤炭中提炼焦油、生产煤气已经远远不能满足需求，必须寻找新的液化能源。1859年钻机打井技术的突破为开采和提炼石油提供技术支撑，石油工业迅速兴起。而石油的发展导致了"石油化"时代的到来，并且为石油化学工业的发展奠定了基础。

实用电话的发明和无线电报的使用，满足了人类实现远距离、高速度、大规模信息传递的需要，也推动了新型通信产业的发展。

第四轮经济长波大约发生在 1945 年至 1989 年间，其中 1945—1972 年为上升波，1973—1989 年为下降波①。对这轮经济长波起主导作用的技术创新也是上一轮经济长波中的发明：1925 年光电显像管、1946 年计算机、1957 年人造卫星的发明等。

1942 年 12 月，美国芝加哥大学在物理学家费米的领导下建成了世界上的一个核反应堆，标志着原子能时代的开始。20 世纪 50 年代以来，苏联、美国、英国与法国等国纷纷先后建立核电站，掀起了开发利用原子能的高潮，形成了新兴的原子能产业。现在核电在各国电力生产中已占有相当大的比重。

1946 年，第一台电子计算机在美国宾西法尼亚大学投入运行。1951 年，第一台可用来存储程序的计算机制成，电子计算机开始进入工业生产，开创了劳动工具的新时代。电子计算机进入商业性生产之后，其技术不断更新，产量和使用量迅速增加。电子计算机应用于生产中，使生产工具不断向精密化和数控化发展，数控技术相继问世。1961 年美国还发明了第一个现代机器人，并逐步将其应用于生产。同时，计算机还广泛应用于飞机、轮船、火车等的调度、导航和控制。这样一来人工智能产业就迅速膨胀，成为这一轮经济长波中的主导产业之一。

1957 年世界第一颗人造卫星在苏联上天，1961 年苏联宇宙飞船上天，成功进行了人类第一次载人空间飞行，1969 年美国实现"阿波罗登月计划"，人类第一次登上月球，表明人类宇宙飞船航行时代的开始。1971 年，苏联的空间站进入航行轨道，1981 年美国航天飞机首次试飞成功，标志人类在空间飞行方面进入了一个新阶段。伴随空间技术在这轮经济长波中的迅速发展和快速扩散，航天航空产业规模急剧扩张。

第五个经济长波是否已经开始，何时开始，目前在经济学界还没有形成一个统一的看法。但第四轮经济长波中的基础性技术创新，如大规模集成电路与单芯片微机的发明、公众互联网的诞生等，这些技术突破必将在

---

① 对这轮经济长波的结束时间，目前学者之间还没有形成统一的认识，本书结合西方国家战后经济发展的历史以及 50 年长波的期限，假定第四轮长波的结束期在 20 世纪 90 年代初、80 年代末，故将之定为 1989 年。

未来推动以下一些产业迅速发展。

大规模集成电路的发明和随后芯片的产生直接推动了微型计算机和互联网的出现，这样以通信卫星、无线电话、移动电话、可视电话、E-mail为标志的现代通信技术的发展，以计算机网络、电信网络、传媒网络及三网互联为主要内容的网络技术的产生，以生产、收集、处理、存储、传递和运用信息的形成，将直接推动现代信息产业的发展。事实上，目前信息产业已经在一些国家的产业结构中占据了十分重要的地位。20世纪90年代，美国经济之所以出现繁荣的局面，信息技术的发展和信息高速公路的建设功不可没。

目前生物技术和纳米技术的研究虽然还没有取得根本性的突破，但已经有了很大的进展。纳米技术和生物技术作为处于第四轮与第五轮经济长波交界处的基础性技术，很有可能在未来成为最重要的技术，并推动纳米产业和生物产业的快速发展。

第三节　技术创新与产业结构演进

一般来说，"结构"一词的含义是指某个整体的各个组成部分的搭配和排列状态。它较早地被应用于自然科学中。在经济领域，产业结构这个概念始于20世纪40年代。所谓产业结构即指在社会再生产过程中，一个国家或地区的产业组成即资源在产业间的配置状态，产业发展水平即各产业所占比重，以及产业间的技术经济联系即产业间相互依存、相互作用的方式。从产业发展的角度来看，产业结构演进实际上就是它的构成要素——产业演进的一种形式。因此，产业结构演进就是产业不断发展，产业结构不断高度化和合理化的过程。

一、产业结构演进的规律

（一）产业按比例协调发展规律

在社会化大生产的条件下，国民经济中存在许多产业部门，各产业部门只有配置了必要的生产资料和劳动力，才能进行生产，而且生产资源只有按照一定比例恰当配置，才能使得各个产业部门的产业正好能满足本部门和其他产业部门生产或生活的需要。只有这样，产业和产业之间的关系才能协调，才能在产业层次上实现优化配置资源，产业结构才会合理化，社会再生产才能顺利进行，国民经济才能高效发展。国民经济中各产业部门要保持一定比例关系,是马克思社会资本再生产理论所揭示的社会化大生产的客观必然性,也是产业结构演进的普遍规律之一。

（二）生产资料更快增长规律

马克思在分析社会资本再生产的实现条件时,提出了社会使用更多的劳动生产资料的规律①。列宁在深入分析了物质生产两大部类之间的相互关系和变动趋势后,指出资本发展的规律就是不变资本比可变资本增长得快,即新形成的资本愈来愈多地转入制造生产资料的社会经济部门。因而,这一部门必然比制造消费品的那个部门增长得快。在国民经济中,增长最快的是制造生产资料的生产资料的生产,其次是制造消费资料的生产资料的生产,最后是消费资料的生产。生产资料生产更快增长的客观必然性在于,技术进步引起资本有机构成提高,资本有机构成的提高又会使得不变资本相对更快的增长,对生产资料的需求也就增加更快,必然要求生产资料生产更快增长,以满足更快增长的更多生产资料的需求②。

（三）三次产业比重的配第—克拉克定律

配第—克拉克定律揭示了经济发展过程中产业结构变化的经验性学说。17世纪后期,英国经济学家威廉·配第（William Petty）对经济发展问题进行了开创性的研究,揭示了生产要素由低生产率向高生产率产业转移的趋向及其对经济发展的意义。配第通过对农业、工业和服务业的供求关系和就业者的收入差异研究得出,农业属于基本上缺乏需求弹性的产业,其劳动生产率递减,就业者的收入也比较低;而工业和服务业则是有很大的需求弹性的产业,劳动生产率递增,劳动力会逐渐从农业向工业和服务业转移。配第—克拉克定律是英国经济学家克拉克（Colin Clark）在配第的研究成果之上,计算和比较了不同收入水平下,就业人口在三次产业中分布结构的变动趋势后得出的。克拉克认为他的发现只是印证了配第在1691年提出的观点而已,故后人将克拉克的发现称之为配第—克拉克定律。

---

① 马克思：《资本论》,人民出版社1975年版,第489页。

② 对生产资料更快增长规律,不能绝对地、片面地理解。这个规律并不意味着先发展生产资料的生产,后发展消费资料的生产,只是说生产资料生产的增长比消费资料的增长更快一些;也不意味着生产资料的生产可以脱离生活资料的生产而孤立地、片面地发展。生产资料生产最终是为消费资料生产服务的,更受生活资料生产的制约;生产资料生产的增长,归根到底还是为了生活资料的生产提供更多的生产资料,终究要依赖生活资料生产的发展。如果没有生活资料生产的相应发展,生产资料生产的增长迟早要碰到困难与障碍。生产资料生产更快增长是物质生产领域产业之间相互关系变化的规律。见简新华等：《产业经济学》,武汉大学出版社2002年版,第53－55页。

克拉克在配第的基础上，基于费希尔的三次产业分类法，首先将整个国民经济划分为三个主要部门：第一产业——农业、第二产业——制造业、第三产业——服务业，然后在收集和整理若干国家的统计资料的基础上，进行了国际比较和时间序列分析，得出如下结论："随着时间的推移和社会在经济上变得更为先进，从事农业的人数相对于从事制造业的人数趋于下降，进而从事制造业的人数相对于服务业的人数趋于下降"①。克拉克认为，劳动力在产业之间变化移动的原因是由经济发展中各产业的收入出现了相对差异造成的。因此，配第—克拉克定律可以表达为：随着经济的发展，人均国民收入水平的提高，劳动力首先由第一产业向第二产业移动；当人均国民收入水平进一步提高时，劳动力便向第三产业移动。劳动力在产业间的分布状况是第一产业减少，第二、第三产业将增加。

（四）三次产业比重的库茨涅茨定律

20世纪60年代，美国经济学家西蒙·库茨涅茨在继承了克拉克的研究成果基础上，利用现代经济统计系统，对57个国家的原始统计数据进行了数量分析和处理，从国民收入和劳动力在产业之间的分布两个方面，对伴随经济发展的产业结构变化进行了分析研究。他探讨了国民收入与劳动力在三次产业分布与变化趋势之间的关系，从而深化了产业结构演变的动因方面的研究。

库茨涅茨把第一、第二、第三产业分别称为农业部门、工业部门和服务业部门，在比较各国国民收入和劳动力在产业之间分布结构的演变趋势后，得出了以下结论：第一，随着经济的发展，第一产业实现的国民收入在整个国民收入中的比重和劳动力在全国全部劳动力中的比重一样，均处于不断下降之中；第二，第二产业的国民收入比重，总体上看是上升的，然而，工业部门劳动力的相对比重，将各国情况综合起来看是大体不变或略有上升；第三，第三产业劳动力的相对比重差不多在所有国家是上升的，但其占国民收入的相对比重未必和劳动力的相对比重同步上升。

与克拉克相比，库茨涅茨的研究在以下方面取得了较大的改进：首先是从劳动力和国民收入两个方面对产业结构的演进进行综合分析；其次是不仅使用时间序列的数据，而且使用截面数据进行统计回归分析，使研究的结论更富有一般性的意义。

（五）工业化过程中的重工业化规律

在一个国家的产业结构演进过程中，都会经历工业化的过程。大量研

---

① Colin Clark, *The Conditions of Economic Progress*, Macmillan company, 1957, pp. 493.

究表明，工业化进程中的产业结构演进会表现出明显的重工业化，即工业部门结构的演进存在消费品比重逐步下降，资本品工业比重不断上升并逐步占优势的发展趋势。对工业化过程中的重工业化规律研究比较著名的是德国经济学家霍夫曼（Walter G. Hoffmann）。他运用20个国家的工业化时间序列数据，分析了这些国家工业化过程中的计算消费品（consumption-goods）工业净产值与资本品（capital-goods）工业净产值之间的比例关系（即霍夫曼比例），发现这些国家在工业化的过程中，其霍夫曼比例存在下降的趋势，即消费品工业比重下降、资本品工业比重上升的趋势。这个结论被人们称为"霍夫曼定理"或"霍夫曼工业化经验法则"。W. 霍夫曼说："从一个社会整个生产结构来看，工业化的主要特征是资本品的相对增加和消费品的相对减少。在这个意义上，工业化可以定义为生产的'资本化'（在一定生产过程中，扩大利用资本并加深利用资本）"[①]。他还根据霍夫曼比例的下降趋势，把工业化过程划分为四个阶段：

第一个阶段，消费品工业在制造业中占统治地位，资本品工业生产不是很发达，霍夫曼比例在6:1或4:1之间，这就是工业化起步阶段。

第二个阶段，与消费品工业相比，资本品工业获得了较快的发展，但消费品工业的规模显然还比资本品工业规模大得多，霍夫曼比例在3.2:1或1.6:1之间，这时工业化有了相当大的发展。

第三个阶段，资本品工业继续比消费品工业更快地增长，资本品工业的规模与消费品工业的规模达到大致相当的阶段，霍夫曼比例在1.5:1或0.6:1之间。

第四个阶段，资本品工业规模将远大于消费品工业规模，霍夫曼比例在1:1以下，这时资本品工业已经处于主体地位，工业已经实现了重工业化。

（六）钱纳里的工业化阶段规律

钱纳里（H. Chenery）从经济发展的长期过程中考察了制造业内部各产业部门的地位和作用的变动，揭示制造业内部产业结构转换的原因，即产业间存在着产业关联效应，为了解制造业内部的产业结构变动趋势奠定了基础，他通过深入考察发现制造业的发展受人均GNP、需求规模和投资率的影响大，而受工业品和初级品输出率的影响小。他进而将制造业的发展分为三个发展时期：经济发展初期、中年期和后期；将制造业也按三

---

① Walter G. Hoffmann：《工业化的阶段和类型：对经济历史过程的数量分析》，转引自张培刚：《农业与工业化》，华中工学院出版社1984年版，第105–112页。

种不同的时期划分为三种不同类型的产业。即：初期产业，是指经济发展初期对经济发展起主要作用的制造业部门，例如食品、皮革、纺织等部门；中期产业，是指经济发展中期对经济发展起主要作用的制造业部门，例如非金属矿产品、橡胶制品、木材加工、石油、化工、煤炭制造等部门；后期产业，指在经济发展后期起主要作用的制造业部门，例如服装和日用品、印刷出版、粗钢、纸制品、金属制品和机械制造等部门。钱纳里研究发现，产业结构的演进一般存在着第一产业在先，继而第二产业，最后第三产业的发展顺序[①]。

（七）生产要素密集型产业地位变动规律

按照生产要素的密集度不同，产业可划分为劳动密集型产业、资本密集型产业、知识（技术）密集型产业三种类型。这三种不同类型的产业在产业结构或国民经济中所处的地位并不相同，也不是一成不变的，会形成不同类型的产业结构并且会发生变动，存在着产业结构先是以劳动力密集型产业为主，然后转向资本密集型产业为主，最后变为以知识技术密集型产业为主的演进规律。这种生产要素密集型产业变动规律存在的原因，主要是经济发展、技术水平、生产要素禀赋、供求、价格和比较优势等方面的状况和变化。在经济发展落后、技术水平低下、资本严重缺乏的情况下，资本和技术供应严重不足、价格昂贵，只有劳动力资源丰富低廉，拥有比较优势，因此产业结构必然是以劳动密集型产业为主。随着经济发展水平的提高、人均国民收入水平的增加、人们生活的改善、资本的大规模积累、科学技术的进步，劳动力价格上升，丧失了比较优势，资本和技术供给充足、价格下降，形成了比较优势，必然引起劳动密集型产业收缩、资本和技术密集型产业发展，出现产业的集约化趋势，导致产业结构由以劳动密集型产业为主向以资本密集型为主，再向以技术密集型产业为主转变[②]。

（八）产业结构由低级向高级演进规律

产业结构按照发展水平的不同，可以分为初级结构、中级结构、高级结构三个不同等级的类型，存在着逐步由初级结构向中级结构，再向高级结构演变的客观必然性。产业结构的这种演进规律存在的原因，不仅在于任何事物都存在由低级向高级发展的规律性，更重要的是由三次产业比重变动规律、生产要素密集型产业地位变动规律、产业结构高加工度和高附

---

① 钱纳里：《工业化和经济增长的比较研究》，三联书店1989年版，第25－98页。
② 简新华：《产业经济学》，武汉大学出版社2002年版，第57页。

加值规律等共同作用的结果。以农业为主、以第一产业为主、以劳动密集型产业为主、以低加工度和低附加值产业为主的产业结构属于初级结构；以工业为主、以第二产业为主、以资本密集型产业为主、以较高加工度和较高附加值为主的产业结构，则属于中级产业结构；以第三产业为主、以知识技术密集型产业为主、以高加工度和高附加值为主的产业结构，就属于高级结构。这些产业结构演进的规律，都集中表现为产业结构由低级向高级演进的规律。[①]

(九) 产业结构演进的阶段区间具有可塑性规律

产业结构由低级向高级发展的各阶段是难以逾越的，但各阶段的发展过程可以缩短。从演进角度看，后一阶段产业的发展是以前一阶段产业充分发展为基础的。只有第一产业的劳动生产率得到充分的发展，第二产业中才能得到应有的发展，第二产业的发展是建立在第一产业劳动生产率大大提高基础上，其中加工组装型重化工业的发展又是建立在原料、燃料、动力等基础工业的发展基础上。同样，只有第二产业的快速发展，第三产业的发展才具有成熟的条件和坚实的基础。产业结构的超前发展会加速一国经济的发展，但有时也会带来一定的后遗症。

二、技术创新与产业结构演进的关系

技术创新首先是在物质领域实现突破，在某一个产品部门引入新的生产函数实现该产品生产方式的重大突破，进而通过技术扩散，实行整个行业的生产方式的创新。技术创新对产业结构的影响并不只局限于某一个产业，在技术创新过程中，由于创新主体并不是孤立存在的，而是与其他部门（包括其他企业和产业等）发生着千丝万缕的联系。因此，从长期来看，技术创新主体的技术变革会通过产业链在各产业间进行扩散，一个行业的技术创新最终会通过产业间的前向关联或后向关联拉动其他行业的劳动生产率的提高。所以作用于一个产品的技术创新会通过技术扩散影响一个产业的创新，进而通过产业之间的经济技术联系改变整个产业结构。

(一) 技术创新对产业结构的作用机理

产业之间的关系实质上就是各产业相互之间的供给和需求的关系[②]，从这个角度来看，产业之间的关系可分为前向关联、后向关联以及旁侧效应关联。这种产业之间的关联在某种意义上就是一种技术关联，技术创新

---

① 简新华：《产业经济学》，武汉大学出版社2002年版，第59页。
② 杨公朴、夏大慰：《产业经济学教程》，上海财经大学出版社1998年版，第110页。

正是通过产业之间的广泛的、复杂的、紧密的技术联系来影响整个产业结构的演进。

1. 前向关联

所谓前向关联是指通过供给联系与其他产业部门发生的关联。显然,通过技术创新,甲产业在生产方式上取得了重大突破,这样采用甲产业产品的乙产业就可以通过这种投入创新进行自身的改造,从而提高其生产效益。具体而言,有以下两种表现形式:

第一种是新的原材料供给的前向波及。一般而言,新的原材料的提供可以是质的全新的变化。如晶体管的出现就使电子工业发生了巨大的变化。另外,如果上游某一产业通过技术创新没有实现终端产品质上的变化而是降低了生产成本,那么对下游产业而言是提供了一种更低成本的投入要素,这种结构会影响上游投入要素产业之间的替代关系,从而影响整个产业结构。

第二种是新的产品设备投入的前向波及。新的加工设备对下游产业而言是提供一种新的装备投入,能够提高生产效率。新的产品设备的发明往往惠及很多产业部门,有的可能还引起整个产业体系生产力的提高,如蒸汽机的发明就改变了那个时代所有产业的动力系统,引起了运输、冶金等产业的革命性的变革。新的产品设备也可以应用于非物质生产部门,提高这些部门的服务效率,使得这些部门更好地为产业发展提供服务。

2. 后向关联

所谓后向关联是指通过需求联系影响其他产业部门发生的关联。这种通过需求上的创新影响产业结构演进,基本上表现为新的原材料、新机器设备等投入。例如,航空技术的发展要求提供高强度、高耐热腐蚀、质轻的材料。因此,为适应其需求,要求它的后向材料工业进行技术创新,提供新的适应航空工业的材料,这样就引发了材料产业的技术创新与发展。

3. 旁侧效应关联

旁侧效应是指由于产业的发展而引起周围环境的一系列变化,这些方面广泛地促进了产业结构的演进与发展。一般而言,旁侧产业不构成主导产业链条上的投入产出环节,而是通过提供外围支持作用与主导产业链条发生关系,这样它所服务的产业链条对它就会有很强的关联作用。如公路系统尽管不构成汽车产业链条上的投入产出环节,但公路系统的支持作用对汽车产业的健康发展将会产生特别积极的作用①。

(二) 技术创新对产业结构演进的影响

1. 技术创新推动了产业分立

在《技术的僵局》(Stalemate in Technology) 一书中，门斯按照技术创新对产业发展的作用，将技术创新分为基础性技术创新、改进型技术创新与伪创新三种。其中基础性技术创新是根本性的技术创新或技术系统的变革，往往标志着一种新的"技术—经济范式"和新的技术—经济发展轨道的出现。"技术—经济范式"的变更必将打破技术体系中原有技术个体之间的有效的协同作用关系，打破技术体系的内在平衡。这时，一方面原有产业和产业部门分解，某些产品或原有生产过程的某一阶段随着生产技术的变革和社会需求的扩大而分离出来，形成新的产业和产业部门；另一方面，因为新产品、新工艺、新能源、新材料的发明和利用，又扩大了社会分工的范围，创造了生产活动的新领域，形成了原来没有的新的生产门类和生产部门。

纵观人类经济发展的历程，历史上的每一次重大的技术革命（基础性技术创新）都会导致产业的分立和新兴产业的兴起。在第一次技术革命之前，人们靠经验和大自然赋予的自然条件从事农业生产，辅之以简单的手工工具。第一次技术革命，使得处于农业生产阶段的手工作坊迅速发展壮大，形成了前所未有的大工厂式的生产方式，纺织业、冶金业、采掘业、机械制造业开始分离独立形成新的产业，工业从农业中分立出来并占据主导地位，这一过程被称为第一次产业革命。以能源革命为动力的第二次技术革命，引起了石油化学工业、汽车工业、飞机工业、电器工业、通信工业等一系列新兴产业的诞生，迅速地改变了产业结构。尤其是邮电通信产业的发展和伴随第二次技术革命而来的庞大的社会服务体系（金融、商业等）的建立，使得服务业从农业和工业中分离出来，成为国民经济中第三种产业形式。而以微电子技术、原子能技术、光学技术、新兴材料技术为标志的第三次技术革命，促使计算机工业、核工业、生物工程、遗传工程等一系列高新技术产业的诞生，再一次使产业结构呈现出一个新格局。

2. 技术创新引发了产业融合

所谓产业融合是指在技术创新和政府经济管制放松的共同作用下，不

---

① 庄为名、龚仰军:《产业技术创新》, 中国出版集团东方出版中心 2005 年版, 第 86 - 88 页。

同产业之间边界越来愈模糊,甚至消失,从而使得两种产业或多种产业融为一体的产业新范式。

自20世纪70年代以来,光缆、无线通信、宇宙卫星的利用和普及等通信技术的革新以及信息处理技术的迅速发展,推动了通信、邮政、广播、报刊等传媒产业之间的界限区域日趋模糊,甚至消失,产业融合发展的趋势初见端倪。同时又由于通信技术的进一步革新(数字化通信技术、通信网的发展)和个人电脑的普及所带来的互联网的广泛应用,又推进了出版、电视、音乐、广告、教育等产业的融合浪潮。以信息技术为核心的新技术革命,给世界带来一个全新的信息时代,而作为经济发展的产业,必然进行适应性的调整和战略性的调整。产业融合就是在这样的背景下出现的。

技术创新是产业融合的基础,是产业融合的内在驱动力。实践表明,技术创新是推动产业融合的根本原因,技术创新使产业融合成为可能。技术创新开发出了替代性或关联性的技术、工艺和产品,然后通过渗透、扩散,融合到其他产业之中,从而改变了原有产业产品或服务的技术路线,因而改变了原有产业的生产成本函数,从而为产业融合提供了动力;同时,技术创新改变了市场的需求特征,给原有产业的产品带来了新的市场需求,从而为产业融合提供了市场的空间。基础性的技术创新在不同产业之间的扩散导致了技术融合,技术融合使不同产业形成了共同的技术基础,并使不同产业间的边界趋于模糊,最终促使产业融合现象产生[①]。

3. 技术创新促进了产业结构优化

按照熊彼特的观点,技术创新就是导入一种新的生产函数,从而可大大地提高潜在的产出水平。而产业结构升级的过程,就是伴随着技术进步和生产社会化程度的提高,不断提高产业结构作为资源转换器的效能和效益的过程。因此,技术创新也就成为产业结构升级的最直接的推动力。

具体地说,技术创新对产业结构升级的推动是通过推动传统产业的改造、刺激新兴产业兴起、淘汰落后产业、促进产业结构高级化等四个方面表现出来的(图1.13)。

---

① 陈柳钦:《技术创新、技术融合与产业融合》,载《科技与经济》,2007年6月第3期,第19-22页。

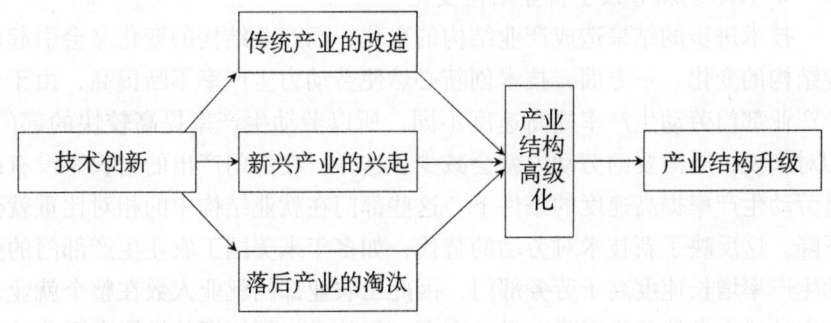

图 1.13　技术创新推动的产业结构升级

技术创新对传统产业的改造表现在：由于某项新技术的研制、开发和应用，使某个传统产业部门的产出量大幅度提高，产品成本降低，如果该产品需求弹性小，就会造成产量增加、利润下降的情况，该产业的某些生产要素（如劳动力、资金）就会流入其他产业部门，从而导致该产业的萎缩。对于产品需求弹性较大的行业，由于创新带来的新产品刚刚引入市场，其价格对成本的反应以及需求对价格的反应都比较敏感，产出数量的提高将有可能获取较高的收益。因此，当该产业取得了高于该行业的平均收益率时，社会生产要素就通过利润率平均化的原理，从其他产业纷纷流入该行业。而生产要素的流入，直接刺激了该行业的扩张，如20世纪20年代汽车工业的创新就是一例。上述无论哪一种情况出现，都会促使产业间或产业内部资源的流动，在资源的合理流动中实现了对传统产业的改造①。

由于技术创新会改变各种生产要素特别是劳动和资本的相对边际生产率，从而改变它们收益之差的平衡，尽管理论上存在中性技术创新，即一项创新可能以相同的比例提高劳动、资本等生产要素的边际生产率，但在绝大多数情况下，技术创新是非中性的，它对各种生产要素边际生产率的影响是非平衡的，这就意味着在市场机制作用下，会刺激不同生产要素之间的替代和重组，从而引起新兴产业的兴起和落后产业的被淘汰。产业结构正是通过技术的不断创新，对传统产业的改造、新兴产业的兴起和落后产业的淘汰来实现产业结构的优化和升级。

---

①　王斌：《技术创新、经济增长与产业结构升级》，载《北京机械工业学院学报》，1999年第11期，第64－68页。

4. 技术创新导致了就业结构变化

技术进步的结果造成产业结构的变化，而产业结构的变化又会引起就业结构的变化。一方面，技术创新必然使劳动力生产率不断提高，由于各个产业部门劳动生产率提高速度不同，所以劳动生产率提高较快的部门，相对来说，所需要的劳动力就会减少。这样，在部门产出的增长率没有超过劳动生产率提高速度的条件下，这些部门在就业结构中的相对比重就会下降。这反映了新技术对劳动的替代，如多年来美国工农业生产部门的劳动生产率增长速度高于劳务部门，因此工农业部门就业人数在整个就业人数中的比重自然趋于下降。另一方面，新技术、新知识的发展需要劳动者素质的提高，其结果必然导致劳动者结构变化。如第二次世界大战后美国蓝领工人和白领工人的此消彼长就是因为如此。

第四节 欠发达地区技术创新与产业发展

一、欠发达地区技术创新的特殊性[①]

由于技术创新活动是一项风险系数很高的创造性的技术经济活动，欠发达地区创新资源处于劣势的现状决定了其技术创新的特征、技术创新的过程等显然有别于一般的技术创新。因此，欠发达地区的技术创新除了具有技术创新一般意义上的创造性、累积性、效益性、风险性和市场性五大特征之外，其特殊性突出地表现为模仿性、跨越性与复杂性。

（一）模仿性

科学技术作为生产力，其应用和发展在世界范围内具有继承性和连续性的特点。在国际和国内"技术势差"客观存在的情况下，欠发达地区以发挥"后发优势"、谋求经济的较快发展为目标的技术引进活动有其必然性，欠发达地区的自我创新能力往往是在从发达国家和地区引进技术的基础上，通过模仿创新积累起来的（图 1.14）。对于欠发达国家和地区的技术引进和技术创新活动，20 世纪 60 年代以来，西方学者往往把注意的焦点集中在诸如是选用劳动密集型技术还是资本密集型技术这一类新古典经济学的传统问题。这是一种基于技术输出国的利益和立场，鼓励发展中

---

① 丁巨淘：《技术创新促进西部经济发展研究》，中国统计出版社 2002 年版，第 23 - 62 页。

国家和地区的技术引进应以适应技术为主的观点。事实证明，对落后的发展中国家和地区而言，面对日益加快的国家技术进步步伐，适应技术往往是国际上面临淘汰和已经淘汰的技术，难以在国际市场上形成竞争力。所以，研究欠发达地区技术创新问题就不能不研究技术引进问题，而研究技术引进问题就不能不研究技术创新问题。面对世界经济的全球化趋势和知识经济的快速发展，欠发达地区必须走引进技术基础之上的模仿创新之路，尽快使本地区的技术创新能力和活力大幅度提高。

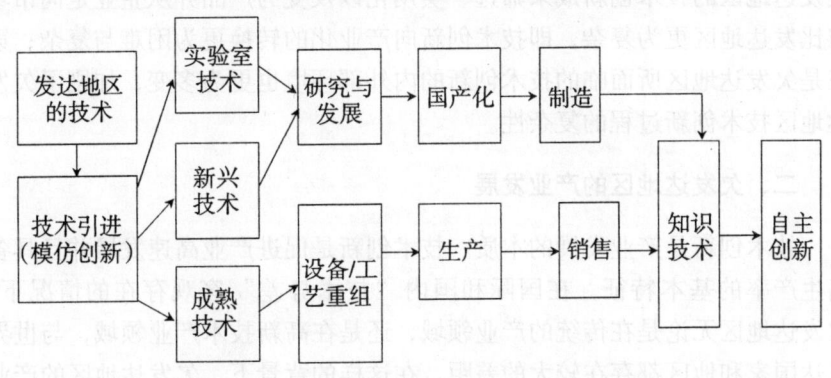

图1.14　欠发达地区技术创新过程的模仿性

（二）跨越性

技术跨越，即跨越技术发展的某些阶段，直接开发、应用新技术、新产品进而提高产品竞争力的过程。欠发达地区无论在传统产业领域，还是在高新技术领域，与世界发达国家和地区都存在较大的差距。这种总体差距的存在，迫使其在技术创新工作时不能循规蹈矩，而应抓住有利时机，充分利用自己的优势，实现技术的跨越，从而在最短的时间内，缩小甚至赶上国际先进水平。这就决定了欠发达地区技术创新战略必须围绕技术跨越来进行。

一般而言，欠发达地区可从以下几个方面进行技术跨越式发展。首先是通过引进国内外先进技术，并在此基础上进行技术创新；其次是借鉴发达地区技术创新经验，吸取其失败的教训，绕过某些不必要的环节，缩短技术创新过程；第三是利用新技术革命的机遇与大家同处同一起跑线的契机，全力发展新兴技术等。

（三）高复杂性

从技术创新的过程和本质来看，技术创新不仅涉及技术本身，而且受制于创新市场的评判；不仅需要人力、资金与技术的投入，而且受制于相关制度的保障，所有这些决定了技术创新的过程极其复杂。而欠发达地区由于在人力、资金等创新资源方面的劣势，其技术创新的过程必将更加复杂。

具体而言，欠发达地区技术创新的高复杂性主要表现在以下一些方面：首先建立在技术引进基础上的技术模仿，欠发达地区的外部技术获取将是一个复杂的过程，尤其是技术转移与人才转移的困难与复杂；第二是欠发达地区的技术创新成果筛选、实用化以及变为产品并从企业走向市场将比发达地区更为复杂，即技术创新向产业化的转换更为困难与复杂；第三是欠发达地区所面临的技术创新的内外部环境也更为多变，加剧了欠发达地区技术创新过程的复杂性。

二、欠发达地区的产业发展

技术创新是产业发展的本质。技术创新是促进产业高速发展并且具备高生产率的基本特征。在国际和国内"技术势差"客观存在的情况下，欠发达地区无论是在传统的产业领域，还是在高新技术产业领域，与世界发达国家和地区都存在较大的差距。在这样的背景下，欠发达地区的产业发展主要表现为如下的特征：

（一）资源开发型、劳动密集型为主的产业体系特征

由于缺乏更多的技术创新成果，尤其是基础性的技术突破，欠发达地区的产业发展更多的依靠资源开发型产业和劳动密集型产业的发展，资源开发型产业和劳动密集型产业为主导产业是欠发达地区经济发展的普遍特征。按照主导产业理论，一个地区的主导产业体系由衰退产业、主导产业和新兴产业构成，主导产业是区域经济发展的支柱，新兴产业是面向未来的创新产业部门，是处于培育中的新生力量，但以后将取代目前的支柱产业成为区域经济发展的主体力量，而衰退部门需要接受改造和创新取得新生，重新成为后续产业或支柱产业。目前在人口、资源与环境压力不断加大和高新技术决定地区综合竞争力的今天，资源型主导产业体系面临着资源日趋短缺、政策打压等的多重压力，资源开发型产业已经演变为衰退产业，劳动密集型产业也面临着越来越激烈的竞争，这就为欠发达地区的产业发展增添了更多的不确定性因素。

（二）低度化的产业结构特征

三次产业结构被发展经济理论赋予了评价和判断一个国家或地区处于哪个经济发展阶段的基本依据。产业结构按照发展水平的不同，可以分为

初级结构、中级结构、高级结构三个不同等级的类型。以农业为主、以第一产业为主、以劳动密集型产业为主的产业结构属于初级结构；以工业为主、以第二产业为主、以资本密集型产业为主的产业结构则属于中级结构；以第三产业为主、以知识技术密集型产业为主就属于高级结构。从三次产业结构看，欠发达地区的产业结构特征是：第一产业就业比重偏高，传统农业成分偏高，由于制造业不发达，第二产业对第一产业和第三产业的带动作用小，由于现代服务业不发达，第三产业产值和就业比重都偏低。因此，总体上看，欠发达地区还处于工业化初期向中期转变过程中，传统农业成分比重高，制造业和现代服务业不发达，高新技术产业匮乏，产业结构呈现低度化的特征。

（三）低关联度的产业结构特征

产业关联度是指产业与产业之间通过产品供需而形成的互相关联、互为存在前提条件的内在联系。这种联系主要表现在两个方面：在产品供需方面，一个行业以及一种产品的生产，都需要其他行业的产品作为投入要素，它也作为其他行业生产的投入要素；在产业的技术供给方面，一个产业的生产，需要其他产业为其提供技术水平层次相当的生产手段，同时，它的发展也推动了其他关联产业的技术进步，从而使整个产业的技术水平不断向更高层次推进。从产业关联度来看，欠发达地区产业关联效应普遍较弱，政府重点培育的支柱产业、主导产业关联度不高，带动作用不明显，对经济的整体带动能力弱，而关联度高的行业则规模较小、难以发挥带动作用等，产业结构呈现明显的低关联度的特征。

第二章 云南技术发展水平研究

现代经济的竞争，已经由企业之间的竞争，延伸到区域之间的竞争，在更大的范围内整合着各个创新要素，形成强大的合力，进行着创新能力的较量。而创新能力中技术创新能力是关键。怎样合理配置云南省的科技资源，优化创新要素的结构与功能，激发创新主体活力，增强自主创新能力，为云南经济与社会发展提供源源不断的动力，是当前云南科学技术发展中的一个重点问题。本章基于TAI分析方法，对影响云南技术发展水平的因素进行研究和评价，以期说明云南省技术水平现状和对云南技术发展能力作出评断。

第一节 技术发展水平的测量方法

2001年7月联合国开发计划署（UNDP）发布了以"让新技术为人类发展服务"为主题的《2001年人类发展报告》，着重讨论了人类如何创造并利用技术，特别是利用现代高新技术提高人们的生活质量、促进人类发展的问题。该报告指出，目前，"发展"界和"技术"界之间还没有建立起良好的关系，技术的拥护者往往很少考虑发展的现状和需求，从事发展事业的人们则可能因为不能有效地利用新技术带来的机会而使不发达国家和贫困人口丧失发展机遇；在网络时代，任何国家如果不能有效地利用技术，就可能落后，以至在全球经济中被排斥；随着因特网、农业生物技术的发展和新型药物进入市场，"现在是让技术和发展携手共进的时候了"。所有国家，即便是最贫穷的国家，都必须实施鼓励创新的政策。为了帮助各国跟上技术创新的步伐，及时调整技术政策，促进本国经济发展，该年度报告第一次发表了世界各国和地区的"技术成就指数（Technology Achievement Index，TAI）"。

为什么 UNDP 会提出技术和发展的问题？并提出技术发展水平的测量方法——TAI？这是值得我们思考和研究的。我们的社会正处在工业社会向信息时代的过渡时期，在20世纪七八十年代，发达的工业化国家就开始向信息时代过渡，进入21世纪，从工业时代向网络时代过渡的浪潮开始席卷整个人类社会。我国虽然刚进入工业化加速发展时期，也不无例外地受到本次浪潮的影响。以信息化带动工业化成为我国工业化发展中不同于发达国家已完成的工业化发展的主要特征。

目前云南省的工业化基础还比较薄弱。云南省的技术发展要如何做才能突破经济学上的马太效应？网络时代的出现应该是一个重要的契机。有关的研究数据表明，技术创新主要集中在高收入的发达国家和较发达的地区，例如，经济合作与发展组织（OECD）的人口只占全世界人口的14%，但却占据了全世界专利申请的86%（1998年），全世界科学论文的85%（2001年）。我国的技术创新主要集中上海、北京和天津等地。但是在信息时代，并不需要每一个地区都处于全球技术创新的领先位置，一个地区要在技术上有所发展，首先应该具备了解、吸收和利用全球技术为本地经济社会发展服务的能力。对于一个欠发达地区来说，了解新技术、吸收和利用新技术比创造新技术更为重要。了解新技术、传播新技术、吸收利用新技术就需要有及时了解和参与全球技术市场的信息沟通，需要有不断更新的知识和技能。网络时代在改变对技术创新的需要的同时，也正在改变技术创新和传播的方式，技术创新的主体可以不再局限在一个地方，技术创新的地方可以不是固定的，它们可能是分散的，是虚拟的。但网络技术的利用却为欠发达地区提供了重要的技术信息来源及参与分享技术成果的机会。

了解新技术、吸收和利用新技术，需要一个灵活的、竞争的、动态的经济环境，公共机构和私人机构的努力以及基础设施的支撑。因此需要三种重要的能力：

第一，对人员教育和培训的能力。技术的改变，意味教育和培训经费的急剧增加。对于技术发展来说，不仅需要大众化的素质教育，更需要先进科学和工程技术的教育；不仅需要公立和私立学校的教育，还需要员工所在单位的培训和工作之余的个人培训。

第二，对技术发展的管理政策的制定能力，如对知识产权的保护。技术发展是个综合性系统，它的发展不仅涉及技术发展系统内部因素，还涉及技术发展系统外部因素。因此对技术发展的管理不仅需要内部政策，还需要相关的配套政策，如对教育、培训以及互联网发展的政策。良好的政策具有技术良好发展的指导性。

第三，参与并与全球技术市场保持联系的能力。要了解新技术、传播新技术、吸收利用新技术，必须具有与全球技术市场保持联系的渠道和平台。工业化社会的传统通信技术仍然在发挥着巨大作用，但信息技术、互联网技术和计算机技术的发展，使得全球技术市场更加紧密地联系在一起。但是这些技术的发展和应用是不均衡的，对于欠发达地区，相对处于落后的位置，要抓住信息时代的契机，这方面的能力显得尤为重要。

第二节 技术成就指数（TAI）的测量方法

技术发展水平的测量方法有许多种，如 UNDP 的 TAI，UNCSTD（United Nations Commission on Science and Technology for Development）衡量技术发展的指标，GIT（Georgia Institute of Technology）的基于技术的国家竞争力的方法，WEF（World Economic Forum）的国家竞争力的方法，UNIDO（United Nations Industrial Development Organization）衡量工业绩效及其决定性因素的方法。基于第一节所描述的背景，结合测量方法的优劣及理论假设，我们采用 UNDP 的 TAI。

一、技术成就指数（TAI）简介

TAI 的指标着重衡量的是各个国家或地区创造、应用和每一位公民享受技术成就的程度（或可能性），而不是国家或地区在科技发展方面的努力和投入；它不是要评出哪个国家在全球技术发展中处于领先地位，而是着重于一个国家作为整体参与创造和利用技术的能力。经过标准化处理的 TAI 综合指数便于进行一个国家或地区技术发展水平的总体评价和相对地位的比较，也是作为分指标详细研究的起点。TAI 的直接目的是反映各国或地区在网络时代参与技术创新的状况和能力，它不仅体现一个国家或地区在创造技术方面所达到的水平，还着重体现一个国家或地区在传播技术和培养人的技能方面所达到的水平。

TAI 从一个国家或地区的四个方面的能力进行评价，即：新技术创造、新兴技术的扩散、作为工业时代和网络时代基础的传统技术的扩散、技术创造和利用的人员技能的培养。下面对四个方面的能力分别作出说明。

1. 新技术创造

新技术创造是最高水平的技术能力，全球化经济给了技术创新的领导者和所有者巨大的回报。如前所述，网络时代并不需要所有国家或地区都一定要处于全球技术发展的前沿，但所有国家或地区不论贫富，都需要具有技术创新能力，因为即使是对产品或工艺进行改造使之适应本地条件和生产力水平也需要具备技术创新的能力。在缺乏完善的指标和数据的情况下，TAI 采用两个指标描述一个国家或地区的技术创新水平。一个是国内人均发明专利授权量，反映当前发明活动的水平；另一个是人均技术出口收入（技术使用费和许可费的外汇收入），反映过去成功的创新中目前仍然有用并具有国际市场价值的一部分存量。

2. 新兴技术的扩散

为了从网络时代带来的机遇中受益，各个国家或地区都必须应用创新成果。这一方面的两个指标是：因特网的扩散（人均因特网主机数）和高技术产品占全部货物出口的比重。高技术产品对于发展中国家来说意味着机会。许多高技术行业是经济全球化的强劲动力。对制造业的技术升级可以在新市场中获得机会。互联网不仅仅是发达国家和地区的工具，它一方面极大地方便了人们获得信息，一方面极大地降低了获取信息的成本。通过互联网，人们可以增加收入，改善医疗卫生条件，方便政治参与。

3. 传统技术的扩散

网络时代的发展机遇离不开传统技术的应用。传统技术的广泛扩散是新技术应用的前提条件。这里选用的两个指标是人均电话数（包括固定和移动电话）和人均用电量。无论是应用新技术或是各方面的人类活动都要用到这两项传统技术。电话和电力的使用对于工业化初期的技术发展很重要，而在较为高级的阶段其增量的重要性不突出，例如印度需要大力推广电话和电力网，使全体国民都能参与技术革命，而日本和瑞典则已超越这个阶段。因此这两个指标的数值采用对数计算，并以 OECD 国家的平均值作为最大值。用对数计算可以保证随着指标值的增加，它对指数的作用会逐渐下降。

4. 人员技能的培养

劳动者拥有足够的技能对于保持国家和地区的技术活力是至关重要的。新技术的创造和使用都需要以充足的具有较高技能的劳动力为前提。当代技术发展要求劳动者具备适应能力，即能够掌握源源不断的新技术。这种能力的基础是培养人员的认知能力及自然科学和数学能力的基础教育。TAI 采用两个指标来反映这种创造和吸收创新成果的能力：15 岁以上人口接受正规教育的平均年数，高等学校自然科学、数学和工程技术领域在校生占入学年龄组人口比重。

表 2.1　TAI 的指标构成表

目标	一级指标	二级指标
技术成就指数（TAI）	新技术创造	国内人均发明专利授权量
		技术使用费和许可费的外汇收入
	新兴技术的扩散	人均因特网主机数
		高技术产品占全部货物出口的比重
	传统技术的扩散	人均电话数
		人均用电量
	人员技能的培养	15 岁以上人口接受正规教育的平均年数
		高等学校自然科学、数学和工程技术领域在校生占入学年龄组人口比重

二、TAI 方法的优化

课题研究借鉴 TAI 的方法。考虑到 UNDP 在采用 TAI 时主要针对的是国家，而我们主要是针对一个国家（中国）中的省市（地区），同时考虑到数据的可采集性，我们沿用 TAI 的一级指标，对二级指标进行了适当的调整。

二级指标的计算，采用以下公式进行标准化：

某地区某指标得分 =（该地区该指标值 - 所有地区该指标最小值）/（该地区该指标最大值 - 该地区该指标最小值）

标准化后得到的指标得分，消除了不同指标的量纲和绝对数量的影响。通过对比分析得出各省市技术发展二级指标的相对位置。因为在同一个国家内，因此对传统技术扩散的两个二级指标不再作对数变换处理。

表2.2 课题组所采用的TAI指标构成表

目标层	一级指标	二级指标	说明
技术成就指数（TAI）	新技术创造	人均专利授权量	反映当前发明活动的水平
		人均技术市场成交合同金额	反映技术结果商业化的能力
	新兴技术的扩散	人均高技术工业增加值	反映技术发展的机会
		IP地址数比重	两个指标共同反映传播技术信息，参与技术市场的程度
		人均网站数	
	传统技术的扩散	人均用电量	与下一指标共同反映新技术发展的基础和前提
		人均电话数	
	人员技能的培养	人均受教育年限	反映创造和使用新技术的能力

得到二级指标得分后，通过对相应的二级指标得分进行简单的算术平均得出一级指标得分。对全国各省市的一级指标得分进行横向比较，得出各省市技术发展一级指标的相对位置。

最后对一级指标得分进行简单的算术平均得出最终的技术发展成就指数（TAI）。依据TAI得分，对各省市的技术发展水平进行分类。

除了对指标体系的得分进行计算外，课题组同时利用聚类分析来划分不同的类型。聚类分析使用的软件为SPSS13.0。

由于TAI的主要指标是从技术成就方面来衡量的，为了使课题研究更深入一些，我们还借鉴其他学者的研究成果，不仅从成就方面，也从投入方面进行分析，不仅从单一指标分析，也从综合性的指标进行对比。

第三节 云南技术发展水平的现状

我们根据第二节中优化后的TAI方法，评价全国31个省市区的技术发展水平。由于时间、数据以及其他一些客观条件的限制，我们只选取

2005年的数据进行分析。数据主要来源于《中国统计年鉴》（2006年），部分数据在表中进行说明。研究只涉及横向对比，不涉及纵向时间演变。

一、技术发展水平

从技术发展水平整体情况来看，排在前五位的是北京、上海、天津、广东和浙江，排在后五位的是江西、甘肃、安徽、云南和贵州。

在新技术创造能力方面，排在前五位的是北京、上海、浙江、天津和广东，排在后五位的是江西、贵州、海南、广西和青海。

在新兴技术的扩散方面，排在前五位的是北京、上海、广东、江苏和天津，排在后五位的是宁夏、贵州、新疆、甘肃和青海。

在传统技术的扩散方面，排在前五位的是上海、北京、宁夏、浙江和广东，排在后五位的是湖南、云南、安徽、贵州和江西。

在人员技能的培养方面，排在前五位的是北京、上海、天津、辽宁和吉林，排在后五位的是甘肃、四川、青海、贵州和云南。如表2.3所示。

表2.3 全国各省区市技术发展水平指标对比表

省份	新技术创造能力	排名	新兴技术的扩散	排名	传统技术的扩散	排名	人员技能的培养	排名	技术发展水平	排名
北京	0.886	1	0.863	1	0.772	2	1.000	1	0.880	1
天津	0.268	4	0.370	5	0.545	6	0.729	3	0.478	3
河北	0.026	18	0.111	12	0.242	14	0.396	12	0.194	15
山西	0.015	23	0.047	22	0.308	12	0.457	7	0.207	12
内蒙古	0.018	20	0.034	25	0.364	9	0.432	9	0.212	10
辽宁	0.108	7	0.136	9	0.358	10	0.555	4	0.289	7
吉林	0.044	14	0.087	14	0.196	16	0.493	5	0.205	13
黑龙江	0.047	11	0.072	17	0.170	18	0.492	6	0.195	14
上海	0.693	2	0.640	2	0.897	1	0.860	2	0.772	2
江苏	0.143	6	0.393	4	0.426	7	0.421	10	0.346	6
浙江	0.346	3	0.313	3	0.577	4	0.299	19	0.384	5

续 表

省份	新技术创造能力	排名	新兴技术的扩散	排名	传统技术的扩散	排名	人员技能的培养	排名	技术发展水平	排名
安徽	0.014	24	0.063	19	0.061	28	0.162	25	0.075	28
福建	0.094	9	0.177	8	0.349	11	0.278	20	0.225	8
江西	0.012	26	0.055	20	0.045	30	0.223	23	0.084	26
山东	0.088	10	0.191	7	0.247	13	0.311	18	0.209	11
河南	0.024	19	0.126	10	0.117	23	0.344	17	0.153	19
湖北	0.045	13	0.115	11	0.137	21	0.348	16	0.161	17
湖南	0.047	12	0.071	18	0.074	26	0.352	15	0.136	22
广东	0.264	5	0.512	3	0.548	5	0.451	8	0.444	4
广西	0.007	29	0.042	23	0.076	25	0.260	21	0.097	24
海南	0.008	28	0.048	21	0.124	22	0.370	14	0.137	21
重庆	0.103	8	0.073	15	0.171	17	0.249	22	0.149	20
四川	0.042	15	0.107	13	0.084	24	0.122	27	0.089	25
贵州	0.010	27	0.030	27	0.050	29	0.003	29	0.023	30
云南	0.012	25	0.035	24	0.070	27	0.000	30	0.029	29
陕西	0.032	16	0.072	16	0.152	20	0.398	11	0.164	16
甘肃	0.017	22	0.019	29	0.153	19	0.128	26	0.079	27
青海	0.005	30	0.008	30	0.423	8	0.086	28	0.130	23
宁夏	0.018	21	0.031	26	0.617	3	0.199	24	0.216	9
新疆	0.026	17	0.023	28	0.210	15	0.378	13	0.159	18

对各省区市技术发展水平进行聚类分析，可分为三类（见图2.1）：

第一类：北京、上海，属于技术发展水平较好的类别。

第二类：天津、广东、江苏、浙江、辽宁，属于技术发展水平一般的类别。

第三类：其余省区市，属于技术发展水平较差的类别。

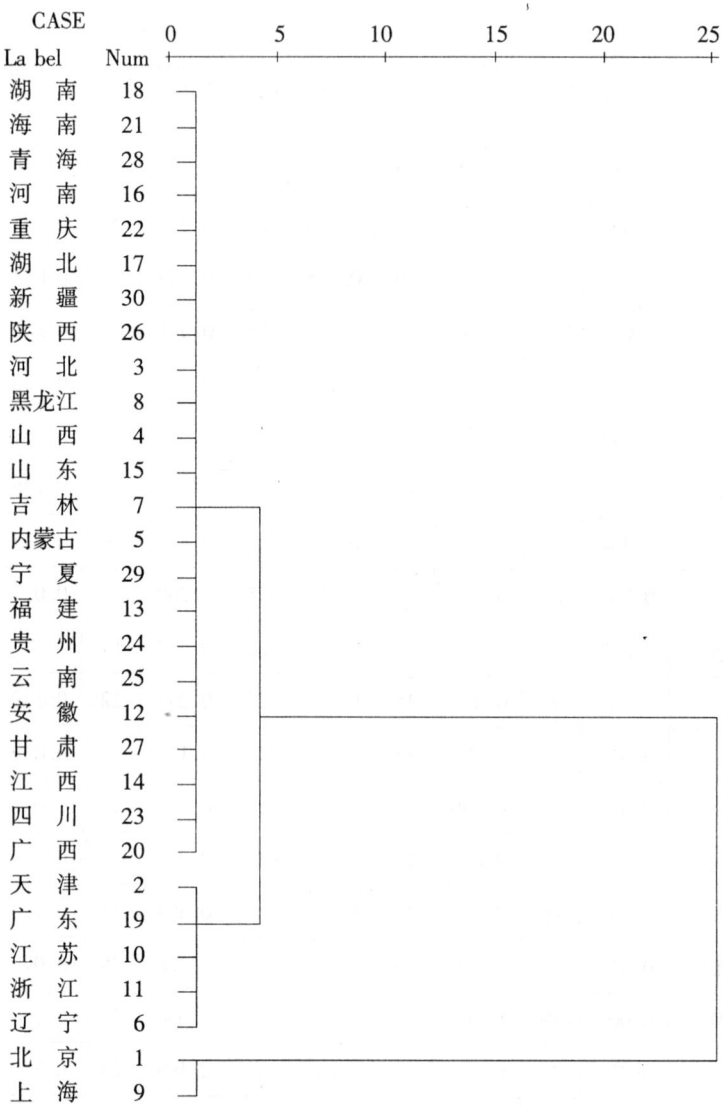

图2.1 全国各省区市技术发展水平聚类分析结果图

我们将新兴技术的扩散、传统技术的扩散和人员技能的培养综合成一个环境指数,用来反映一个地区技术创新、扩散、吸收、利用的环境条件。如图2.2所示。最好为北京、上海,最差是云南、贵州。

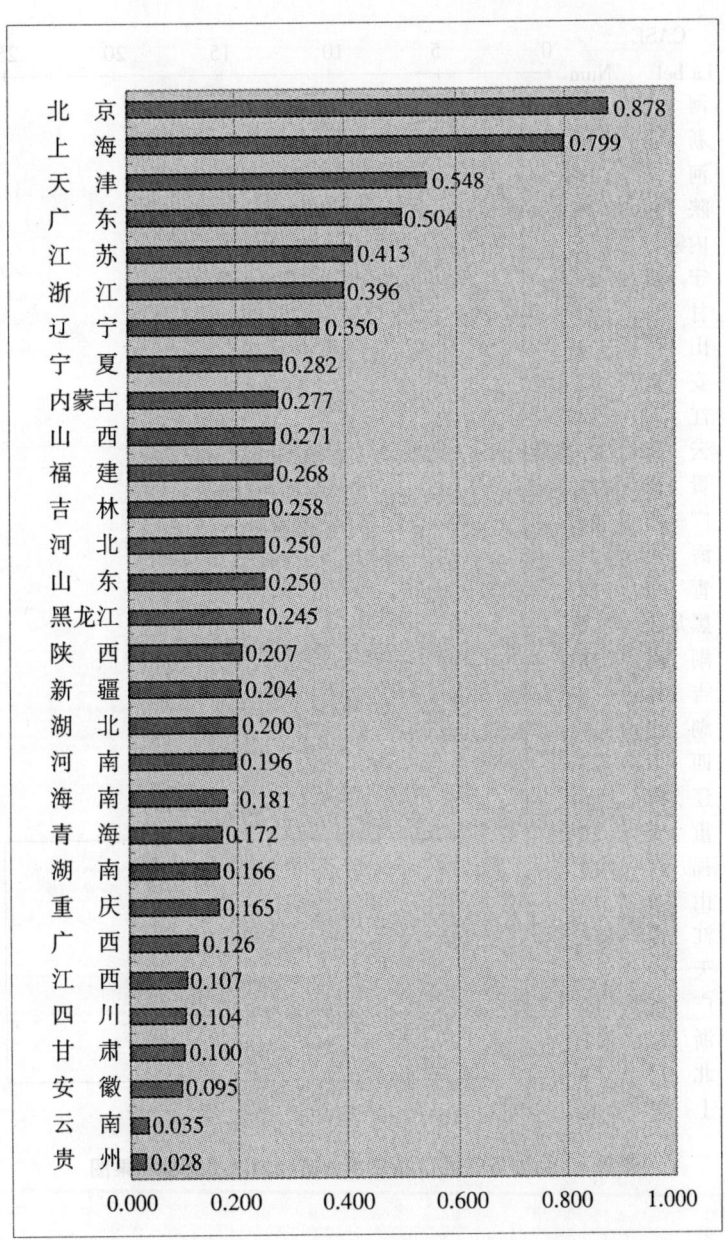

图 2.2 各省区市技术发展环境指数

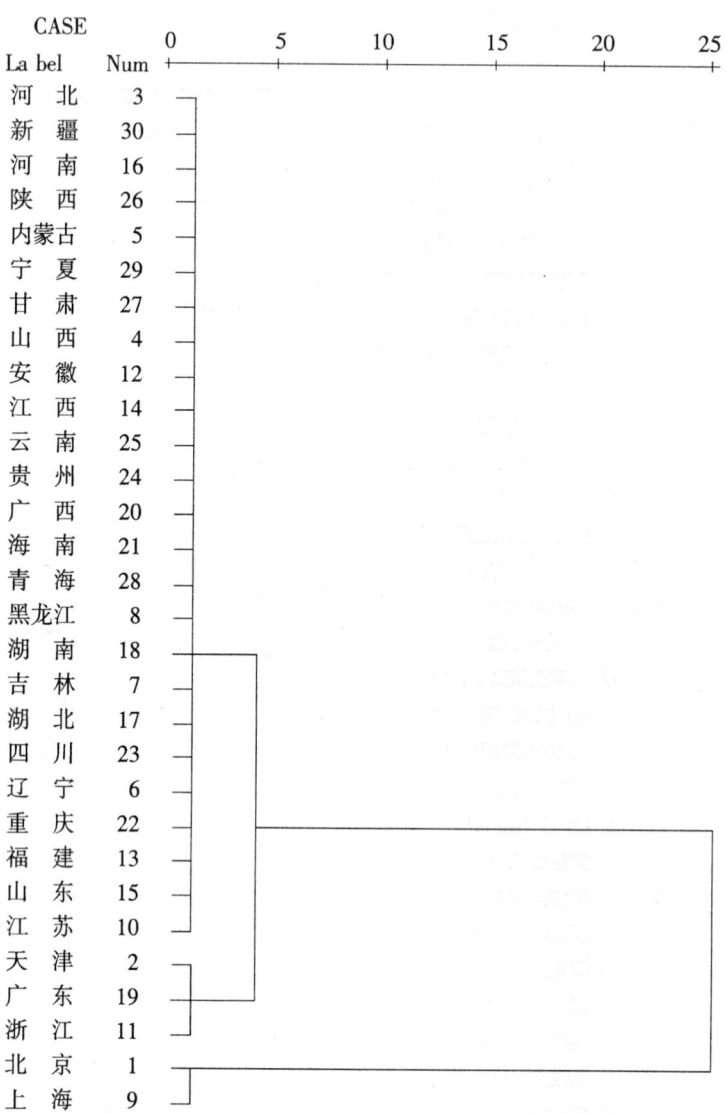

图 2.3 全国各省区市新技术创造能力聚类分析结果图

二、新技术创造

在人均专利授权量来看,排在前五位是上海、北京、浙江、广东和天津,后五位是江西、甘肃、广西、海南和青海。

从人均技术市场成交合同金额来看,排在前五位是北京、上海、天津、重庆和辽宁，后五位是山西、海南、宁夏、广西和贵州。

从两项指标的相关系数0.683可以看出，随着人均专利授权量的增加，人均技术市场成交合同金额会发生相应的增加。人均专利授权量多的省份，人均技术市场成交合同金额也会相应的多，如表2.4所示。

从反映新技术创造的两项指标来看，云南省是不容乐观的，一项排名第24位，另一项排名第25位。虽然云南省不在后五名之内，但也是十分靠后的。

从全国的情况来，人均技术市场成交合同金额的分布极其不平衡，有54.5%的合同金额都集中在北京。前三名共占据了合同金额的82%。

如图2.3所示，对新技术创造能力进行聚类分析，可分为3类：

第一类：北京、上海。

第二类：天津、广东、浙江。

第三类：其余省市区。

为了更全面看到云南省新技术创造的能力，我们借鉴中科院评估研究中心的连燕华等人研究的科技投入指数（2004年），将表2.4中所得到的人均专利授权量和新技术创造能力结合起来，构造两类科技投入产出比来进行横向比较。

第一类科技投入产出比 = 人均专利授权量得分／科技投入指数。反映科技投入转为发明活动的效率。

第二类科技投入产出比 = 新技术创造能力／科技投入指数。不仅反映科技投入转化为发明活动的效率，同时也反映了发明活动转化商业化的效率。

计算的结果如表2.5所示。

从表2.5中的科技投入指数可以看出，排在前五位的省市为北京、上海、陕西、广东和辽宁，排在后五位的为江西、新疆、广西、云南和海南。作为西部省份的陕西能进入到前五位，是值得注意的。而云南在该方面处于全国第29位，仅优于海南省，与邻省贵州相比还差6位。

在第一类科技投入产出比方面，排在前五位的省市为上海、浙江、北京、广东和天津，排在后五位的为山西、安徽、广西、甘肃和青海。云南省在该方面处于全国第19位。说明云南科技投入转为发明活动的效率优于许多省份，其中包括贵州、江西、陕西以及排在后五位的省份。

表2.4 全国各省区市新技术创造能力指标的对比

省份	人均专利授权量（件/万人）	人均专利授权量指数	排序	人均技术市场成交合同金额（元/人）	人均技术市场成交合同金额指数	排序	新技术创造能力	排序
北京	7.108	0.773	2	4 410.662	1.000	1	0.886	1
天津	3.869	0.412	5	547.558	0.124	3	0.268	4
河北	0.599	0.047	17	22.630	0.005	23	0.026	18
山西	0.421	0.027	21	17.545	0.004	26	0.015	23
内蒙古	0.408	0.026	22	44.692	0.010	15	0.018	20
辽宁	1.732	0.173	8	188.830	0.043	5	0.108	7
吉林	0.852	0.075	14	56.433	0.012	12	0.044	14
黑龙江	0.947	0.086	11	41.050	0.009	16	0.047	11
上海	9.147	1.000	1	1 705.287	0.386	2	0.693	2
江苏	2.563	0.266	6	91.165	0.020	7	0.143	6
浙江	6.218	0.674	3	80.245	0.018	9	0.346	3
安徽	0.366	0.021	23	30.265	0.007	20	0.014	24
福建	1.802	0.181	7	31.812	0.007	18	0.094	9
江西	0.354	0.020	26	21.465	0.005	24	0.012	26
山东	1.712	0.171	9	24.923	0.005	22	0.088	10
河南	0.558	0.042	19	25.265	0.005	21	0.024	19
湖北	0.832	0.073	15	78.065	0.017	10	0.045	13

续 表

省份	人均专利授权量（件/万人）	人均专利授权量指数	排序	人均技术市场成交合同金额（元/人）	人均技术市场成交合同金额指数	排序	新技术创造能力	排序
湖南	0.884	0.079	12	71.788	0.016	11	0.047	12
广东	4.677	0.502	4	115.032	0.026	6	0.264	5
广西	0.306	0.014	28	1.997	0.000	29	0.007	29
海南	0.297	0.013	29	10.210	0.002	27	0.008	28
重庆	1.635	0.162	10	197.108	0.044	4	0.103	8
四川	0.874	0.078	13	31.745	0.007	19	0.042	15
贵州	0.356	0.020	25	1.427	0.000	30	0.010	27
云南	0.365	0.021	24	18.458	0.004	25	0.012	25
陕西	0.662	0.054	16	48.055	0.011	13	0.032	16
甘肃	0.319	0.016	27	82.323	0.018	8	0.017	22
青海	0.177	0.000	30	45.010	0.010	14	0.005	30
宁夏	0.480	0.034	20	8.857	0.002	28	0.018	21
新疆	0.579	0.045	18	37.114	0.008	17	0.026	17

表 2.5　全国各省区市科技投入产出比比较

省份	科技投入指数	排序	第一类科技投入产出比指数	排序	第二类科技投入产出比指数	排序
北京	63.500	1	1.217	3	1.575	1
天津	54.000	6	0.762	5	0.229	3
河北	27.430	19	0.171	18	0.018	25
山西	30.500	16	0.089	26	0.012	27
内蒙古	22.550	22	0.114	20	0.044	10
辽宁	54.050	5	0.321	10	0.079	6
吉林	33.700	14	0.223	13	0.037	13
黑龙江	40.420	9	0.212	15	0.022	19
上海	60.000	2	1.667	1	0.644	2
江苏	51.310	7	0.518	7	0.040	12
浙江	51.080	8	1.319	2	0.035	15
安徽	25.140	21	0.084	27	0.026	17
福建	37.880	10	0.478	8	0.018	22
江西	20.020	26	0.099	23	0.023	18
山东	30.380	17	0.563	6	0.018	24
河南	20.570	24	0.207	17	0.026	16

续 表

省份	科技投入指数	排序	第一类科技投入产出比指数	排序	第二类科技投入产出比指数	排序
湖北	34.410	13	0.212	16	0.051	8
湖南	27.430	19	0.287	11	0.058	7
广东	55.200	4	0.909	4	0.047	9
广西	18.020	28	0.080	28	0.001	29
海南	13.030	30	0.102	22	0.015	26
重庆	35.170	12	0.462	9	0.126	4
四川	35.450	11	0.219	14	0.019	21
贵州	21.350	23	0.093	24	0.000	30
云南	17.840	29	0.118	19	0.022	20
陕西	58.320	3	0.093	25	0.018	23
甘肃	20.040	25	0.079	29	0.092	5
青海	28.000	18	0.000	30	0.035	14
宁夏	30.700	15	0.110	21	0.005	28
新疆	18.770	27	0.239	12	0.043	11

注：科技投入指数引用中科院评估研究中心的连燕华等人的研究。

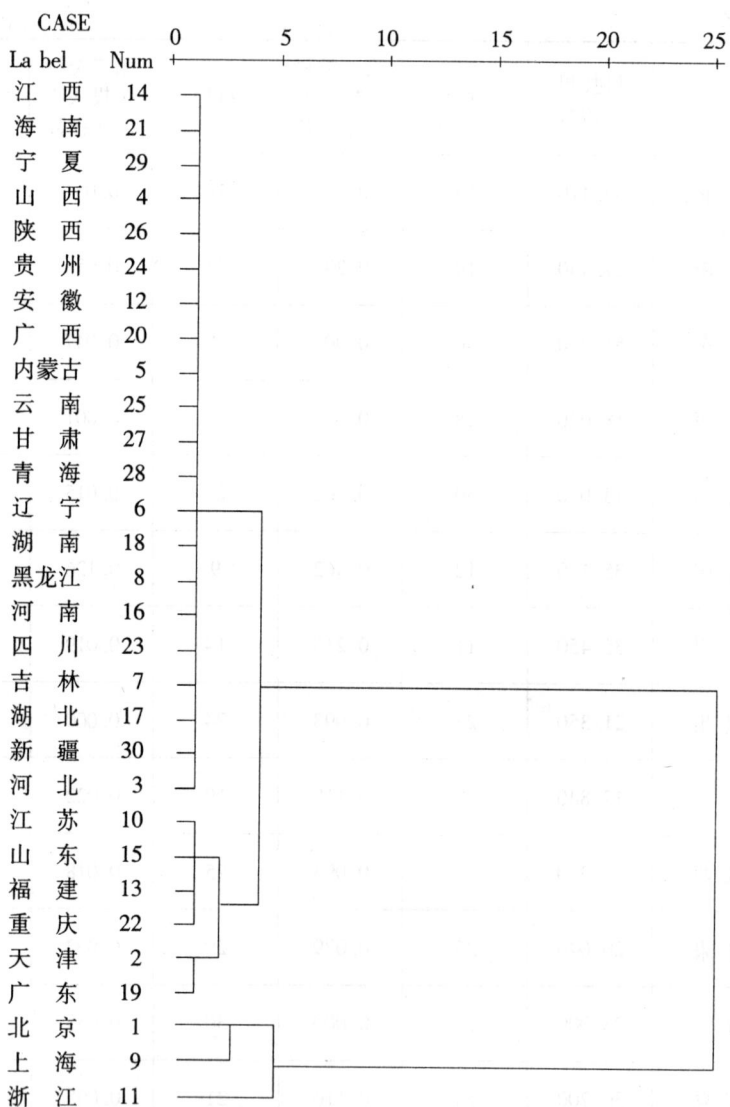

图 2.4 全国各省区市两类科技投入产出比聚类分析结果图

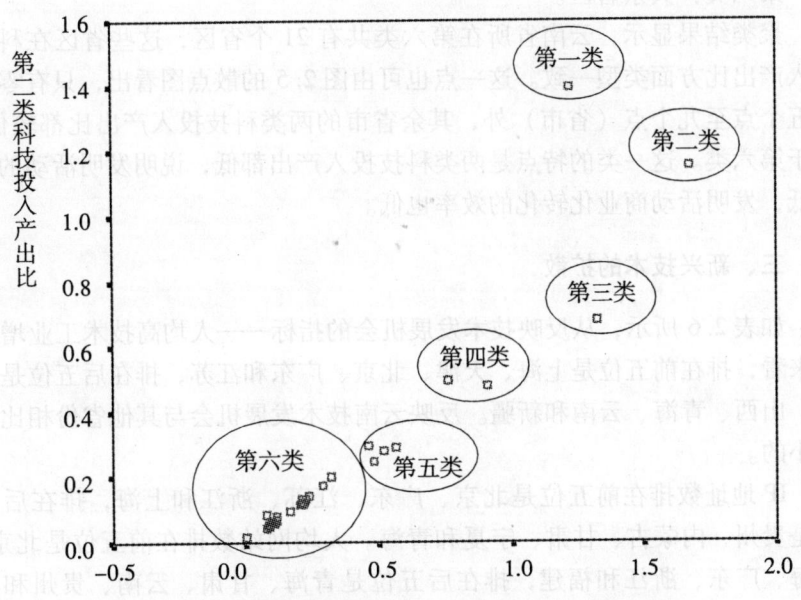

图2.5 全国各省区市两类科技投入产出比的散点图

在第二类科技投入产出比方面，排在前五位的省区市为北京、上海、天津、重庆和甘肃，排在后五位的为海南、山西、宁夏、广西和贵州。云南省在该方面处于全国第20位。说明云南科技投入转化为发明活动的效率，发明活动转化为商业化的效率要优于一些省区，但仍处于全国的中下游水平。

值得注意的是，科技投入指数本身是一个综合性的指数，它不仅包括了科技经费的投入数量，还包括了科技经费投入的结构、科技人员的投入和质量、科技政策以及科技平台等方面。相对于较低的科技投入指数来说，云南的两类科技投入产出比是好的。

我们将第一类科技投入产出比和第二类科技投入产出比作为分类依据，对全国30个省市区进行聚类分析，分为六类，如图2.4及图2.5所示。

第一类：浙江。

第二类：北京。

第三类：上海。

第四类：天津、广东。

第五类：江苏、山东、福建、重庆。

第六类：其余省区。

聚类结果显示，云南省所在第六类共有 21 个省区，这些省区在科技投入产出比方面类型一致。这一点也可由图 2.5 的散点图看出，只有零散的五个点至九个点（省市）外，其余省市的两类科技投入产出比都较低，属于第六类。这一类的特点是两类科技投入产出都低，说明发明活动的效率低，发明活动商业化转化的效率也低。

三、新兴技术的扩散

如表 2.6 所示，从反映技术发展机会的指标——人均高技术工业增加值来看，排在前五位是上海、天津、北京、广东和江苏，排在后五位是甘肃、山西、青海、云南和新疆。反映云南技术发展机会与其他省份相比是微小的。

IP 地址数排在前五位是北京、广东、江苏、浙江和上海，排在后五位是贵州、内蒙古、甘肃、宁夏和青海。人均网站数排在前五位是北京、上海、广东、浙江和福建，排在后五位是青海、甘肃、云南、贵州和新疆。该两项指标反映传播技术信息，参与技术市场的程度。不容乐观的是云南在第一项指数的排名是第 23 位，而第二项指数则是第 28 位，说明云南省在新兴技术扩散的渠道和平台建设上排名是相对较低的。

将三项指标综合成新兴技术的扩散一个指数，可以看出排在前五位是北京、上海、广东、江苏和天津，排在后五位是宁夏、贵州、新疆、甘肃和青海。云南省排在第 24 位。

对新兴技术的扩散指标进行聚类分析，得到图 2.6。聚类结果分为 4 类。

第一类：北京。

第二类：上海、广东。

第三类：天津、江苏、浙江。

第四类：其余省区市。

北京一枝独秀，其新兴技术的扩散指标得分远远超过其他省区市。除上海、广东、天津、江苏和浙江外，其余省区市在该方面没有本质上的不同。

四、传统技术的扩散

如表 2.7 所示，从反映新技术发展的基础和前提的第一项指标人均用电量来看，排在前五位是宁夏、上海、青海、天津和北京，排在后五位是广西、湖南、海南、安徽和江西。云南排在第 24 位。

第二项指标人均电话数,排在前五位是北京、上海、广东、浙江和天津,排在后五位是安徽、甘肃、江西、云南和贵州。云南排在第 29 位。

结合两项指标,在传统技术的扩散方面,排在前五位是上海、北京、宁夏、浙江和广东,排在后五位是湖南、云南、安徽、贵州和江西。由此可见,云南在传统技术的扩散方面是比较弱的。

表 2.6　全国各省区市新兴技术的扩散指标对比表

省份	人均高技术工业增加值（元/人）	人均高技术工业增加值指数	排名	IP地址数比重	IP地址数比重指数	排名	人均网站数（个/人）	人均网站数指数	排名	新兴技术的扩散	排名
北京	2 556.546	0.588	3	0.130	1.000	1	94.602	1.000	1	0.863	1
天津	3 652.558	0.842	2	0.023	0.164	15	10.047	0.103	6	0.370	5
河北	135.155	0.027	20	0.037	0.273	8	3.445	0.033	11	0.111	12
山西	80.207	0.014	27	0.016	0.109	19	2.005	0.017	20	0.047	22
内蒙古	147.977	0.030	18	0.009	0.055	26	1.915	0.016	23	0.034	25
辽宁	405.432	0.090	9	0.035	0.258	9	6.038	0.060	8	0.136	9
吉林	282.960	0.061	12	0.024	0.172	13	2.877	0.027	15	0.087	14
黑龙江	192.414	0.040	14	0.022	0.156	16	2.185	0.019	18	0.072	17
上海	4 332.397	1.000	1	0.061	0.461	5	43.516	0.458	2	0.640	2
江苏	1 934.132	0.444	5	0.085	0.648	3	8.511	0.086	7	0.393	4
浙江	739.719	0.167	7	0.084	0.641	4	12.801	0.132	4	0.313	6
安徽	90.409	0.017	24	0.022	0.156	16	1.848	0.016	24	0.063	19
福建	891.990	0.202	6	0.028	0.203	12	12.231	0.126	5	0.177	8

续 表

省份	人均高技术工业增加值（元/人）	人均高技术工业增加值指数	排名	IP地址数比重	IP地址数比重指数	排名	人均网站数（个/人）	人均网站数指数	排名	新兴技术的扩散	排名
江 西	174.787	0.036	15	0.016	0.109	19	2.247	0.020	17	0.055	20
山 东	572.908	0.128	8	0.054	0.406	6	4.052	0.039	10	0.191	7
河 南	109.710	0.021	23	0.046	0.344	7	1.632	0.013	25	0.126	10
湖 北	290.532	0.063	11	0.034	0.250	10	3.259	0.031	12	0.115	11
湖 南	118.070	0.023	21	0.024	0.172	13	1.963	0.017	22	0.071	18
广 东	2 529.041	0.582	4	0.102	0.781	2	16.566	0.172	3	0.512	3
广 西	90.252	0.017	25	0.014	0.094	22	1.986	0.017	21	0.042	23
海 南	157.895	0.032	17	0.013	0.086	23	2.677	0.024	16	0.048	21
重 庆	165.100	0.034	16	0.022	0.156	16	3.154	0.030	13	0.073	15
四 川	249.235	0.053	13	0.034	0.250	10	2.052	0.018	19	0.107	13
贵 州	142.321	0.029	19	0.009	0.055	26	1.097	0.008	29	0.030	27
云 南	54.718	0.008	29	0.013	0.086	23	1.379	0.011	28	0.035	24
陕 西	365.649	0.080	10	0.016	0.109	19	2.910	0.027	14	0.072	16
甘 肃	82.041	0.015	26	0.006	0.031	28	1.414	0.011	27	0.019	29
青 海	73.540	0.013	28	0.002	0.000	30	1.524	0.012	26	0.008	30
宁 夏	112.914	0.022	22	0.004	0.016	29	5.644	0.056	9	0.031	26
新 疆	18.829	0.000	30	0.011	0.070	25	0.369	0.000	30	0.023	28

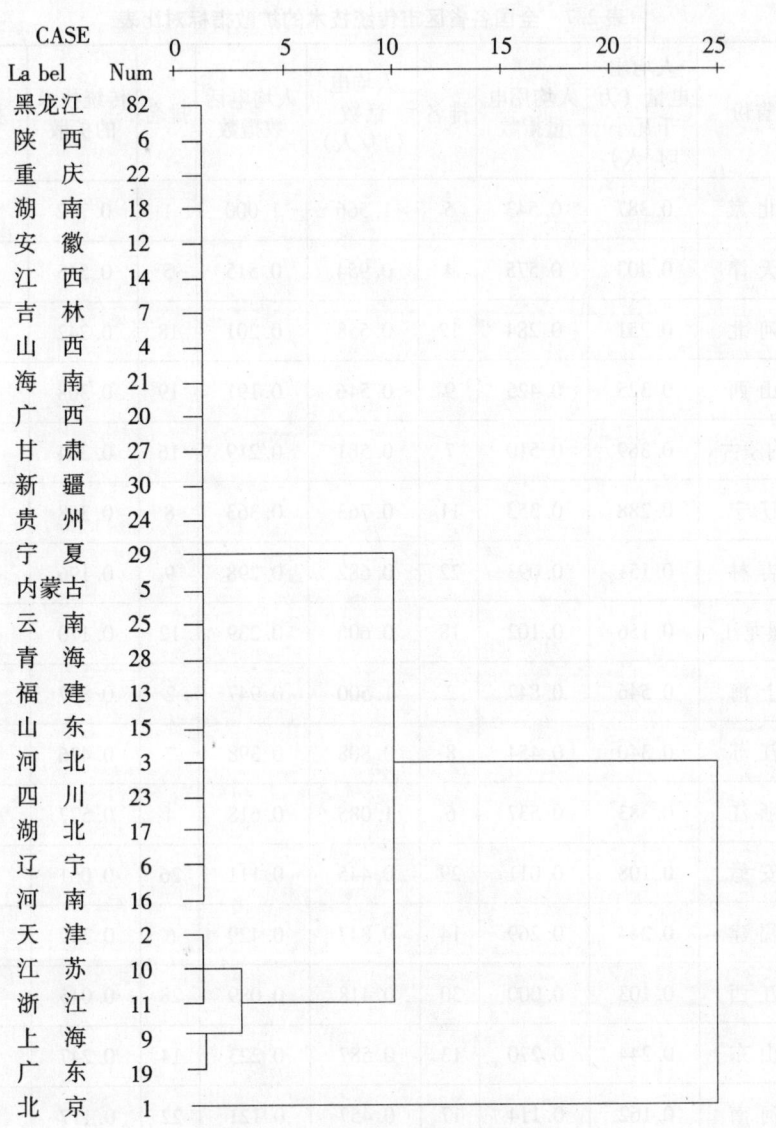

图 2.6 全国各省区市新兴技术扩散聚类分析结果图

表2.7 全国各省区市传统技术的扩散指标对比表

省份	人均用电量（万千瓦小时/人）	人均用电量指数	排名	人均电话数（户/人）	人均电话数指数	排名	传统技术的扩散	排名
北京	0.387	0.543	5	1.566	1.000	1	0.772	2
天津	0.403	0.575	4	0.954	0.515	5	0.545	6
河北	0.251	0.284	12	0.558	0.201	18	0.242	14
山西	0.325	0.425	9	0.546	0.191	19	0.308	12
内蒙古	0.369	0.510	7	0.581	0.219	16	0.364	9
辽宁	0.288	0.353	11	0.763	0.363	8	0.358	10
吉林	0.151	0.093	22	0.682	0.298	9	0.196	16
黑龙江	0.156	0.102	18	0.606	0.239	12	0.170	18
上海	0.546	0.847	2	1.500	0.947	2	0.897	1
江苏	0.340	0.454	8	0.808	0.398	7	0.426	7
浙江	0.383	0.537	6	1.085	0.618	4	0.577	4
安徽	0.108	0.011	29	0.445	0.111	26	0.061	28
福建	0.244	0.269	14	0.847	0.429	6	0.349	11
江西	0.103	0.000	30	0.418	0.089	28	0.045	30
山东	0.244	0.270	13	0.587	0.223	14	0.247	13
河南	0.162	0.114	17	0.457	0.121	22	0.117	23
湖北	0.154	0.098	21	0.528	0.177	21	0.137	21
湖南	0.121	0.035	27	0.447	0.112	25	0.074	26
广东	0.323	0.421	10	1.156	0.675	3	0.548	5
广西	0.123	0.038	26	0.449	0.114	24	0.076	25

续 表

省份	人均用电量（万千瓦小时/人）	人均用电量指数	排名	人均电话数（户/人）	人均电话数指数	排名	传统技术的扩散	排名
海 南	0.117	0.027	28	0.585	0.222	15	0.124	22
重 庆	0.144	0.079	23	0.638	0.263	11	0.171	17
四 川	0.130	0.051	25	0.451	0.116	23	0.084	24
贵 州	0.155	0.100	20	0.305	0.000	30	0.050	29
云 南	0.144	0.079	24	0.382	0.061	29	0.070	27
陕 西	0.155	0.101	19	0.561	0.203	17	0.152	20
甘 肃	0.206	0.197	15	0.442	0.109	27	0.153	19
青 海	0.446	0.656	3	0.544	0.189	20	0.423	8
宁 夏	0.626	1.000	1	0.600	0.234	13	0.617	3
新 疆	0.174	0.136	16	0.663	0.284	10	0.210	15

对传统技术的扩散指标进行聚类分析，可分为4类，如图2.7所示。

第一类：北京、上海。

第二类：天津、广东、浙江、宁夏。

第三类：江苏、青海、内蒙古、辽宁、福建、山西。

第四类：其余省区市。

云南省属于第四类。

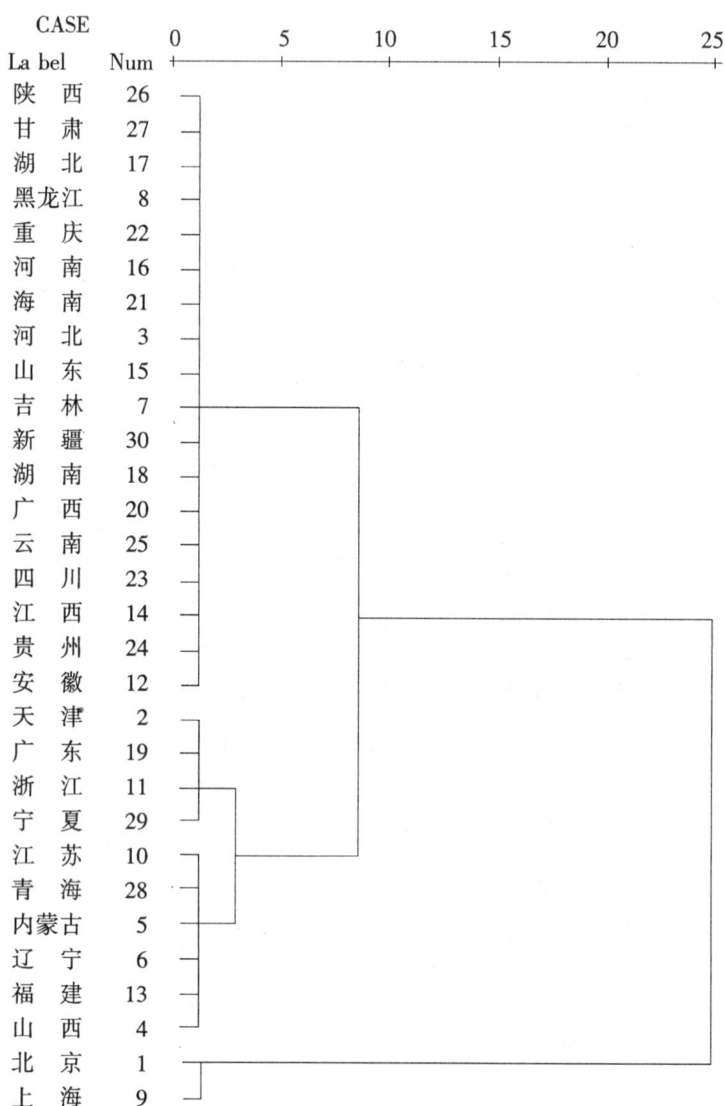

图 2.7　全国各省区市传统技术扩散聚类分析结果图

五、人员技能的培养

从反映创造和使用新技术的能力的人均受教育年限来看，排在前五位是北京、上海、天津、辽宁和吉林，排在后五位是甘肃、四川、青海、贵州和云南。云南省处于最后一位，是所有指标中表现最差的。最好的一类是北京、上海和天津，最差一类就是贵州和云南。如图 2.8 所示。

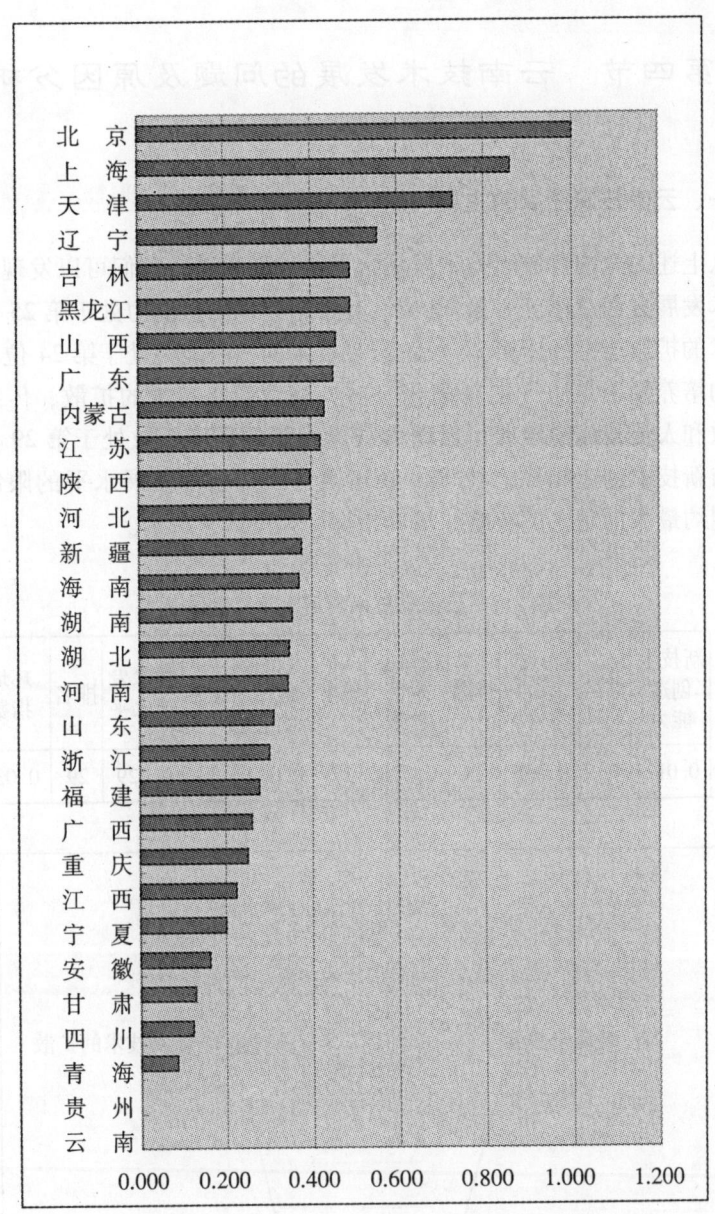

图 2.8　全国各省市人员技能培养条形图

第四节 云南技术发展的问题及原因分析

一、云南技术发展的主要问题

从上述的全国各省市技术发展水平的比较来看，我们可以发现云南省在技术发展方面总体处于第 29 位，其中新技术创造能力处于第 25 位，传统技术的扩散能力处于第 27 位，新兴技术的扩散能力处于第 24 位，人员技能的培养处于最后一位（第 30 位），综合新兴技术的扩散、传统技术的扩散和人员技能的培养，云南省技术发展的环境指数处于第 29 位。因此，与新技术创造相比，技术发展环境对云南技术发展水平的限制性更大，制约最大的是人员技能的培养指标。如图 2.9 所示。

表 2.8　云南省技术发展水平总体情况

省份	新技术创造能力	排名	新兴技术的扩散	排名	传统技术的扩散	排名	人员技能的培养	排名	技术发展水平	排名	环境指数	排名
云南	0.012	25	0.035	24	0.070	27	0.000	30	0.029	29	0.035	29

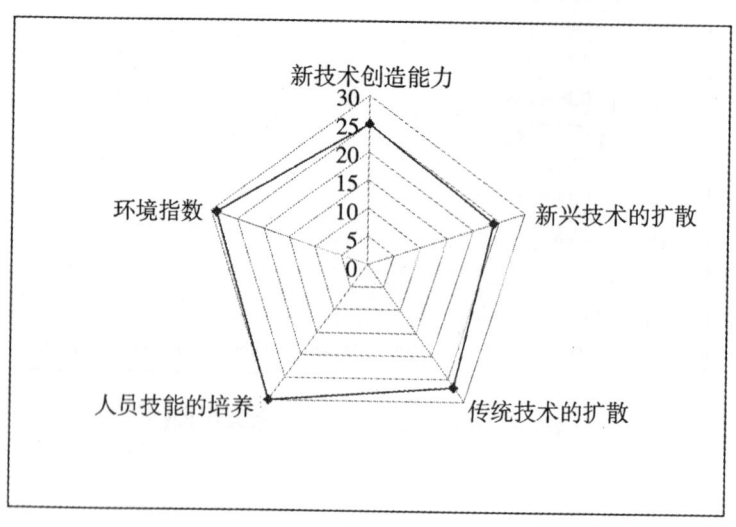

图 2.9　云南省技术发展水平各指标雷达图

在新技术技术创造方面，云南人均专利授权量占全国平均的比重处于第24位，人均技术市场成交合同金额处于第25位。科技投入处于第29位，第一类科技投入产出比处于第19位，第二类科技投入产出比处于第20位。从排名来看，云南省的新技术创造方面的表现还是可以的，但是全国的情况是除了北京等少数几个省市外，其他省市都属于发明活动的效率和发明活动商业化转化的效率均低的类别。云南也属于这一类别，表明云南技术成果的效率低，技术成果商业化转化方面的效率也低。技术成果的吸收、利用已成为云南技术发展的主要的瓶颈之一。

表2.9 云南省新技术创造方面情况

省份	人均专利授权量指数	排名	人均技术市场成交合同金额指数	排序	新技术创造能力	排序	科技投入指数	排序	第一类科技投入产出比指数	排序	第二类科技投入产出比指数	排序
云南	0.021	24	0.004	25	0.012	25	17.840	29	0.118	19	0.022	20

在技术发展环境方面，云南各指标表现都不尽如人意，尤其是高技术工业环境、人员技能、互联网的建设成为云南技术发展的主要限制因素，传统技术环境仍然是技术发展的一个限制因素。如表2.10所示。

表2.10 云南省技术发展环境方面情况

省份	人均高技术工业增加值指数	排名	IP地址数比重指数	排名	人均网站数指数	排名	人均用电量指数	排名	人均电话数指数	排名	人均受教育年限指数	排名
云南	0.008	29	0.086	23	0.011	28	0.079	24	0.061	29	0.000	30

二、云南技术发展较差的主要原因分析

对云南省技术发展问题进行综合分析，我们可以发现，影响云南技术发展的因素体现在各个方面，无论在技术创新本身，还是在技术发展环境上，云南都做得不好。而造成云南创新能力不足和技术发展环境差的主要原因又是：

第一，科技投入结构不合理，体现为重技术研究、轻理论研究，重应

用研究、轻基础研究。科技投入经费不足一直是制约云南技术发展水平的重要因素,云南省近年来科技投入增长较快,但占GDP的比重仍然较低,只占GDP的0.6%左右,与国家有关科技政策的规定以及科技发展规划中所提及的标准相比相距甚远。科技投入经费不足的问题既受制于云南省的经济实力和省政府的财政收入投入不足,也受制于云南企业自身投入不足。加上科技活动具有较长的滞后性,从科技人员、经费的投入开始到获得科技成果,再将科技成果转化成科技产品,以获得经济回报的周期往往都很长,从获得短期的政绩、短期的经济绩效来说,增加科技经费投入的可能性要小于增加其他方面经费投入的可能性。科技经费投入的结构不合理也是一个制约云南省技术发展水平深层次的原因。云南科技经费投入结构不合理主要体现为"重技术研究、轻理论研究","重应用研究、轻基础研究"。企业不断成为技术创新主体,本应投入更多的资金,但由于企业都以营利为目的,一般中小型企业不愿意投入更多的经费从事科研,即便在政府税收政策的引导下,企业所投入的研究经费也大多用于应用性、技术性研究,如产品开发、技术改造等,不会用于基础性、理论性的研究。而政府的科技经费投入受"经济建设为中心"这一指挥棒的影响,近年来也都倾向于应用性、技术性研究,如信息技术、生物医药方面的研究得到加强,这样,作为技术创新基础的理论研究和基础研究,往往得不到政府科技经费的资助。

第二,缺乏跨部门的技术发展政策的协调。目前的技术发展的管理政策都是由科技管理部门来制定,大多数的政策都是鼓励科技投入,引导企业成为创新主体。科技管理部门制定的政策,由于科技管理部门的权限限制,一般都局限在直接的科技领域。一个地区的技术发展不应该局限于科技管理部门和直接的科技领域,技术发展是全社会的事情。尤其是在网络时代的背景下,信息技术的发展,迅速改变了技术创新和技术传播方式。信息化的渗透产生了去除组织与组织、部门与部门之间藩篱的需求。但由于科层组织的限制,技术发展政策的制定成为科技管理部门一个部门的事。与技术发展相关的其他部门,如对于技术创新的扩散、吸收和利用是很重要的教育管理部门和电信管理部门,它们没有权限参与技术发展政策的制定。它们只能在自己的管理领域中各自制定一些技术发展政策,"政出多门"导致的结果是各部门的技术发展政策很可能是不一致的,从而制约了全社会的技术发展。在网络时代的环境下,技术发展的管理政策和跨部门的技术发展政策的制定能力越来越成为技术发展的重要制约因素。

第三,人员吸收、利用新技术的素质和技能严重不足。为什么技术成果的转化、吸收和利用成为云南省技术发展更为重要的瓶颈呢？除了新兴技术扩散和传统技术扩散的环境因素外，更重要、更根本的原因是缺乏能够转化、吸收和利用全球技术的人员。人员素质和技能的严重不足已经成为云南省技术发展最根本的制约因素。正如"西部大开发，关键在人才"一样，云南省的技术发展的关键在于人员的素质和技能。人员缺乏吸收、利用新技术的技能，我们的企业就很难做到"第一台设备进口，第二台设备模仿，第三台设备出口"的技术跟随策略。

第三章 云南技术创新与产业发展的载体研究：昆明高新技术开发区

高新技术开发区是指选择一定区域在科学、技术、人力、物力、财力上形成相对集中的优势，实行一定的优惠政策，进行技术创新，开发高新技术，吸引高新技术产业逐步集聚，从而形成规模效益的区域。自1951年美国斯坦福大学在其校园内创办了斯坦福研究园进而迅速发展成为世界闻名的"硅谷"之后，将高新技术开发区建设成为推动技术创新、开发高新技术、发展高新技术产业的重要载体就成为各国普遍的做法。

第一节 高新技术开发区：技术创新与产业发展的载体[①]

技术创新与产业发展需要从宏观层面上建立一种能够适应并有效推动技术创新与产业发展的组织体制、组织形式和与其相应的管理模式。这种组织安排需要有助于创造一种技术创新，尤其是高新技术开发及其外部条件和经营环境；有助于各种生产要素的聚集和最佳安排；有助于培养具有企业家精神的创新主体，充分发挥技术创新人员的积极性和创造性；能够有效地沟通企业、大专院校、科研院所之间的信息关系和有效合作，在时间上和效益上最佳地实现技术创新成果的产业化。

每个国家和地区推动技术创新，尤其是高新技术开发及其产业化都需要根据自身的技术水平、经济发展条件等。从云南省技术与经济发展的总体上看，全省的技术创新，尤其是高新技术开发及其产业化的总体水平与

---

① 辜胜阻等：《创新与高新技术产业化》，武汉大学出版社2002年版，第77-79页。

东部地区和发达国家（地区）相比还存在着较大的差距。从技术发展水平来看，云南省地处中国西南边疆，科研实力较弱，技术创新，尤其是基础性的技术创新成果很少；从经济上看，云南省正处于工业化阶段，在整个经济结构中，传统农业和传统工业仍然占绝对比重，新兴产业特别是高新技术产业所占比重很少。在这种情况下，云南省的技术创新与产业发展不可能采取"遍地开花"的战略实现各个方面的技术突破与所有产业的同时快速发展。因此，考虑到云南省在技术创新资源方面的劣势，从实际情况出发，坚持"有所为、有所不为"的原则，应该选择技术研发和产业发展基础较好地区，即高新技术开发区作为全省技术创新与产业发展的重要载体与"增长极"。

高薪技术开发区正是适应全球知识经济时代要求、推进技术创新、开发高新技术与实现产业发展的最佳载体。如果说工业经济时代的细胞是工厂，那么，知识经济时代的基本细胞就是高新技术开发区。高新技术开发区融人才、知识、资金、技术于一体，是一种集约化和高效化的社会组织形式，具有技术中心、信息中心、知识中心、人才中心、金融中心等多种功能，好似一个"磁极场"，既能产生吸引各种要素的功能，又能发挥技术溢出与产业关联效应的辐射作用，从而在技术扩散与产业关联中实现地区的经济发展。高新技术开发区具有"支配单位"和"创新"的基本特征，即它能够形成一定的势力范围的"经济空间"，对周围地区发挥支配作用，或者通过不断的技术创新和制度创新，形成区域创新系统，对其他经济单位施加影响，并通过产业之间的经济技术联系，迫使园区内的产业发生相应变化，实现产业发展与经济发展。高新技术开发区的功能一方面体现在不断吸收高等院校和科研院所及其企业科研机构的最新技术创新成果、科技人才、创新人才进入园区，推动高等院校、科研院所的科技生产要素分流重组，并发挥技术创新成果开发"孵化器"的作用；另一方面，高新技术开发区不断将新技术、新产品向大中型企业和乡镇企业辐射，实现技术创新成果对传统产业的技术改造和产品结构调整。

具体而言，高新技术开发区对技术创新与产业发展的载体作用主要表现在以下几个方面：第一，高新技术开发区是实现产、学、研结合的有效形式，是科研、教育与技术发展面向经济建设的主战场，为技术创新及其成果产业化的转换提供了最佳的平台。第二，高新技术开发区是聚集、吸引全国优秀技术人才、管理人才的人才"洼地"，为技术创新人才引进、企业家队伍建设创造了良好的环境和条件，而企业家与技术创新人才是技术创新与产业发展的重要生力军。第三，高新技术开发区是对外开放、招商引资、吸引产业转移与引进技术的重要基地，同时也是地区政府进行经济体制与行政体制改革的示范区，这些都有利于技术创新的进展和技术成果产业化。第四，高新技术开发区是高新技术产业化的基地，是新的经济增长极，具有强大的生命力。第五，高新技术开发区是改造传统产业、淘汰落后产业、推动新兴产业的重要基地，有利于产业结构的优化升级。

第二节 昆明高新技术开发区的发展现状：基本状况与运行特点

一、昆明高新技术开发区的基本状况

昆明高新技术开发区是 1992 年经国务院批准建立的，总规划面积 11.5 平方公里，包括梁家河新区、金鼎科技园、科技街与云南民办科技园等组成部分。其中，梁家河新区规划面积 5.77 平方公里，是昆明高新技术产业开发区的主要区域。

（一）发展历程

昆明高新技术开发区的发展历程基本上可以分为"起步"、"成长"与"二次创业"三个阶段。

起步阶段（1990—1992 年）。时为昆明国家高新区的前身——昆明五华高新技术产业开发区，产业基地为金鼎科技园，占地 230 亩。由于并不具备发展高新技术产业的条件，高新区内产业规模小、技术含量低，生产型企业少、经贸企业多，企业主要是以加工企业及五华区老企业为主。高新区的高新技术产业大多处在培育及发展雏形阶段：将校办企业及科研所的科研成果产品化，支持靠经营产品起家的民营科技企业逐步实现研究成果的转化。

成长阶段（1993—1999 年）。1992 年被批准为国家级高新区后，昆明高新区开展了创环境、打基础的工作，全面营造投资环境，并按总体规划建成了新区、金鼎科技园、民办科技园、科技街等功能区，总体规划面积达 11.5 平方公里，形成了较为完善的创业经营所需的硬环境，具备了高新技术产业发展的条件。云南省政府在国家高新区优惠政策的基础上，因地制宜地制定了促进高新区发展的地方性优惠政策，进一步加大了对高新区产业发展的支持力度，区内的高新技术产业得到了较快的发展。1991 年至 2002 年，昆明高新区共实施火炬计划 48 项，其中，国家级火炬计划

23项、省级火炬计划32项。① 这一阶段区内高新技术产业发展的特点是：科技成果的商品化、产业化速度加快，区内建立了适合高新技术产业发展的管理机制和市场推进机制，比较明显地体现了高新区发展高新技术产业的局部优势。通过这一时期的高速发展，在高新区内形成了具有一定产业规模、较高技术含量，以生物医药、新材料、电子信息、光机电一体化四大产业为主的具有云南特色的高新技术产业，并储备了一批技术含量高、市场前景好的高新技术项目，为区内高新技术产业的持续发展奠定了基础。

二次创业阶段（2000 至今）。2000年后，昆明高新区及时提出高新技术产业二次创业的思路，强化高新区在发展高新技术产业、加强科技成果转化、产品创新、加快创新企业群发展、提高招商引资向招才引智转变、优化科技资源配置、改善创新环境、发展特色产业、提高高新技术产业的自主创新能力和整体发展质量等方面的作用，并在总结高新区发展经验的基础上，结合国内外高新技术发展的先进方式、方法，高新开发区在改造传统产业，促进产业结构、技术结构的优化升级和高新技术向支柱产业和优势产业渗透方面做了有益的尝试，一批传统大中型企业，如云南铜业公司、云南锡业公司、南天科技产业公司等相继进入高新区并上市，可口可乐公司、三九集团昆明白马制药有限公司、昆明云大生物技术有限公司也相继落户高新区。昆明高新区逐步形成一个以企业为主体、服务为基础、科技孵化器为载体的区域性技术创新体系，基本实现了从依靠政策优势向依靠体制、机制创新的转变，形成了以五个创新基地为载体的发展格局。

（二）昆明高新技术开发区的发展状况

1. 实现了持续稳定增长

2006年是昆明高新技术开发区建区14周年，也是高新技术开发区提出"二次创业"的第六年。经过十余年的发展，昆明高新技术开发区取得了长足的进展，对全省经济的发展起到了不可估量的作用。2006年，昆明高新技术开发区营业总收入突破了300亿元，达到了392.9亿元，工业增加值达到58.8亿元，分别比上年增长了48.1%和47%②。

---

① 科学技术部火炬计划高新技术产业开发中心编：《2002中国火炬计划统计资料》（内部资料），第40页。

② 由于各统计年鉴对高新技术产业统计口径的不一致，云南省与国家对昆明高新技术开发区的统计数据有较大的差异，本书选择国家统计局的口径，以国家统计数据为准，数据来源于图3.1的资料来源。文后的数据如无特殊说明，都同此处。

据对2006年高新技术开发区内97家企业的统计,年末实现营业总收入392.9亿元,工业总产值为372.3亿元,工业增加值为58.8亿元,全年实现净利润23.4亿元,上缴税收16.8亿元,出口创汇达到6.4亿美元。

2006年昆明高新技术开发区主要经济指标与2005年相比,营业总收入增长48.1%,工业总产值增长65.8%,工业增加值增长47%,全年净利润增长70.8%,上缴税收增长38.8%,出口创汇增长52.4%。这些数据充分表明了昆明高新技术开发区建区14年以来的发展活力,尤其是高新技术开发区内的高新技术企业所创造的经济效益更为明显,成为带动全省经济快速增长的增长极。

2. 入驻企业快速增长,经济效益明显提高

昆明高新技术开发区自建区以来,入住企业不断增长。1992年昆明高新技术开发区内只有企业29家,经过十余年的发展,2004年发展到了148家,十二年增长了4.1倍(图3.1)。近年来入驻企业虽然呈现下降趋势,但企业经济效益却明显提高。2006年,入驻企业实现工业增加值58.8亿元,较1998年增长了8倍(图3.2);全年上缴税费16.8亿元、出口创汇6.4亿元,较1992年增长了167倍与639倍(图3.3及图3.4)。

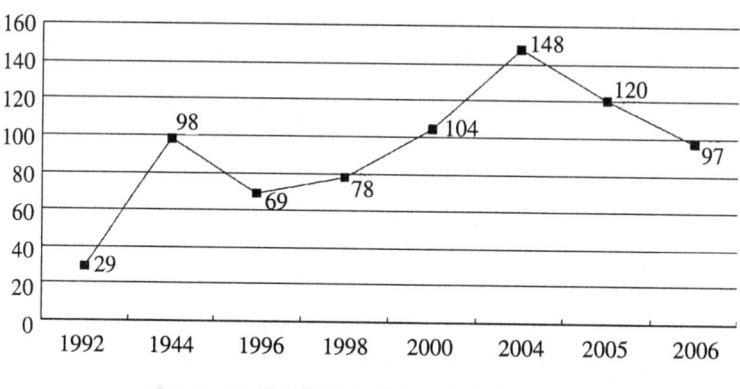

图3.1 昆明高新技术开发区企业数(单位:家)

资料来源:根据科学技术部火炬高技术产业开发中心编:《国家高新技术产业开发区十年发展数据报告》,科学文献出版社2001年版;张晓强编:《中国高技术产业发展年鉴(2005)》,北京理工大学出版社2005年版;张晓强编:《中国高技术产业发展年鉴(2006)》,北京理工大学出版社2006年版;张晓强编:《中国高技术产业发展年鉴(2007)》,北京理工大学出版社2007年版整理所得。

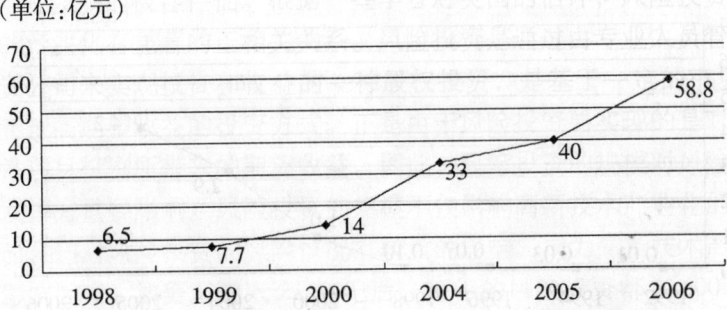

图 3.2　昆明高新技术开发区区内企业年工业增加值情况

资料来源：根据科学技术部火炬高技术产业开发中心编：《国家高新技术产业开发区十年发展数据报告》，科学文献出版社 2001 年版；张晓强编：《中国高技术产业发展年鉴（2005）》，北京理工大学出版社 2005 年版；张晓强编：《中国高技术产业发展年鉴（2006）》，北京理工大学出版社 2006 年版；张晓强编：《中国高技术产业发展年鉴（2007）》，北京理工大学出版社 2007 年版整理所得。

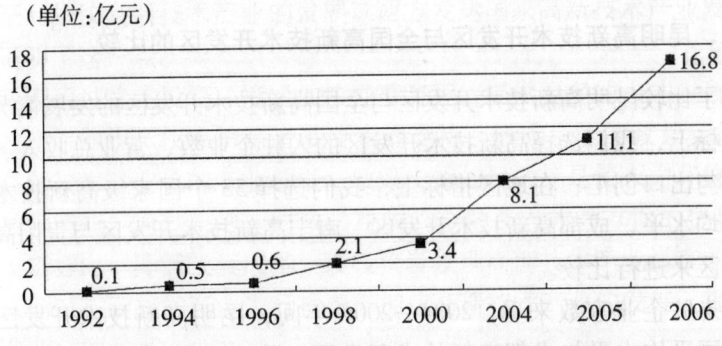

图 3.3　昆明高新技术开发区区内企业年上缴税费情况

资料来源：根据科学技术部火炬高技术产业开发中心编：《国家高新技术产业开发区十年发展数据报告》，科学文献出版社 2001 年版；张晓强编：《中国高技术产业发展年鉴（2005）》，北京理工大学出版社 2005 年版；张晓强编：《中国高技术产业发展年鉴（2006）》，北京理工大学出版社 2006 年版；张晓强编：《中国高技术产业发展年鉴（2007）》，北京理工大学出版社 2007 年版整理所得。

技术创新与产业发展

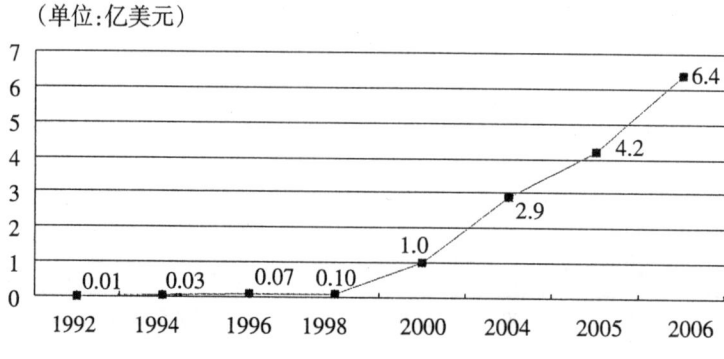

图 3.4 昆明高新技术开发区区内企业年出口创汇情况

资料来源:根据科学技术部火炬高技术产业开发中心编:《国家高新技术产业开发区十年发展数据报告》,科学文献出版社 2001 年版;张晓强编:《中国高技术产业发展年鉴(2005)》,北京理工大学出版社 2005 年版;张晓强编:《中国高技术产业发展年鉴(2006)》,北京理工大学出版社 2006 年版;张晓强编:《中国高技术产业发展年鉴(2007)》,北京理工大学出版社 2007 年版整理所得。

二、昆明高新技术开发区与全国高新技术开发区的比较

为了比较昆明高新技术开发区与全国高新技术开发区的发展情况,在经济指标上,我们选择高新技术开发区的入驻企业数、营业总收入、工业增加值与出口创汇;在地区指标上,我们选择 53 个国家级高新技术开发区的平均水平、成都高新技术开发区、南宁高新技术开发区与贵阳高新技术开发区来进行比较。

从入驻企业家数来看,2004—2006 年间,昆明高新技术开发区远远低于全国平均水平与成都高新技术开发区,除 2004 年高于贵阳高新技术开发区外,其他年份也都低于南宁与贵阳的高新技术开发区(图 3.5)。

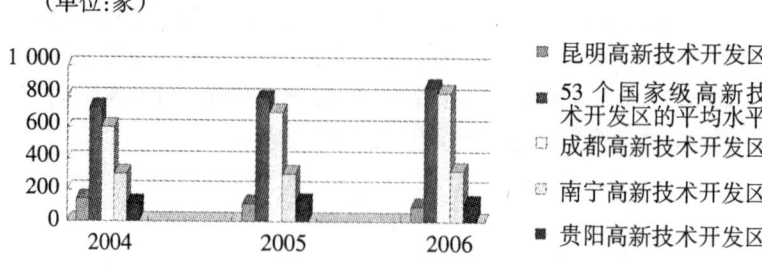

图 3.5 昆明高新技术开发区与全国高新技术开发区入驻企业数的比较

资料来源：根据张晓强编：《中国高技术产业发展年鉴（2005）》，北京理工大学出版社2005年版；张晓强编：《中国高技术产业发展年鉴（2006）》，北京理工大学出版社2006年版；张晓强编：《中国高技术产业发展年鉴（2007）》，北京理工大学出版社2007年版整理所得。

从营业总收入来看，2004—2006年间，昆明高新技术开发区高于南宁与贵阳高新技术开发区，但远远低于全国平均水平与成都高新技术开发区（图3.6）。

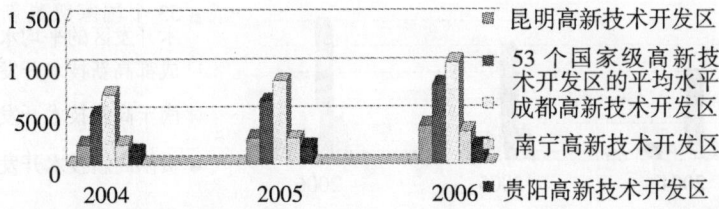

图3.6 昆明高新技术开发区与全国高新技术开发区的比较：营业总收入

资料来源：根据张晓强编：《中国高技术产业发展年鉴（2005）》，北京理工大学出版社2005年版；张晓强编：《中国高技术产业发展年鉴（2006）》，北京理工大学出版社2006年版；张晓强编：《中国高技术产业发展年鉴（2007）》，北京理工大学出版社2006年版整理所得。

从工业增加值来看，2004—2006年间，昆明高新技术开发区与南宁、贵阳高新技术开发区没有太大的差异，但远远低于全国平均水平与成都高新技术开发区（图3.7）。

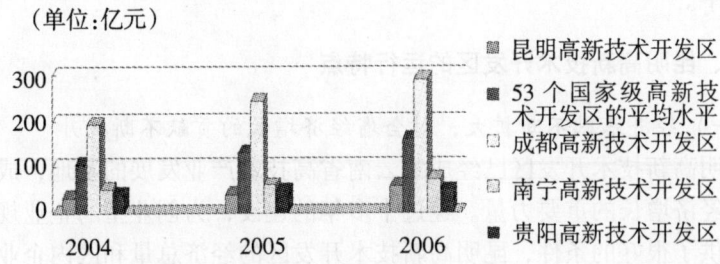

图3.7 昆明高新技术开发区与全国高新技术开发区的比较：工业增加值

资料来源：根据张晓强编：《中国高技术产业发展年鉴（2005）》，北京理工大学

出版社2005年版；张晓强编：《中国高技术产业发展年鉴（2006）》，北京理工大学出版社2006年版；张晓强编：《中国高技术产业发展年鉴（2007）》，北京理工大学出版社2007年版整理所得。

从出口创汇能力来看，2004年，昆明高新技术开发区远远高于成都、南宁与贵阳高新技术开发区，但远远低于全国平均水平；2005—2006年间，昆明高新技术开发区低于成都高新技术开发区，但仍高于南宁、贵阳高新技术开发区，也低于全国平均水平（图3.8）。

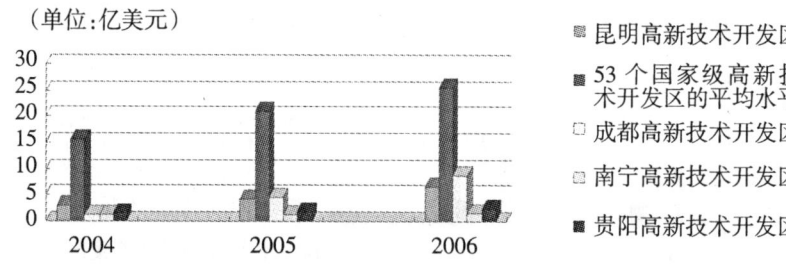

图3.8 昆明高新技术开发区与全国高新技术开发区的比较：出口创汇

资料来源：根据张晓强编：《中国高技术产业发展年鉴（2005）》，北京理工大学出版社2005年版；张晓强编：《中国高技术产业发展年鉴（2006）》，北京理工大学出版社2006年版；张晓强编：《中国高技术产业发展年鉴（2007）》，北京理工大学出版社2007年版整理所得。

通过上面的比较，我们可以看出：昆明高新技术开发区的发展仍然远远落后于东部沿海地区与中部地区，但就西部地区而言，虽落后于成都、西安等地，但仍高于南宁、贵阳等地的高新技术开发区，处于西部地区的中间水平。

三、昆明高新技术开发区的运行特点

（一）经济基础不断扩大，对全省经济增长的贡献不断提升

昆明高新技术开发区已经成为云南省高技术产业发展的基地，成为拉动全省经济增长的重要力量。经过十多年的建设，为创业型的企业规模化成长提供了很好的条件，昆明高新技术开发区的经济总量和区内企业平均规模均有较大的提高。1992—2006年间，昆明高新技术开发区累计实现技工贸收入1 334亿元，工业总产值1 110亿元，出口创汇17.6亿美元，税收总额70.8亿元。"十五"期间，累计实现技工贸收入731亿元，工

业总产值 576 亿元，增加值 177 亿元，出口创汇 10.64 亿美元，税收总额 42.8 亿元，地方财政收入 11.17 亿元①。这些数据表明昆明高新技术开发区及区内企业经过十余年的发展，已经具备了一定的经济基础和规模，成功地度过了初创期，正向创新发展期迈进。

（二）入驻企业自主技术创新能力弱、开发区内产业核心竞争力差

目前，昆明高新技术开发区内企业的生产大多以中、低档产品为主，很多核心技术仍然依靠省外和国外，企业创新能力弱，产业核心竞争力差。2004 年，云南全省专利申请为 20 133 件，居全国 22 位，累计专利受权量为 12 752 件，居全国 21 位。云南省在科技进步水平、原始创新能力等方面与东部地区的差距十分明显，这种科技发展差距还有进一步扩大的趋势。尤其是技术创新的社会支撑体系不健全，科技资源配置不合理，且总量不足等方面，导致了昆明高新技术开发区内产业的发展缺乏必要的关键技术，核心技术和前瞻性技术、有市场前景的科技成果储备不多，特别缺乏拥有自主知识产权的高技术成果。

第三节 昆明高新技术开发区发展中存在的主要问题

昆明高新技术开发区经过十余年的发展，虽然取得了巨大的成就，但也存在不少的问题。无论是与国际上成功的高新技术开发区相比，还是与国内东部沿海地区的高新技术开发区相比，昆明高新技术开发区都还存在着很大的差距。这一方面固然与云南的一些先天性因素，如经济发展水平、科学技术水平较低等有关，但在另一方面昆明高新技术开发区发展过程中的一些内在因素也影响了其自身的发展。硅谷等成功高新技术开发区的经验表明，企业集群能有效地促进高新技术开发区的健康发展。目前，昆明高新技术开发区尽管已有一定规模企业的空间聚集，但是尚未真正形成企业集群与产业集群。这就直接影响了开发区内企业资源配置效率的提升和竞争力的增强。具体而言，从技术创新与产业发展的视角来看，昆明高新技术开发区二次创业所面临的发展困境主要有以下几个方面的原因。

---

① 数据来源于昆明高新技术开发区网站：http://www.kmhnz.gov.cn/kmhnz/yqgk.nsf/S_all OpenForm。

一、区内管理体制已不能适应知识经济条件下的技术创新与产业发展

在建区初期，按照"小机构、大服务、小政府、大社会"和"精简、统一、效能"的宗旨，以省、市政府部门委托和授权的形式，高新区管理委员会行使相应管理职权，使得昆明高新技术开发区基本上建立了符合国际惯例和市场经济规律的行政机构，为招商引资、发展高新产业提供了必需的投资环境。但随着开发区的进一步发展，目前出现了原已委托、授权管理委员会行使管理职权的部门重新在高新区设立派驻机构或分支机构的现象，导致管理环节增加、行政人员膨胀等系列问题，尤其是开发区内官员"对上负责、对下不负责"的利益机制在很大程度上激化了高新技术产业化的投资瓶颈矛盾。同时，由于高新技术开发区在我国还处于起步的阶段，开发区内的产业管理体制还基本上是以传统产业管理为主的管理体制，缺乏对高新技术企业发展的统筹规划，也没有支持高新技术产业发展的长效机制，这在客观上会对高新技术产业化的发展形成约束。不但如此，高新技术开发区吸引高新技术产业落户的优惠政策还主要集中在土地、廉价劳动力等传统手段上，这与周边省份没有区别，显然无法有效提升昆明高新技术开发区对技术创新，尤其是高新技术开发区及其产业化发展的吸引力度。

二、区内企业的发展形态未能有效地推动技术创新与产业发展

目前，昆明高新技术开发区内的企业形态主要表现为企业空间上的聚集存在较大的脆弱性，企业间产业集聚机制尚未建立等，这不但影响了高新技术开发区内企业的持续性技术创新能力，而且也不利于技术创新成果产业化的转换和技术创新对产业结构的优化调整等。

（一）企业空间上的聚集存在着脆弱性

昆明高新技术开发区产生的背景是在20世纪90年代，当时美国硅谷创造了信息经济高速增长的奇迹，我国台湾地区的新竹科技工业园也成为电脑生产的"梦工厂"，北京"中关村"建设在如火如荼的进行。在这种情况下，云南省积极向国家申请建立昆明高新技术开发区。由于当时对高新技术开发区的认识有限，而且也由于建设资金不足，因此省政府与昆明市政府主要是依靠"土地开发、政策优惠"的指导方针来吸引企业进入开发区。这在当时的条件是基本符合全省的具体情况，也促进了昆明高新技术开发区在设立初期的快速发展。但是随着高新技术开发区由初步建立到快速发展，这一指导方针显然是落后了。

在过去的十余年中，政府通过提供廉价的土地和优惠的政策等各种措施，成功地吸引到了大量的企业进驻开发区，在一定程度上形成了企业的空间聚集。1992-2004年间，入驻昆明高新技术开发区的企业由29家增长到148家，实现快速增长，初步形成了企业的空间聚集。但这种不是基于价值链关系而自发聚集在一块的企业，其聚集表现出很大的脆弱性。因为当初这些企业进驻高新技术开发区的原因是基于高新技术开发区所提供的廉价的土地、政策的优惠。但是这些优惠条件不可能一直保持下去，同时也与周边省份高新技术开发区的优惠政策没有区别，因此当周边省份的土地成本、区位优势和税收政策发生变化时，昆明高新技术开发区内的企业就有可能向其他政策更优惠的地方流动。同时，各地区各级高新技术开发区由于其主管部门的不同，所能享受的政策条件也就不同，这种政策的差异更可能助长各开发区内企业的流动。脆弱的空间聚集，频繁的企业流动所带来的后果便是昆明高新技术开发区内企业的持续性技术创新能力不强。

（二）产业集聚①机制尚未建立

昆明高新技术开发区是在20世纪90年代初期建立的，当时全国处于开发区的建设热潮中。在这样的背景下，云南省并未依据以产业分工为基础、以产业间互动发展为核心的原则来建立高新技术开发区，产业集聚机制尚未建立。这主要表现在：

（1）与周边省份的高新技术开发区相比，没有明确的产业特色，结构趋同严重，没有很好地凸显云南的资源优势与产业优势；

（2）集聚效应不明显，高新技术开发区内的企业与机构之间的产业和技术关联不强，没有形成相互关联、相互依存、相互支援的专业化分工协作的产业体系。昆明高新技术开发区内企业所需要的关键零配件省内生产程度低，主要依靠省外生产或是进口。而且高新技术开发区内企业之间的业务联系性不强，中小企业和大企业之间缺乏必要的协作关系，很难获得大企业的订单，为大企业提供配套的产品。

（3）"产学研"合作机制不完善。昆明高新技术开发区虽然毗邻云南大学、昆明理工大学等具有较强研发能力的高等院校，但由于长期以来在大学科技界和工商企业界之间合作互动机制不健全，这些科研实力雄厚的大学和科研机构并没有成为高新技术开发区内企业的创新来源。这样，昆

---

① 产业集聚是指一定数量（包括了不同产业和同一产业）的企业通过产业间活动或者是产业内活动在区域内的相对集中，并产生集聚效益，进而形成具有一定组织意义的企业网络。

明高新技术开发区内企业只能依靠自行研制或是引进国外技术，但消化吸收能力又不强，产业发展明显缺乏后劲。

（4）开发区内缺乏风险投资型企业集群，企业研发成果市场化与产业化难以实现，具备企业家精神的创业者得不到资金支持，其创新成果也无法转化为现实的生产力，创新能力受到制约。

三、高新技术开发区内缺乏推动技术创新的区域文化

企业集群认同的区域文化是影响企业集群发展的重要因素，它是以血缘，亲缘，同学、朋友关系等为纽带，在长期的历史发展中，形成的具有本地区独有的特色文化。企业集群认同的区域文化的核心精神是企业之间的信任和承诺，并在此基础上形成的企业间信用关系网。这种信用关系网有利于降低企业的信用风险，减少市场交易活动的不确定性。

20世纪50年代中期，美国128号公路地区无论是创新能力、产业规模、从业人员都要胜过硅谷一筹。但是20年以后，这种比较关系已经倒置了，硅谷已经成了IT产业的龙头。导致这种转变的原因是多种多样的，但是有研究表明，128号公路地区的保守、厌恶风险、等级森严、忠于企业而非忠于行业的地域文化观念和缺乏非正式文化交流是其重要的影响因素。而硅谷的成功则大大的受益于它那鼓励冒险也接受失败、专业忠诚而非企业忠诚以及讲究合作和重视非正式交流的硅谷文化。而这种所谓的硅谷文化正是与高新技术产业成功发展所相容并正相关的。如高新技术产业具有高风险的特征，它需要敢冒风险的创新。此外，高新技术产业的创新具有高度的不确定性，它的成功在相当程度上依赖于各种信息的迅速收集与处理以及对各种资源的快速整合，而非等级制度带来的灵活、职业的高流动率和讲求合作及重视非正式交流所导致的信息与技术的快速扩散则明显地有助于这种快速整合。显然，这种文化与我国传统的文化是不相容的，但是高新技术开发区的发展却有赖于这种异质文化的发扬。但问题在于，云南省地处中国西部，长期以来厌恶风险与"小富即安"的思想、崇尚中庸之道的区域文化使得高新技术开发区内的企业普遍缺乏鼓励冒险、容忍失败的企业家精神，同时重视企业间合作的团队文化都相当的匮乏，这也严重影响了高新技术开发区的技术创新与产业发展。

四、高新技术开发区内的人才结构难以适应技术创新与产业发展的需要

人才是高新技术产业发展的最关键要素。高新技术的研究、开发、管

理及其风险投资的运作等都需要优秀的高级人才。就人力资源的总规模来看，昆明高新技术开发区的人才并不少，但就高新技术产业发展所特别需要的高层次专门人才和既懂科技又懂经营管理的复合型人才却十分匮乏。这表明高新技术开发区尚未成为吸引人才的地方。而在美国、中国台湾或中关村等高新技术产业发展得很好的地方，都是年轻才俊高度集聚的地区。导致昆明高新技术开发区人才匮乏的原因主要有以下几点：一是开发区促进高新技术产业健康发展的分配机制尚未建立和健全。高新技术产业是一个高风险的产业，只有建立很好的激励机制才能促进从业者乐于创新和承担风险。在国外尤其是在硅谷通常采用的是用高薪和期权来吸引人才，事实证明用像期权这样的激励方式吸引人才是十分成功的。目前，开发区内不但类似期权、股份这样的分配制度在许多高新技术企业中尚未建立，而且就是普通收入也要大大低于一些技术程度较低的垄断行业。二是省内的风险意识和创新意识还不够，许多人都不愿意到高新技术企业中去工作。一个明显的例子就是对云南大学、昆明理工大学等高等院校每年毕业的研究生和大学生来说，他们认为目前就业的最佳选择是银行、政府或是烟草、电信、电力等垄断行业。三是在吸引人才过程中的配套优惠政策不够，云南省地处中国的西南边疆，经济发展水平相对落后，在人才竞争方面本就无法与东部沿海地区相比，再加上配套优惠政策与服务意识不够，现阶段还无法大规模地吸引全国的优秀的技术创新人才。

五、粗放型发展模式下的"工业园区"

在昆明高新技术开发区的发展过程中，重"量"不重"质"的粗放型发展模式导致了高新技术开发区过于重视招商引资的数量、开发区内企业的产值、出口创汇等数量指标，轻视了其内在的竞争力、发展模式的可持续性、创新能力等质量指标，严重影响了高新技术开发区的可持续发展。目前开发区内的产业仍以工业为主，利润较低，缺乏核心的竞争力。从昆明高新技术开发区十余年的发展历程来看，近年来虽然呈现出由加工型向生产型转变的趋势，但仍然是以加工贸易为主要生产方式，在本质上还属于工业园区，远远没有形成推动技术创新、发展高新技术与实现高技术产业发展的基地。

第四章　技术创新过程中的云南高新技术产业化环境分析

科学技术的发展，也带来高新技术产业的迅速发展，科技与经济一体化趋势不断增强。各国都采取各种有效措施，创造条件促进高新技术的产业化，培育高新技术产业的发展，并以此作为增强本国经济实力和竞争力的有效手段。云南在促进高新技术产业化的过程中，要吸取各国在推动高新技术产业化中研发、技术市场、风险投资和政策法律等方面的经验，形成有利于高新技术产业化的研发环境、市场环境体系、融资环境和制度环境。

第一节　高新技术产业化的环境

高新技术产业化是指把高新技术转化为商品或服务并形成新产业的过程。产业化成功的标志就是某种商品或服务为市场所认可，潜在需求转变为现实需求。产业化的一般过程包括从高新技术研发开始，通过中试，最后以企业的形式为社会提供某种产品或服务。由于高新技术产业化是以高新技术研发为起点，以企业为终点，经过技术及产品研发、生产能力及市场开发两个主要的阶段实现的。因此，高新技术的产业化首先是取决于高新技术的研发环境，然后是取决于高新技术企业的形成及发展环境。

一、高新技术的研发环境

高新技术的研发状况与其产业化是紧密地联系在一起的，没有良好的研发环境就不会有顺利的产业化。影响高新技术产业化的研发环境主要包括研发人员①情况、研发机构类型和对研发成果的保护程度三个方面。

(一) 研发人员情况

高新技术产业与一般产业的最大区别就在于对研发人员的依赖程度非常高。研发人员是在高新技术产业化过程中最具创造力、最活跃的核心资源，是高新技术的源泉，是推进高新技术产业化最关键的因素。高新技术从基础研究到试验发展，到高新技术企业成功运作都离不开研发人员的智力投入。

一个地区研发人员的状况反映了该地区技术创新的综合能力。研发人员的数量、素质是一个地区研发规模和力量的具体体现，是一个地区进行高新技术活动的决定性因素。研发人员的数量和素质决定着高新技术产业发展的规模和产业化的速度。数量多和高素质的研发人员是高新技术快速产业化和扩大产业规模的必备条件。高素质的科学研究人员在掌握先进科学的基础上，进行高新技术的创新，然后通过大量的工程技术试验和工艺设计把高新技术变成市场实际需要的高新技术产品或服务。在这一过程中，科学研究人员与工程技术人员的互动——科学研究人员对其创新思想的传递能更有利于工程技术的试验和工艺设计，而工程技术人员对高新技术的需求又能促进科学研究人员的创新——能进一步实现高新技术的创新和产业化。高素质的科学研究人员是进行高新技术创新成果能源源不断出现的前提，大量的工程技术人员是高新技术产业化顺利进行的基础。

(二) 高新技术研发机构类型

高新技术研发机构主要有科研院所、高等院校和企业三种。由于不同的研发机构类型，研发出的高新技术在适应产业化和产业化速度上存在较大差别，对高新技术产业化的顺利进行将产生不同的影响。因此研发机构的不同将影响研发过程中研发出的技术类型和技术与市场的距离。

研发机构的不同会使人力和资金在技术的不同研究阶段（基础研究、应用研究和试验发展）上的投入不同。科研机构与高等院校在基础研究和应用研究方面投入的人力和资金较多；而企业则在应用研究和试验发展方面投入较多。尽管基础研究是高新技术产业化最根本的源泉，但是基础研究所得到的技术成果距离产业化所需要的技术还有很大的差距，而试验发展所得到的技术成果则较为接近产业化的要求。

研发机构的不同会使研究产出的高新技术类型不同。科研机构和高等院校主要从事基础研究和应用研究，研究过程中主要追求技术的先进性，

---

① 本书所指的研发人员包括工程技术人员和科学研究人员。

产出的技术成果大都是"实验型"和"研究型"的成果；而企业由于其本身就是市场的主体，需要适应市场，因此其研究机构主要从事本行业的技术开发，追求技术的实用性和技术对市场的满足性，研究成果直接为生产服务，所得到的技术成果大都能满足企业发展和市场的需要，是"生产型"和"市场型"的成果，其研发的技术成果距离市场较近。

因此，对于技术产业化而言，由于企业具有较为明显的优势，企业作为研发机构主体十分有利于产业化。当然，产业化过程还需要许多技术机构的支持，而由于企业在基础研究和应用研究方面的薄弱，还必须通过引入科研机构和高等院校的技术力量来实现。

(三) 研发成果的保护程度

高新技术产业化的过程是高新技术沿着基础研究→应用研究→试验发展→中试开发→大规模生产开发→市场开发不断公开的过程和不断被容易掌握的过程。在大规模生产之前，此项高新技术的内容有可能是保密、不公开的，但在大规模生产之后，由于许多技术产品具有公共物品的特征，一旦形成实际产品在市场上销售之后，其技术内容很容易被其他企业掌握。这样，此项高新技术从"基础研究→应用研究→试验发展→中试开发→生产开发"过程中产生开发的大量成本（有时还会包括市场开发成本）只由一个企业来承担，而该项高新技术商品化成功之后所带来的收益却要与其他企业共享。这将严重影响技术研发及其产业化的积极性。由于高新技术研发及产业化的高投入性和公共物品特性，决定了政府对高新技术开发成果保护的必要性。所以可以认为，对高新技术产权的保护程度将直接影响高新技术的产业化。

有效完善的技术产权保护体系将积极推动高新技术的研发和研发成果的产业化。目前，技术产权的保护主要是通过专利申请、专利保护来实现的。有效完善的专利保护体系包括有效完善的专利法律、管理和服务体系。专利法律法规应对技术的产权主体进行物质奖励和精神鼓励，对侵害技术产权主体利益的行为人能进行严厉的惩罚；而专利管理和服务机构是保证法律法规落到实处的部门，通过专利管理和服务机构使专利法律法规有效，并实现最低的专利技术保护成本。实践证明，专利技术的保护制度能有效起到对技术研发和技术转化的支撑作用[①]。

---

① 据美国著名经济学家曼斯菲尔德研究分析调查统计，如果没有专利保护，药品发明有60%研究不出来，有65%不会被利用；化学发明有38%不会研究出来，有30%不会被利用。

二、高新技术企业的形成及其发展环境

有了高新技术和对高新技术保护的前提，高新技术企业产业化成功的最根本标志就是高新技术企业的形成并发展壮大。高新技术企业要形成并发展，首先要存在对高新技术产品的需求；其次当产业化主体和技术拥有主体不统一时，要有完善的技术交易市场，使产业化主体能够拥有技术的使用权；再次要有高新技术企业的形成所需资金，实现各类生产要素的结合；最后还需要产业政策的支持，明确投资方向，降低投资成本和提高投资收益。

（一）高新技术产品的需求

在技术的研发阶段，由于研发人员对技术先进性和创新性的追求，即使不存在对高新技术及物化产品的需求，也有可能进行高新技术及其产品的研发。但是在高新技术企业的成长阶段，只有具有潜在需求的高新技术才可能进行中试和生产规模开发，才可能有高新技术企业的出现，从而进行市场开发，最终形成高新技术产业。

高新技术企业形成和发展包括高新技术产品生产能力开发和市场开发。生产能力开发就是能生产出大批量具有潜在的待开发的有市场需求的高新技术产品，而若没有市场需求或市场需求小，高新技术不会有商业价值和市场潜力，高新技术就难以转化为商品或服务，即使高新技术能进一步物化形成商品或服务，大规模的产品开发也难以得到经济的支持。因此高新技术及产品只会停留在实验室里，走不到市场上，就更难以形成规模生产，完不成高新技术产品的生产能力开发。市场开发就是寻找和挖掘市场需求，使市场容量达到最大化，而若没有巨大的市场需求潜力，不能扩大市场容量，市场开发难以进行。因为市场需求不足就不能弥补原先的高投入，也不能实现高新技术的高回报，所以就不会有大量投入的跟进，难以形成一个产业。因此，高新技术的研发成果能否进行产业化，很重要的一点就是看其是否有真正的有效需求。高新技术产品的有效需求是推动高新技术产业化最根本的动力。

（二）技术市场的发达程度

由于高新技术研究开发的主体可能与高新技术产业化的主体存在不一致的情况，技术的交换转让便成为高新技术产业化的一个重要环节。高新技术进行交换转让的场所就是技术市场，在技术市场上高新技术作为一种商品进行有偿转让，故技术市场能否为高新技术的交换转让提供灵活多样的转让机制将成为影响高新技术产业化的重要影响因素。

规模大、结构合理、交易方式多样的有效技术市场有利于高新技术的研发,有利于高新技术成果的商品化,有利于高新技术成果的应用和扩散,有利于人才流动,最终有利于高新技术产业化和高新技术产业的发展壮大。通过有效技术市场可以实现高新技术研发成果的资本化,大大激发研究人员的积极性,为下一轮研究的人力和资金投入提供保障,从而在技术研究领域也能较好地引入经济竞争机制。有效技术市场能较容易地为产业发展传递先进适用的技术,促进技术的最佳选用,加快企业对技术的应用,提高经济和技术效益,能实现技术的研发与技术的生产应用的结合。技术研发主要是在科研院所和高等院校进行,往往使得许多技术研究与技术应用之间存在隔离,大多数的科技精英和高新技术游离在经济生产领域之外,其价值得不到实现。与此相反,由于企业高层次的科技人才少和经费投入少,没有能力开发技术来满足自身发展的需求。因此技术市场的存在将实现技术的研发与技术的生产应用的良好结合,充分利用社会资源,使技术通过市场转移到经济生产领域中。

此外,有效技术市场能促进人才流动。技术成果是研发人员的智力成果,其商品化必然伴随研发人才的智力互动。研发人才的交流与转移势必又会加快技术成果的产业化。

(三) 高新技术产业化融资方式

产业化的融资方式有自筹、银行贷款、证券市场融资、政府投资、风险投资等。高新技术产业化的高投入和高风险使得除风险投资外的其他大多数融资方式望而却步。美国是高新技术产业化最为成功的国家,但其产业化的成功率也只有20%左右。在现代经济中,传统的融资方式在资源配置上存在着一个逆向选择①的问题,而风险投资与传统的银行贷款投资方式相比,无需任何抵押,与证券市场融资相比,无需较高的成功率和良好的市场成长,风险投资看重的是被投资项目未来的市场潜力。由于银行贷款、证券市场融资和政府投资等以追求高收益、低风险为融资特征,选用这些方式为高新技术产业化融资,势必会因为这些融资过于追求市场前景、投资成功率而放弃一些市场潜力大、投资期限长、投资风险大的高技术产业,也将大大影响高新技术的产业化速度和高新技术产业的发展。因此,风险投资就成为高新技术产业化的主要融资方式。

风险投资是随着高新技术产业化的要求而出现的,一出现就成为高新

---

① 即最需要资金和资金生产率最高的项目往往因为风险较高而得不到传统融资方式的支持,而发展成熟、成长趋于稳定的企业因风险较小而成为传统融资方式追求的对象。

技术产业发展的极佳伴侣。根据一些学者对美国的估计，风险投资与技术专利的产业化有显著的正相关关系。风险投资是通过由专业人员管理的风险投资公司来实现投资和收益的一种股权投资，是基于一定的市场调查，从而实现高期望收益的投资方式。正是由于风险投资要实现的是对多个高新技术项目投资所带来的期望收益，因此，风险投资的规模对风险投资功能的发挥有重要影响。风险投资的规模不仅影响高新技术产业化的投资能力，而且还对风险投资的风险情况有较大的影响，成为高新技术产业化的根本影响因素。如美国进入21世纪后，每年的风险投资都在600亿美元以上，使美国继续成为高新技术产业化最活跃的地方。风险投资的规模受与其相配套服务体系是否完整的影响。完善的配套服务体系有利于风险投资的撤出并实现收益的最大化和良性循环。配套服务体系一般包括发达完善的资本市场、金融市场及其他产权交易体系。

（四）产业政策的支持力度

高新技术产业化具有高投入和高风险的特点以及对国民经济增长的高贡献率决定了政府给予政策扶持和引导的必要性。通过政府的扶持和引导能保证和加快高新技术产业的发展。西方发达国家高新技术产业发展的成功也证明了这一点。

政府通过优化投资环境，加快办事流程，提供更多的人才、科技、金融、教育、知识产权保护等诸多要素的支持，形成系统的政策支撑平台，营造高新技术产业化的专业环境。政策支持的目的就是使人力和物力流向高新技术产业。通过土地、财政、税收、金融及人才等方面的优惠政策，明确投资方向，降低投资成本，使投资者发现高新技术产业潜在的巨大收益，从而对高新技术产业进行投资，加速高新技术产业的发展，提高高新技术产业化的水平。

第二节 云南高新技术产业化的环境分析

尽管云南省高新技术产业在近几年有较快的发展，但是云南省高新技术产业化的水平仍然还很低。2007年云南经省级以上认定的高新技术企业有326户，仅占全省全部国有及规模以上非国有企业数的十分之一；2006年高新技术产业增加值占工业增加值的比重、高新技术产品出口额占商品出口额的比重和新产品销售收入占全部产品销售收入的比重分别为2.52%、3.12%和4.13%，而全国平均分别达13.9%、29.0%和37.8%，分别是云南省的 5.5 倍、9.3 倍和 9.1 倍；云南省的高新技术产业化水平在全国 31 个省（市、自治区）中排名为 28 位。云南省高新技术产业化水平情况与云南省现阶段的产业化环境是密不可分的。

一、高新技术的研发环境

下面通过与高新技术产业化程度较高的东部地区及全国进行人才、企业研发地位、研发技术的类型、试验发展的条件及专利情况等方面的比较分析，说明云南省高新技术研发环境的状况。选择北京、上海、江苏、浙江、广东①这几个地区与云南进行比较，这几个地区在高新技术产业化进程中发展较快。与这些地区的比较，可以发现云南省在高新技术产业化进程中的不足之处。

（一）专业技术人员量较少，质较差

云南省的技术人员无论绝对数还是相对数都比较少。2006 年云南省万人专业技术人员的数量为 192.17 人，与发达地区比较存在很大的差距。其中北京万人专业技术人员为 932.77 人，将近云南省的 5 倍，上海也为云南的 2 倍左右。云南省就业人员平均受教育年限为 6.38 年，与北京、上海等地区比较差距很大（详见表 4.1）。

表 4.1　2006 年云南与部分地区的科技人力资源情况

地　区	北京	上海	江苏	浙江	广东	云南
万人专业技术人员（人）	932.77	388.88	243.97	277.02	240.82	192.17
平均受教育年限（年）	10.69	10.03	8.13	7.61	8.36	6.38

资料来源：根据《2007 年科技统计资料汇编》的有关数据计算得到。

云南省研发人员中科学家和工程师的比重低。例如，2006 年云南县以上科研机构的研究人员中科学家和工程师的比重为 64.35%，而这一指标的全国平均水平为 68.33%，发达地区如北京、上海、江苏、浙江和广东等这一指标远高于云南（详见表 4.2）。云南省大量的科技人才集中在

---

① 根据 2006 年全国及各地区科技进步统计监测结果，在 2006 年全国高新技术产业化排名中，北京、上海、江苏、广东分列第二、第一、第四和第五，而浙江的高新技术产业化水平在全国的排名上升比较快，由 2000 年的第 19 位上升到了 2006 年的第 9 位。

科研院所、高等学校等事业单位，企业缺少创新型人才。全省仅有20%左右的专业技术人员分布在企业，其中高层次人才更是稀少；规模以上企业参加科技活动的人员不到2万人，仅占全省科技活动人员的30%。

表4.2 2006年研发人员中科学家和工程师的比重①

地 区	北京	上海	江苏	浙江	广东	云南	全国
科学家和工程师（人）	4 100	4 981	5 308	3 764	5 810	3 428	107 102
科技机构人员（人）	4 987	6 921	7 783	4 935	8 422	5 327	156 745
比重（%）	82.21	71.97	68.2	76.27	68.99	64.35	68.33

资料来源：根据《2007年中国科技统计年鉴》整理得到。

高新技术产业的发展需要研发人员，研发人员的情况决定着高新技术的研发能力和高新技术的转化速度。云南省数量较少和质量较低的研发人员降低了高新技术的研发能力，降低了高新技术产业化的速度。由于高新技术产业水平与研发人员的情况还存在着一种循环，当研发出的高新技术不能较好地实现产业化，就不能促进新一轮的高新技术的研发，从而形不成高新技术的聚集，这又将进一步阻碍高新技术产业化的实现，从而无法对科技人员形成创新激励，形不成吸引高学历、高层次的人才进入云南，这对提高云南高新技术的研发能力又形成新约束，从而进一步制约高新技术产业化的实现，使低水平的高新技术研发与产业化循环成为一种常态。

（二）研发人员投入不足

在专业技术人员中，工程技术和科学研究人员占全部的比重大小直接影响高新技术的研发及产业化速度。高新技术的产业化过程主要的人力投入是工程技术人员和科学研究人员，这两部分投入的比重越高，说明该地区的高新技术水平发展程度比较高，对于高新技术的发展比较有利。

全国国有企事业单位中，工程技术和科学研究人员所占的比重为18.82%，云南省的这一数据只达到了11.75%。同时和西部地区的平均水平比较，云南也处于落后地位。高新技术产业化水平比较高的北京、上

---

① 统计口径为县以上自然科学研究机构。

海,工程技术和科研人员的比例已经超过20%（详见表4.3）。这些数据可以看出,云南省的高新技术的人员投入结构还是存在很大的问题。云南省国有企事业单位的专业技术人员总数超过北京、上海地区,但是工程技术和科研人员所占的比例远远不及这两个地区。从这一方面可以反映出,云南省高新技术研发人员的投入存在很大的不足,专业技术人员中农业技术、卫生技术和教学人员的比例太高,这种比例结构不利于高新技术的产业化进程。

表4.3 2006年专业技术人员中工程技术人员和科学研究人员

单位：人

地区	工程技术	科学研究	工程技术和科学研究人员占专业技术人员的比重（%）
东部	1 135 800	59 868	13.26
西部	723 883	25 689	12.30
北京	94 190	4 261	22.37
上海	96 416	6 366	20.67
浙江	96 700	5 925	12.84
云南	80 664	3 495	11.75
全国	4 893 672	326 728	18.82

资料来源：《2007中国科技统计年鉴》。

（三）科技活动投入的不合理

从科技活动的人力和经费投入上看,云南省研发的主体是企业,占了全省人力和资金投入的一半以上。但是从R&D经费支出来看,云南省的大中型企业并没有起到主要研发主体的作用。

2006年云南省R&D人力投入为每年62 494人,其中企业投入最多,为每年31 603人,占总人力投入的50.57%。R&D的经费投入为596 459万元,其中企业投入最多,为377 766万元,占总经费投入的63.33%。（详见表4.4）。

表4.4 2006年云南省科技活动人力和经费投入情况

单位类型		科研院所	高等院校	企业	其他	合计
人力投入	数额（人·年）	8 542	9 884	31 603	12 465	62 494
	比重（%）	13.67	15.82	50.57	19.94	100
经费投入	数额（万元）	162 531	25 691	377 766	30 471	596 459
	比重（%）	27.25	4.31	63.33	5.11	100

资料来源：《2007年云南统计年鉴》。

而从全国其他省份大中型企业R&D经费投入比重来看，云南处于落后水平。2006年云南省各类大中型企业R&D经费投入62 562万元，占全省R&D总支出的比重为29.9%。而发达地区的江苏省为69.0%、浙江省为56.5%、广东省为78.9%（详见表4.5），这些地区的企业已经成为科技投入与创新的主体，企业素质有了较大的提高。即使是西部一些省区这一指标也高于云南，如2006年宁夏为78.48%、广西为60.48%、贵州为78.74%。

表4.5 2006年各地区R&D经费内部支出比重

单位:%

地区	研发机构	大中型企业	高等学校	其他
北京	43.8	13.6	8.6	34.0
上海	20.9	51.7	10.2	17.2
江苏	11.4	69.0	8.1	11.5
浙江	5.5	56.5	7.2	30.8
广东	2.7	78.9	4.6	13.8
云南	49.5	29.9	9.9	10.7

资料来源：《2007中国科技统计年鉴》。

全国大中型企业的科技机构数有10 464个，其中云南省有108个，与高新技术比较发达的江苏、浙江和广东相比，云南省的科技机构数还不到这些地区的十分之一。大中型企业的科技活动人员云南省有14 882人，其中国有控股企业的科技人员有12 377人，占了全部科技人员的83.7%，而这一数据的全国平均水平为55.66%。一些发达地区的国有控股科技活动人员占全部科技活动人员的比例低于20%（详见表4.6）。

国有企业科技机构主要的研究类型并不是市场型，他们的很多研究结果并不是为了满足市场的需要，因此很多的研究成果并不能很快投入市场，需要进一步的进行试验。这也就减慢了高新技术产业化速度，不利于一个地区高新技术产业化的发展。从下表的数据中可以看出，云南省的大中型企业中国有控股的科技活动人员占了很高的比例，科技活动人员的投入并不是进行满足市场需求的科学研究活动，不能促进高新技术产业化的发展。

表4.6 各地区大中型企业的科技活动情况

地区	科技机构数（个）	科技机构人员（人）	国有控股科技活动人员（人）	科技活动人员（人）	国有控股科技活动人员所占比例（%）
北京	170	11 345	27 786	42 874	64.81
上海	361	25 433	46 312	67 979	68.13
江苏	1 259	67 670	67 728	205 034	33.03
浙江	1 603	78 235	18 787	139 600	13.46
广东	1 279	127 100	32 195	208 456	15.44
云南	108	4 776	12 377	14 882	83.17
全国	10 464	757 744	1 053 316	1 892 497	55.66

资料来源：《2007中国科技统计年鉴》。

云南省的大中型企业未成为研发的主体，会导致云南省研发出的成果多为"实验型"和"研究型"的，而"生产型"和"市场型"成果比较少。云南省技术成果的实用性不强，能直接为生产生活服务的不多，对市场的满足程度低，最终使这些技术成果不能产业化或产业化的速度慢。

（四）R&D投入中基础研究和应用研究的比重较低，而试验发展的比重相对较高

云南省在R&D的资金投入中，实验发展投入的比重高于全国总体水平和东部发达地区。

2006年云南省基础研究经费支出为9 263万元,占R&D经费总支出的9.0%;而同期全国基础研究占总投入的比重为12.0%,东部发达地区为12.8%。同样,云南省应用研究投入也是低于全国水平。2006年云南省应用研究经费支出为19 819万元,占R&D经费总支出的19.2%;而全国为34.6%,东部地区为33.3%。相反,云南省的试验发展经费支出为74 407万元,占R&D经费总支出的71.8%,高于全国的53.4%、东部的53.9%、江苏69.0%和浙江的75.8%(详见表4.7)。

表4.7 2006年各地区R&D投入结构

单位:%

地区	基础研究	应用研究	试验发展
全国	12.0	34.6	53.4
东部	12.8	33.3	53.9
中部	10.1	43.5	46.4
西部	10.7	32.5	56.8
江苏	3.8	27.2	69.0
浙江	2.4	21.8	75.8
云南	9.0	19.2	71.8

资料来源:《2007年中国科技统计年鉴》。

从上面的数据可以看出,云南省的高新技术产业化的程度已经得到了发展,试验发展的投入超过了全国的平均水平,同时也超过了东部发达地区的水平。试验发展投入的增加使高新技术的研发更能适应市场的需求,研究结果可以更快地投入市场。这也说明云南省在高新技术上的投入是合理的,是适应市场条件的。

(五)试验发展的条件较差

工程技术中心和重点实验室是进行试验发展不可缺少的条件。截至2006年底,全国141个国家工程技术研究中心中云南省只有1个,而东部发达地区每个省份都有5个以上,最高的北京高达42个;同样,截至2006年底时,全国195个国家重点实验室中云南省也只有1个,比东部发达地区少(详见表4.8)。

表4.8 云南国家工程技术中心和重点实验与东部地区的比较①

单位：个

地区	北京	上海	江苏	浙江	广东	云南	全国
国家工程技术研究中心	42	7	11	5	9	1	141
国家重点实验室	49	5	10	5	4	1	195

资料来源：www.cnerc.gov.cn 和 www.chinalab.gov.cn。

在高新技术产业化过程中对中试和规模生产开发有重要影响的高新技术企业孵化器②云南的数量也比较少、效率比较低。2006年云南省只有科技企业孵化器7个，场地面积为15万平方米，在孵企业有700家，累计毕业企业有200家，分别占不到全国的2%，并且每个孵化器累计毕业的企业仅有28家，低于全国36家的水平（详见表4.9）。

表4.9 2006年云南和全国孵化器发展的比较

地区	全国	云南	比重
高新技术企业孵化器数（个）	548	7	1.28
场地面积（万平方米）	2 008.0	15	0.75
在孵企业数（家）	41 434	700	1.69
累计毕业企业数（家）	19 896	200	1.01

资料来源：www.sts.org.cn 和 www.ynst.net.cn。

云南较少的高水平工程技术中心和重点实验室及数量少、效率低的高新技术企业孵化器不能满足高新技术产业化进行试验发展的要求，影响了生产工艺的开发和实现，阻碍了云南基础研究所取得的技术成果向生产技术和新产品的转化。即使存在着对高新技术产品的巨大需求，也不能向市场提供产品，这就相当于在技术与市场之间形成了一道"墙"，隔断了技术所具有的潜在市场力量与现实市场之间的联系，技术难于物化形成产业化的商品或服务，技术产业化程度较低。

---

① 工程技术中心统计截至2006年底，重点实验室统计截至2006年底。
② 高新技术企业孵化器是高新技术进行试验发展的最后一个阶段，由在进行孵化的高新技术已经有实际的产品开始进行市场开发。

（六）科技活动产出较低

云南科技活动产出低首先表现为专利申请的数量少。2007年云南省专利申请量为2 139件，仅占全国的0.71%，与东部地区相比有较大差距；其次表现为每万人科研机构的从业人员中申请专利数少。2006年云南省每万人科研机构的从业人员中申请专利数量为2 410件，只约相当于全国的三分之一，与上海的差距达到了10倍以上；2006年云南省每万名科研机构的从业人员中授权专利数远远低于东部地区和全国的水平。另一方面，云南省每万名R&D活动人员的论文篇数虽然高于全国的平均水平，但是和北京、上海地区比较还是存在很大的差距（详见表4.10）。上述情况表明，云南省研发人员的科技成果保护和产业化的意识不高，影响了技术成果的商品化和市场化。一方面，云南省可用于产业化的专利技术数量少，影响了技术产业化的规模；另一方面，专利技术的物化水平较低，影响了技术产业化的水平。

表4.10 2006年科技活动产出情况

地 区	北京	上海	江苏	浙江	广东	云南	全国
专利授权数（件）	14 954	24 481	31 770	42 069	56 451	2 139	301 632
每万名R&D活动人员中论文数（篇）	3 235	3 381	2 451	1 871	2 116	2 947	2 694
每万名科研机构的从业人员中授权专利数（件）	620.50	1 391.0	1 059.0	3 093.3	2 433.2	356.5	730.0

资料来源：www.sipo.gov.cn 和 www.gdipo.gov.cn。

根据上述的比较和分析，可以看出云南省在高新技术研发的人才数量及水平、技术的研发主体、技术的研发类型和试验发展的条件和专利产出效率等环境方面总体上都落后于全国平均水平，并远落后产业化程度较高的东部地区。云南省高新技术产业环境较差，影响了云南省高新技术的研发，使云南省缺乏高新技术产业化的源头。

二、高新技术企业的形成及其发展环境

本部分也同样与通过东部地区及全国高新技术产品需求、技术交易、融资和优惠政策等方面进行比较，分析云南高新技术企业的形成及发展

环境。

(一) 高新技术产品的需求量小

云南省高新技术产品进出口数量很小。2006年云南省高新技术产品进出口额仅为3.87亿美元,占全国的0.073%,与东部地区有很大差距,广东、江苏、上海、北京和浙江分别是云南省的506、314、232、76和44倍左右(详见表4.11)。云南省高新技术产品进出口数量小,说明云南省内高新技术产品的需求和境外对云南高新技术产品的需求都小。考虑到云南省本身的高新技术产业产值少,因此可以认为,云南省高新技术产品进出口数量很小,加之本省的市场很小,说明云南省高新技术产品既缺乏内部市场也缺乏外部市场,云南省缺乏进行高新技术的产业化的最根本动力。

表4.11 2006年高新技术产品的进出口情况

单位:亿美元

地区	北京	上海	江苏	浙江	广东	云南	全国
进口	182.8	460.78	510.81	68.25	899.55	2.86	2 473
出口	114.72	440.43	707.33	102.23	1 062.4	1.01	2 814.5
进出口	297.52	901.21	1 218.14	170.48	1 961.95	3.87	5 287.5

资料来源:http://kjs.mofcom.gov.cn。

(二) 高新技术交易环境

云南省有一个技术产权交易中心及其下属的一个国际技术转移中心,已经具有技术能作为一种商品进行交易的平台和交易方式多样化的条件,但技术市场的市场容量少和内容不丰富阻碍了技术的顺利转让和技术成果产业化的速度。

云南省技术市场的交易合同数和交易金额在全国的比重都很小,远低于东部发达地区的水平。2006年云南共签订技术合同920项,技术合同成交金额8.27亿元,分别占全国的0.45%和0.45%,而北京的合同数为51 570项,金额达697.33亿元,都比云南的市场交易情况高出几十倍,其他发达地区的合同数和交易金额也都远高于云南(详见表4.12)。

表4.12　2006年云南省技术市场交易情况与东部发达省份的比较

地区		北京	上海	江苏	浙江	广东	云南	全国
金额	数额（亿元）	697.33	309.51	68.83	39.96	107.03	8.27	1 818.18
	占全国比重（%）	38.35	17.02	3.8	2.2	5.89	0.45	100
合同	数额（项）	51 570	28 102	10 844	17 734	14 866	920	205 845
	占全国比重（%）	25.05	13.65	5.23	8.62	7.22	0.45	100

资料来源：根据www.chinatech.com.cn/aspx/kejiziliao/kejitongji整理计算得到。

2006年云南最主要的技术交易是技术开发，占云南省技术交易总额的41.28%；技术转让和技术咨询的交易额很少，没有超过15 000万元，所占交易额的比重不到5%；技术服务的交易额将近16亿，占交易额的比重为53.97%。而从全国来看，尽管技术开发是最主要的技术交易类型，但其比重较低，仅为39.44%，而全国的技术转让和技术咨询交易占了技术交易总额的22.33%（详见表4.13）。云南省技术转让、技术咨询和技术服务的交易比重低，不及全国的一半，这种技术市场结构不利于技术的产业化。技术转让在技术产业化中是最重要的技术交易类型，只要有技术转让交易，一般就意味着该项技术具有较为明显的市场潜力，转让之后接着就是生产能力的开发，具有较高的市场开发成功率，而技术开发还存在着技术开发过程中的不确定性。

表4.13　2006年云南的技术交易结构与全国的比较

单位:%

交易类型	技术开发	技术转让	技术咨询	技术服务
云南	41.28	1.85	2.90	53.97
全国	39.44	17.67	4.66	38.22

资料来源：根据中国技术市场管理促进中心的数据计算得到。

同时，云南省技术拥有主体与技术产业化主体的分离较为严重。云南技术市场的不发达和严重的分离更加阻碍了高新技术产业化的进程。2007年在全省1 286项发明专利中，企业拥有的专利数量是811项，为全省拥有专利数量的63.1%。高等院校有242项，为全省的18.8%（详见表4.14）。可以看出，高新技术产业化的过程正在逐步发展，但是同全国平均水平及发达地区的水平比较,云南省还是处在落后地位。

表4.14 2007年云南省拥有发明专利情况

单位类型	科研院所	高等院校	企业	其他	合计
拥有专利数（件）	206	242	811	27	1 286
比重（%）	16.0	18.8	63.1	2.1	100.00

资料来源:《2007年云南统计年鉴》。

由于缺乏有效率的技术交易市场,在科研院所和高等院校自行产业化成功率较低的情况下,云南省科研院所和高等院校所拥有的技术成果得不到顺利的转让,不能实现技术研究成果的资本化,不仅会影响研发人员的积极性,也会影响下一轮研发过程中的人力投入和资金投入;且不发达的技术市场也不能向研发人员传递产业发展所需的适用技术,降低了研发出技术的市场适用性,又会使得技术成果更难转让,更难实现产业化。

（二）高新技术产业化的融资

目前,云南省内资本市场发育程度较低,投资来源仍主要依靠企业自筹、银行贷款和国家投入等传统方式,融资渠道窄、直接融资比例低、融资成本高。金融创新严重不足以及融资观念陈旧,不仅让云南的丰富资源得不到与之匹配的融资能力,也让很多企业的优势资产难以转化为企业发展所需的资金。

云南省高新技术产业化的投融资体系仍主要采用传统的融资方式,风险投资参与高新技术开发与产业化的比重较小,企业自筹、财政拨款是产业化资金的主要来源,投融资渠道单一,投融资能力弱。据统计,云南省五大支柱产业科技成果产业化的经费85%以上来源于政府资金和自筹资金,而美国风险资本对高新技术产业的投资占风险资本投资总额的90%。风险投资起步晚、风险投资资本规模小、风险投资主体单一导致了云南省风险投资实力弱,不利于高新技术产业化的融资。

1. 风险投资起步较晚

风险投资在美国作为投资方式的一种开始于20世纪40年代,已经过了60多年的发展。中国的第一家风险投资企业——中国新技术创业投资公司成立于1985年9月。而云南省直至2000年才有第一家的风险投资公司——红塔创新投资股份有限公司。云南省在风险投资发展上晚于世界

50年，晚于全国15年。

2. 风险投资的投资规模小

到目前为止，云南省现有四家风险投资和管理公司——红塔创新投资股份有限公司、云南高新创业投资有限公司、云南红塔兴业投资有限公司和云南创业投资管理有限公司。云南省现有的风险投资公司只有1亿~2亿元的资本，而且基本上只能靠资本金运作，仅能支持一些短平快、投资少、风险小的项目投资，未能发挥风险资金的"杠杆作用"，这显然有悖于"风险"投资的初衷。云南现有的风险投资机构，不仅规模小，而且数量少，远远不能满足高新技术产业对风险资本的要求。云南省无论是单个风险投资公司，还是全省范围内，与高新技术产业较为活跃的北京、上海和深圳相比，风险投资资本少了许多。1993年成立的上海科技投资股份有限公司资本规模为3.05亿元，1998年成立的北京高新技术产业投资公司为3亿元，1999年成立的深圳市创新科技投资公司为7亿元。红塔创新投资公司的注册资金为2亿元，是4家投资风险公司中风险投资资本最多的一家公司。其余几家风险投资公司的注册资金都不到2亿元。从风险投资资本上看，云南和其他地区的差距很大。2006年我国的风险资本总量超过583.85亿元，投资于北京的风险投资金额最多，所占比例达到34.8%，上海紧随北京，其比例达到24.8%，列全国第二，云南则占不到全国的1%。

3. 投资主体单一

云南省风险资本规模偏小，投资主体单一是一个很重要的原因。在风险投资发达的美国，私人资金是风险资金的主要来源。风险资本的来源渠道通常有个人资金、机构投资资金、企业资金、政府财政资金、金融机构资金等。云南省财力有限，风险筹资能力较弱，资金来源渠道以政府投资为主，民间参与的社会化程度远远不够，由企业、私人、保险公司等参与的风险投资还相当少，风险投资活动远不能发挥应有的作用。云南省四家风险投资公司的资金都仅是来源于机构投资资金和企业资金。

此外，云南省还没有外资进入风险投资资本，而早在20世纪90年代中期中国就有外资进入到风险投资的资本中。云南的政府财政虽然设立了高新技术产业的基金，但基金没有按风险投资的模式进行运作，使得风险投资公司得不到政府财政资金的支持。

4. 风险投资环境建设滞后

虽然云南省于1998年设立了5 000万元的政府高新技术产业风险资金，并于2000年注资1 000万元引导成立了云南高新创业投资有限公司，使风险投资业在云南开始生根发芽，但是相对于其他省区尤其是东部沿海发达地区，风险投资的环境存在很大的缺陷。不管是软环境还是硬环境都需要进行建设和改善。在软环境方面，首先是政府扶持力度仍然不足。其次是没有特色，优惠措施和幅度与其他省区大同小异，无法形成突破效应，有利于风险投资的软环境建设还十分滞后，政府目前无论是在政策扶持还是法律保障、政府监管上所做的工作都还远远不够。在风险投资的硬环境方面，基础设施条件、高新技术产业开发区、种子孵化器等的建设都还跟不上投资的需要。

5. 技术与资本的配置长期不对称

一方面，一些国有企业包括上市公司存在着低技术含量、低增长潜力与高筹资能力的不对称；另一方面，一批中小企业尤其是中小高新技术企业存在着高技术含量、高增长潜力与低融资能力的不对称。结果是一方面大量高新技术成果无法实现商品化与产业化，表现为技术资源的浪费；另一方面，国有企业对短期资金市场的信贷资金和长期资本市场的长期资本的低效使用，表现为对资金的浪费。如果说第一种不对称是国有企业改革的时代需要，那么第二种不对称则是影响云南省企业自主创新的根本症结，长此以往将使云南省经济的可持续发展丧失活力和动力。

另外，云南省证券市场不发达，主要表现在上市公司少、在证券市场上的筹资能力弱和证券商少等。根据对美国和一些发达国家的估计，证券市场大小与风险投资资金呈显著的正相关关系，上市企业的币值总额每增加 100 万美元，风险投资能增加 3.6 万美元。落后的证券市场成为云南风险投资资金少的重要因素。由于缺乏发达的资本市场作为风险资本的退出机制，使得风险投资变成了一项较长期的股权投资，不能在产业化成功后得到有效退出，使再投资变得相当困难。

（三）土地和税收优惠政策

与其他省份相比，云南省的土地和税收优惠政策对高新技术产业化的政策支持力度并不大。昆明高新技术开发区以每亩一般不高于 15 万元优惠的价格提供土地，这一土地价格尽管比相同条件下昆明其他地方的价格较低一些，但与其他省份的开发区相比也不占优势①。广州四个开发区的平均地价为 16 万/亩，其中广州永和区的地价仅为 11 万/亩左右，南京开发区提供的地价也没有超过 13 万/亩。

---

① 每个开发区基本都能提供三通一平的土地，因此土地价格就成为高新技术产业化主体选择的重要依据。

昆明高新区对企业的税收优惠是头两年免征企业所得税,企业出口产品的产值达到当年企业总产值的70%以上的,减按10%的税率征收所得税等。这个优惠条件与其他地区相比也不占优势。如北京和南宁的免税期分别为3年和5年。另外,昆明的减税期不明确,减税要求也高于其他地区(详见表4.15)。

表4.15 各开发区税收优惠情况的比较

优惠方式	昆明	北京	广州	深圳	南宁
一般免税期限(年)	2	3	2	2	5
减半征收的期限(年)	不明确①	3	3	5	3
减按10%征收所得税的出口要求(%)②	70	40	70	70	70

资料来源:根据各开发区网站提供的税收优惠政策整理得到。

云南省高新技术开发区的开发度和实际利用外资能力比较低。如昆明高新区的已开发的面积占规划面积的比例仅为43.48%,南京为60.61%;开发区内企业的规模小,昆明每户企业的平均占地为2 941平方米,南京的为5 000平方米;平均每户企业的技工贸收入,昆明的为753万元,南京的为2 115万元;2002年昆明三个国家级开发区实际利用外资仅为0.14亿美元,而广州四个国家级开发区的实际利用外资为5.60亿美元,是云南的40倍。

根据上述的比较和分析可以认为,云南省规模较小的技术市场、投融资能力弱的风险投资市场及不具有优势的土地税收政策,难以支持云南省高新技术企业的形成和发展,导致基础研究和应用研究的成果难于进行有效的试验发展,一些试验成功的高新技术不愿意在云南省内进行产业化,从而最终影响了云南省高新技术企业的成长壮大。

---

① 昆明高新区是这样规定的:"免税期满后纳税确有困难,还可给予一定时期的减税照顾"。

② 为出口商品占总商品量的比重。

第三节　推进云南高新技术产业化的政策效应分析

为了推进高新技术产业化，提高产业化水平，云南省出台了许多优化产业化环境方面的优惠政策。这些政策对支持引进和留住有关高层次技术人才，提高企业在研发中的地位，丰富产业化的融资，加强技术产权的保护，扩大技术市场的交易等方面起到了一定的作用，但仍十分有限。

一、引进和留住人才的政策效应

高新技术从研发到大规模生产，需要各类人才的大量聚集。为了留住和广纳人才，云南省出台了多项政策，提高在滇工作的研发人员的各项待遇，并对外地来滇工作人员的户口、科研经费调配、工作津贴、生活补贴、住房等给予了相应的优惠。如配偶及未成年子女可随迁来滇落户，不受指标限制；工程系列中的高职专业技术人员，可聘正高级专业技术职务；由财政和用人单位安排专款给予购房补贴等。这些政策的效果并不明显，云南省人才流失的情况仍然较严重，人才引进速度很慢，科技人力资源的综合评价名次在下降。科技人力资源在全国31个省（自治区、市）的综合评价中由1999年的第21位下降至2006年的第28位。

人才引进困难和人才流失的另一原因是云南省的技术成果产权不明晰，人力资本定价机制不完善。构建市场机制主导下的人才发展体系，其核心是科技成果的产权问题。对于研发人员来说，其人力资本的价值很大部分体现在已创造的技术成果上。云南省人民政府发展研究中心调研发现，云南几乎所有国有类型的单位都存在技术成果产权不清晰问题。关于技术成果产权问题，尽管形式有所不同，但其共同点都是以技术成果所有权的国有化为基本前提。因此，当务之急是理清形式多样、关系复杂的产权体系，对技术成果进行科学评价，还原"人的商品性"，使人才真正成为市场主体。

二、提高企业研发地位的政策效应

企业作为技术研发的主体在技术产业化的成功率和速度上具有比较突出的优势，云南省在提高企业技术研发的能力方面出台了一些政策。第一，给予企业财税金融的优惠政策。企业研究开发新技术、新工艺、新产品所发生的费用,不受比例限制,允许计入管理费用;企业利润用于研发投入的部分免收所得税等。第二,促使应用型科研机构的企业化转制,把云南20多家应用型科研机构推向市场,成为企业或与企业相结合,加强企业的研发能力。第三,实行产学研的联合,引导企业主动吸纳科研机构充实其技术开发力量,应用企业在产学研过程中的经济地位和市场地位引导研究机构和高等院校的研发面向市场。第四,把技术创新绩效作为考核国有企业和国有控股企业经营者的重要指标之一,并与经营者收入挂钩。通过这一系列的政策支持来增强企业的研发能力,促进企业成为技术创新的主体。

尽管云南省采取了一系列提高企业在技术研发中地位的支持政策,但是云南省各类企业在R&D上的经费投入数量、比重和R&D经费支出占产品销售收入的比重与全国的发达地区比较还是存在很大差距。企业专利申请数和专利授权数占全部申请数和授权数的比重下降的幅度很大。

2003年至2006年,云南省的R&D经费投入占当年GDP的比重分别为0.43%、0.41%、0.61%和0.52%。总的R&D经费投入从2003年的11.01亿元增加到2006年的20.92亿元。云南省企业R&D经费支出占产品销售收入的比重由2003年的0.31%上升至2006年的0.43%。云南省总的R&D投入处于增长趋势,但是从全国范围来看,云南省的R&D水平还没有达到全国的平均水平,并且与发达地区的差距越来越大。同时和其他西部地区的省市比较,也处于落后的地位。

2003年云南省企业专利申请数和专利授权数占全国企业申请数和授权数的比重分别为1.15%和1.53%,到2006年分别为0.70%和0.71%,都有比较大的下降幅度。

三、扩大风险投资的政策效应

由于风险投资是高新技术产业化最有效的投资方式,云南省通过了一些扩大风险资本金和理顺风险资金退出渠道的政策。如,1998年由财政一次性安排5 000万元资金设立云南省高新技术产业风险专项资金;鼓励和支持国有投资公司、大中型企业和国内外风险投资机构参与高新技术产业风险投资;推进高新技术企业股票上市和产权交易等。但这些政策的效果并不明显,云南的风险投资机构仍然较少,参与风险投资的大中型企业少,在证券市场上的融资增长少,上市公司数量增长速度不快。

到目前为止,云南只有4家专门的风险投资和管理公司以及其他开展类似风险投资的10余家投资公司和金融机构。尽管有一些大中型企业已向高新技术产业进行投资，但都主要是通过直接投资到项目上的方式进行，由于高新技术的高风险性，企业也只会选择一些风险小的项目进行投资，而大中型企业大多数没有把自有资金投入到风险投资公司中，造成许多潜力巨大的高新技术项目没有得到有效的产业化投资。

四、加强技术保护的政策效应

有效完善的技术产权保护体系对推动高新技术的研发和研发成果的产业化有积极的作用。为了加强技术保护对产业化的作用，云南省在技术产权保护方面完善了技术产权保护法律和管理体系，除了国家有的《技术合同法》、《专利法》和《计算机软件保护条例》等法律法规之外，还颁布了《云南省专利纠纷行政处理办法》、《云南省地县科委专利工作职责（试行）》、《云南省专利保护条例》和《云南省知识产权局行政执法责任制度暂行办法》、《云南省技术市场管理条例》等有关技术产权保护的法律法规，已涉及了有关技术产权保护、管理、交易和纠纷处理等各个方面。云南省在机构改革中专门设立了云南省知识产权局，县级以上人民政府基本上都设立了保护和管理专利技术工作的部门。

云南省对技术产权的保护，提高了人们的专利意识，使云南省在专利申请数量上有较大增长，特别是发明专利。云南省1995年专利申请数为959件，其中发明专利数为195件，2003年专利申请数持续增加到1 966件，发明专利为574件，年平均增长率分别为9.39%和14.45%（详见表4.16）。到2007年，专利申请数已经达到3 108件，已经超过了1995年的3倍。其中发明专利1 014件，是1995年的5倍左右。

表4.16　1995年至2007年云南省专利申请情况

单位：件

年份	1995	1997	1999	2001	2003	2005	2007
专利申请数	959	1 108	1 245	1 793	1 966	2 556	3 108
发明	195	163	198	344	574	776	1 014

资料来源：www.ynipo.gov.cn。

五、发展技术市场的政策效应

规模大、结构合理、交易方式多样的有效技术市场有利于高新技术的研发，有利于高新技术成果的商品化，有利于高新技术成果的应用和扩散，有利于人才流动，最终有利于高新技术产业化和高新技术产业的发展壮大。为此，云南省在搭建了技术交易市场的基础上，对技术交易给予了一些优惠政策。如对技术交易的政策支持，对科研单位取得的技术转让收入，免征营业税、企业所得税，高新技术企业进行技术转让以及在技术转让过程中发生的与技术转让有关的技术咨询、技术服务、技术培训所得，年净收入在30万元以下的，暂免征企业所得税和用于规范技术市场的管理费用。

这些政策使得云南省技术交易额有较大幅度的增长。云南省技术市场成交金额由1996年的1 606万元，增加到2002年的179 496万元，增加了110倍，因此，云南省2003年技术成果市场化综合评价为全国第12位，西部地区第3位。到2004年云南技术市场已经达到了215 555万元，是近几年成交额的最高点。从全国的综合评价来看，云南省处于第17位。可以看出，虽然2005年的技术成交额比较高，但是在全国的地位还是处于下降趋势。到2006年技术市场成交额只有82 747万元，约为2004年的1/3，技术成果市场化综合评价为全国的第16位（详见表4.17）。

表4.17 云南技术市场成交额情况

年份	1996	1998	2000	2002	2004	2006
成交额（万元）	1 606	127 222	187 742	179 496	215 555	82 747

资料来源：根据《2007年中国统计年鉴》的有关数据计算得到。

总而言之，在云南省出台的优化高新技术产业化环境的政策中，一些支持和优惠政策并没有取得较好的效果，如有关引进和留住技术人才、提高企业在研发中的地位及丰富产业化融资方面的政策并没有改变云南省人才流失和人才缺乏并存以及企业在研发中地位不突出的状况，没有突破风险投资少的局面。而一些支持和优惠政策取得了一定的效果，如有关技术产权保护和技术成果交易方面的政策使得云南省的专利申请量和技术市场交易额持续增加，使这两方面的环境得到了改善，朝着有利于技术产业化的方面发展，将在一定程度上促进高新技术产业化速度的加快，提高高新技术产业化的水平。

第五章 技术创新、高新技术产业化与云南工业结构优化

在影响工业结构变化的诸多因素中,科学技术是最为核心,也是最为重要的要素。高新技术产业作为科学技术产业化的结果,对推动工业结构的升级起到了不可替代的作用,可以说,离开高新技术与高新技术产业,工业结构的升级就不可能实现。在云南工业结构升级的过程中,高新技术产业的发展同样起到至关重要的作用,云南工业结构的升级既需要发展高新技术产业,又需要利用高新技术改造传统产业,提高传统产业的技术含量和附加值。

第一节 高新技术产业发展与工业结构变化之间的关系

高新技术产业是指高新技术通过研究开发、产业化或不断向传统产业渗透、生产出高新技术产品,成功地进入市场,从而形成现实生产力的知识与技术密集、高效率、高效益的产业。高新技术产业的发展对工业结构升级的作用是不言而喻的。

一、高新技术与工业结构升级的相互关系

高新技术与工业结构的互动关系和演化关系建立在高新技术与工业结构相互作用的基础之上,其内在基础是工业之间技术关联和技术进步与工业结构升级之间的关联。

(一)技术关联是产业关系关联的重要组成部分

从产业生成、发展和重组过程来看,技术关联是产业关联的内在基础部分。在工业经济体系中,每一个产业部门都以一定的产品供给社会,同

时，要求其他产业部门供给自己所需要的产品。但供给（或需求）何种产品，产品质量、数量、性能则由各个部门的生产技术体系来决定。当一些生产部门的技术体系发生变化时，就会引起相关生产部门的技术体系变化，进而使建立在技术基础之上的产业结构发生变化。技术和产业结构的关联可分为前向关联和后向关联两种形式。

1. 前向关联

前向关联是指高新技术产业化对新兴部门、新技术、新材料、新能源等因素出现的诱导作用。比如，由于晶体管的出现，其成本、性能等大大优于电子管，极大地刺激了社会需求，由此推动了电子工业的技术水平和生产规模不断扩大，使之成为重要的先导产业，进而推动产业结构变化。

2. 后向关联

后向关联是指高新技术产业的发展对那些向自己提供生产资料的部门产生的影响。比如，航空工业的发展要求原材料部门提供高强度、耐高温、耐腐蚀、质量轻的结构材料，为此，钢铁工业就必须创造新技术或新工艺生产满足这种要求的材料。与此同时，许多生产新型复合材料、高强塑料、有色金属等材料的工业部门应运而生，从而推动了产业结构变化。

可见，技术关联是产业关联的重要组成部分。不同产业部门之间通过技术关联而联系起来，当技术发生变化时，技术通过产业间技术关联扩散到整个产业系统，引起整个产业技术体系变化，并在此基础上建立起新的产业技术经济联系，导致产业结构变化。

（二）技术结构演化与产业结构高级化的关联

一定的技术结构决定一定的产业结构，技术基础变化将推动产业结构发生变化，技术结构升级将推动产业结构升级。高新技术产业具有先进的技术，不仅由于技术创新引入新的生产函数，形成较高的增长率。而且随着技术进步，产业组成、要素质量、要素结合效益和产业联系方式发生变化，各个产业部门在国民经济中所占的比例不断变化，导致产业结构升级，产业结构向高级化方向演进。库茨涅茨曾以各行业在总产值中所占比重及增长率为标准，把美国制造业的 38 个行业分成如下四类：A 类包括橡胶产品、石油冶炼、机动车辆、基础化工、化肥、针织品、金属建筑材料、电机及电力设备等 13 个行业；B 类包括食品、印刷、纸张、钢铁、其他非金属产品、石料、粘土和玻璃等 7 个行业；C 类包括烟草、制糖、服装、金属器具、机械等 9 个行业；D 类包括屠宰加工、羊毛及毛线制品、毛毯和挂毯、木材加工、皮革制品等 9 个行业。库茨涅茨分析的结果是 A 类处于高速增长，增速达 168 倍之多；B 类增长速度先快后慢，总的增长速度也较快，达26倍；C类大体处于平均速度增长；D类处于低速增长，增长速度仅为4倍。在一个连续的动态变动过程中，当某个产业增长速度减慢，便会为新的高增长产业所取代，潜在的高增长产业会成为现实的高增长产业。技术的变化引起产业间产值增长以不同速度发展变化，各类产业产值增长速度变动导致各类产业所占比例发生相应变动，高技术产业增速远高于一般技术产业，所以可以认为先进技术及其产业化是工业结构不断优化的主要动因。

二、高新技术产业推动工业结构升级的作用机制

高新技术产业具有高创新性、高群聚性和高成长性三个突出的特征。高新技术产业的高创新性极易形成与其他产业的技术差距。高新技术一旦产业化成功，就会得到巨大的创新租金。高新技术扩散动力来自于垄断利益规律的诱导和支配。在知识产权保护制度较为完善时高新技术扩散的本质就是为了获取利润。技术创新早期采用者由于采用新技术而获得垄断利润，技术扩散源为了获得更多的垄断利润，根据现实的和潜在的社会需求进行技术创新，然后进行技术扩散，为了获取垄断利润是技术扩散源进行技术扩散的推动力。而技术吸收体现在为了追求利润最大化而采用新技术，以满足社会需求，技术吸收体对利润最大化的追求成为技术扩散的牵引力。为了追求利润，技术扩散源和技术吸收体不断地进行技术创新和技术扩散，推动力和牵引力的共同作用，推动着技术的不断扩散，也推动工业结构升级。

由于新技术成果存在某种程度的外部性，使聚集区内其他企业获得技术"搭便车"的机会。特别是产业集群内部有一种创新的氛围，这种创新氛围飘荡在聚集区内。企业正式或非正式地接触时，信息和知识尤其是隐含经验类知识能很快地流通，从而共享技术创新成果。尽管在强有力的知识产权保护下也仍然会通过高新技术产业发展的研究与开发、生产与制造和销售与服务三个阶段形成技术扩散。

高新技术产业的高群聚性是由技术创新的集群性所决定的。由技术创新的集群性而带来的高新技术产业的群聚性，反映了高新技术产业之间的直接或间接的技术经济联系，即任何一个高新技术产业与当地的产业或企业，均存在前向联系、后向联系或旁侧联系。正是这种复杂的技术经济联系，使得高新技术产业具有群聚的特征。

高新技术产业的技术具有先进性，一旦其新产品开发成功，进入市场，一般都具有较强的市场垄断能力。高新技术产品一旦被市场所接受，就会表现出极强的扩张力，产业出现超常的发展态势。从另一方面看，高新技术产业激烈的市场竞争也需要以最快的速度增长。

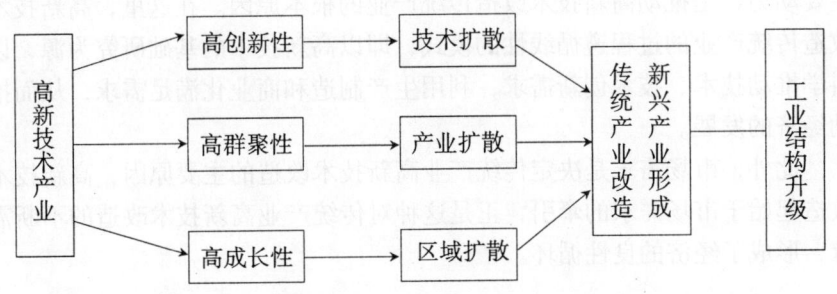

图 5.1　高新技术产业推动工业结构升级的作用机制

从图 5.1 可看出，高新技术产业发展的三大特征，形成了技术、产业和区域三个扩散效应，从而形成了高新技术产业促进工业结构升级的两个基本途径：一是新兴产业的形成，二是传统产业的改造。

（一）高新技术产业化促进新兴产业的形成

高新技术产业化促成新兴产业的形成，进而牵引区域产业结构的升级。技术结构和各生产要素投入结构共同决定着产业结构，其中任何一种因素的变动都会引起产业结构的变动。高新技术产业化是知识经济时代产业发展的趋势，它将牵引着新兴产业的崛起，终将居于主导产业的地位，有力地拉动产业结构的升级。产业经济学理论和发达国家的经验表明，国家或地区经济增长往往是由一个或几个主导产业的高速发展带动起来的。主导产业具有较强的吸收新技术能力，较大的市场需求增长潜力和高关联度。创新为主导产业导入了新的生产函数，使其具有持续的、较高的产业增长率；创新还为主导产业创造了新的发展空间、市场需求和社会需求，推动了其他产业的发展，进而使其对整个产业结构具有引导作用。然而主导产业并不是一成不变的，"领头羊"产业不断地从一个产业转向另一个产业，没有任何一个产业能够永远维持高速增长的势头，主导产业通常在经历了一段高速增长之后，会逐渐放慢步伐，然后被后来进入高速增长时期的产业所超过或替代。因此，当创新引发的新一轮新兴产业进入高速增长时期，逐步取得带动经济增长的主导产业地位时，必将导致主导产业的交替发展，从而促进产业结构有序的发展，实现产业结构升级。

（二）高新技术产业改造传统产业

科技的发展，使产业发展更加迅猛，传统产业在积极自主地应用高新技术的同时，改变了原有的产业结构，形成了更适应发展需求的高新技术产业结构。另一方面，高新技术的发展，又形成了对传统产业技术改造的主要动力，是推动高新技术改造传统产业的根本原因。在这里，高新技术改造传统产业的过程遵循线性的模式，即以高新技术的基础研究为源，以科学推动技术、技术创新需求，利用生产制造和商业化满足需求，从而推动经济的发展。

此外，市场需求是决定传统产业高新技术改造的主要原因，高新技术改造起始于市场需求的牵引，正是这种对传统产业高新技术改造的不断需求，形成了经济的良性循环。

三、高新技术产业推动工业结构升级的直接效应

高新技术及其产业化的直接效应主要表现为三个方面：一是催化了一系列新产业，二是对传统产业的升级改造，三是淘汰了一批旧的传统产业。

（一）高新技术产业化促进新的产业和产业部门形成

高新技术促进产业分离、融合和新生，导致了许多技术密集型产业的蓬勃兴起。其一，高新技术促进原有产业和产业部门分解，某些产品或生产过程的某一阶段从原产业或生产过程中分离出来，形成新的产业和部门。如汽车工业、电子产业就是从传统的机械产业中分离出来的；其二，各种技术之间相互融合产生新产业。如机械制造技术和电子技术相融合，形成数控机械制造业；其三，许多高新技术直接形成了新兴产业，如信息产业。目前已产生或正在孕育的产业主要有：信息技术产业包括电子信息业、信息咨询业、超导信息产业、光信息产业、生物信息产业和宇宙信息等产业；生物技术产业包括生物化学工业、生物食品产业、生物医药产业、生物能源产业以及生态型农牧业等；"绿色"产业群包括"绿色"食品业、环境工程、生态工程等产业；知识产业群包括咨询业、软件产业、人才产业、研究产业等。

（二）高新技术的广泛应用使传统产业更新换代

信息技术、新能源技术、新材料技术等新兴高新技术不但催生了新产业，而且广泛应用于传统产业部门，有力地促进了传统产业的改造和优化，传统产业的面貌为之焕然一新。通过高新技术的渗透和扩散，促进了农业以及钢铁、汽车、纺织、石油、化工、机械、建材等传统产业有效实现技术革新的结构重组，并由此生发出许多新的产业分支，推动产业技术和产业结构优化升级，使传统产业在更高层次上取得生存和发展。

（三）淘汰了一批旧的传统产业

高新技术在产生新兴产业，加速一些传统产业改造的同时，也导致了

一些传统产业的衰落。比如，钢铁工业原是发达国家主要的支柱产业，但由于新材料技术的出现，创造出许多新型金属材料、精密陶瓷材料、高功能高分子材料、先进复合材料等新材料，这些新材料具有高强度、有韧性、耐磨、耐腐蚀等优越性能，在很多领域代替了传统的金属、非金属，因而各种新材料工业得到迅速发展，传统的材料工业逐渐走向衰落。20世纪70年代后，发达国家钢铁生产开始逐年下降，有的钢铁企业开工不足，甚至停产倒闭。还有一些传统工业部门在新的产业结构里因找不到适当位置也被淘汰了。这对整个产业结构的调整和更新换代是必要的。

总之，高新技术不仅催生了大量新兴的产业部门，改变产业结构组成，技术进步更新还完善了原有的生产工艺和产业技术，使得生产过程社会化、专业化和自动化的程度不断提高，劳动生产率提高，生产成本降低，产业利润提高。

第二节 云南高新技术产业发展现状

高新技术产业的发展可以大幅度提高劳动生产率，减少资源消耗，迅速提升产业结构，推进经济协调稳定发展。许多地区都把大力发展高新技术产业纳入各类发展规划中，促进高新技术产业的发展。

一、高新技术产业规模增长较快

云南高新技术产业产值增长速度比较快。云南高新技术产业工业总产值由1996年的11.27亿元增加到了2005年的65.03亿元，占全部工业总产值的比重由1.48%提高到了2005年的2.56%，高新技术产业增长的速度快于全部工业增长的速度。

表5.1 云南高新技术产业产值

年份	1996	1997	1998	1999	2000	2001	2002	2003	2004	2005
产值（亿元）	11.27	11.10	28.93	31.89	35.89	42.09	50.11	48.92	56.34	65.03
占工业总产值的比重（%）	1.48	1.49	2.88	3.22	3.56	3.67	3.84	3.17	2.73	2.56

资料来源：科技部网站。

二、高新技术产业基地作用明显

云南省各高新技术产业开发区在营造高新技术产业化环境、推动自主创新、发展高新技术产业方面均取得了重要进展。2005 年，昆明国家高新区以及昆明经济开发区，玉溪、大理等 3 个省级高新区主要经济指标均实现了快速增长。4 个高新区共实现工业总产值 407.67 亿元，同比增长 42.4%，实现技工贸总收入 543.35 亿元，同比增长 38.6%，实现工业增加值 101.11 亿元，同比增长 46.3%，上交税收总额 31.55 亿元，同比增长 23.8%。高新技术产业开发区总收入利税率达到了 9.72%。各高新区经济增长速度均高于同期全省经济增长速度，在经济增长的同时，出口能力也大大增强，高新区成为云南省出口创汇的主力军。

三、产业化效率较高

云南高新技术产业化效率比较高，主要体现在高新技术就业人员劳动生产率和高新技术产业增加率比较高。2005 年云南高新技术就业人员劳动生产率为 10.51 万元/人，高于浙江、安徽和四川的同类指标，排在全国的第 15 位。高新技术产业增加率为 37.62%，也都高于浙江、安徽和四川，排在全国的第 5 位。

表 5.2　2005 年高新技术产业化效率比较

监测指标	监测值				位次			
	浙江	安徽	四川	云南	浙江	安徽	四川	云南
高新技术产业就业人员劳动生产率（万元/人）	8.61	8.59	10.02	10.51	22	23	16	15
高新技术产业增加值率（%）	21.25	32.03	32.96	37.62	29	16	14	5

资料来源：科技部 2006 年各地区科技进步监测结果。

四、产业规模较小

与其他省市区相比，云南高新技术产业规模还是比较小的。2005 年云南高新技术产业规模以上企业产值和增加值分别为 31.54 亿元和 24.53 亿元，远远低于浙江、安徽和四川的同期指标。浙江、安徽和四川的产值分别是云南的 34 倍、4 倍和 15 位，增加值分别是云南的 15 倍、2 倍和 8

倍。2005年云南高新技术产品出口仅为0.73亿美元，而浙江、安徽和四川分别为60.95亿美元、2.98亿美元和5.43亿美元，是云南的83倍、4倍和7倍。

表5.3 2005年高新技术产业规模横向比较

指标名称	浙江	安徽	四川	云南
高新技术产业规模以上企业产值（亿元）	1 066.96	118.07	460.98	31.54
高新技术产业规模以上企业增加值（亿元）	368.38	55.24	203.6	24.53
高新技术产品出口额（亿美元）	60.95	2.98	5.43	0.73

资料来源：科技部2006年各地区科技进步监测结果。

五、产业化水平较低

总体上，云南省高新技术产业化水平比较低。根据科技部的监测结果，2005年云南高新技术产业化水平得分为6.63，处在全国第28位。反映高新技术产业化水平的重要指标：高新技术产业增加值占工业增加值比重、高新技术产品出口额占商品出口额比重、新产品销售收入占产品销售收入比重、高新技术产业开发区技术性收入占总收入比重和高新技术产业增长占经济增长份额等5个指标值均比较低，分别为2.46%、3.07%、3.46%、0.73%和0.60%。

表5.4 2005年高新技术产业化水平比较

监测指标	监测值				位次			
	浙江	安徽	四川	云南	浙江	安徽	四川	云南
高新技术产业化水平	26.06	14.83	28.96	6.63	9	20	8	28
高新技术产业增加值占工业增加值比重（%）	7.72	3.76	9.54	2.46	14	22	9	28
高新技术产品出口额占商品出口额比重（%）	7.47	5.86	13.27	3.07	12	15	7	20

续 表

监测指标	监测值				位次			
	浙江	安徽	四川	云南	浙江	安徽	四川	云南
新产品销售收入占产品销售收入比重（%）	17.98	12.16	16.56	3.46	5	16	8	27
高新技术产业开发区技术性收入占总收入比重（%）	18.72	3.00	5.93	0.73	1	15	10	25
高新技术产业增长占经济增长份额（%）	3.29	2.14	6.22	0.60	11	18	7	26

资料来源：科技部2006年各地区科技进步监测结果。

总而言之，云南高新技术产业发展的基本现状是产业规模扩大趋势较快，产业化基地作用明显，产业化效率较高，但总体上产业规模比较小，产业化水平较低。

第三节 高新技术产业发展对云南工业结构升级的影响

工业结构升级主要体现在工业结构是否有集中在技术密集型行业、高附加值行业、轻污染和低消耗行业上的趋势。国家统计局、发展与改革委员会和科技部公布的高新技术行业主要包括医药制造业、航空航天器制造业、电子及通信设备制造业、电子计算机及办公设备制造业、医疗设备及仪器仪表制造业等。

一、高新技术产业对云南技术密集型行业发展的影响

在1996年至2005年间，云南高新技术产业产值占云南省所有技术密集型行业的比重呈先增后抑的发展态势。1996年云南高新技术产业产值占云南省所有技术密集型行业产值的20.04%，到1999年这一比例达到了49.50%，提高了近30个百分点；2002年时，这一比重达到了54.05%，但以后这一比重开始下降，2005年下降到了40.58%。1996—2005年，云南高新技术产业产值占云南省所有技术密集型行业的比重平均为43.46%。

1997—2005年，云南高新技术产业产值增长对云南省技术密集型行业产值增长的平均值达到了51.69%。其间，这一指标虽有波动，但总体呈上升的趋势，增长贡献率由1997年的1.54%提高到了2005年的34.83%。

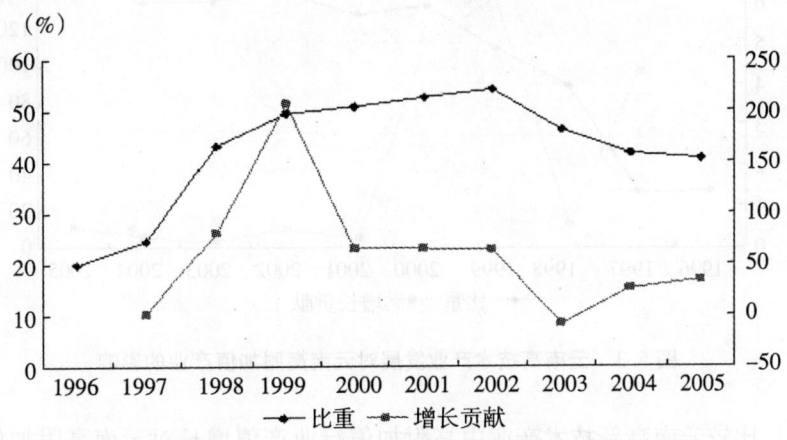

图5.2 云南高技术产业发展对云南技术密集型产业的影响

云南高新技术产业产值贡献率的增长状况表明，云南高新技术产业发展对云南省技术密集型行业发展有扩大的影响作用。根据云南高新技术产业产值占云南技术密集型行业的比重较大和云南高新技术产业产值增长对云南技术密集型行业产值增长的贡献率较高以及云南高新技术产业发展对云南省技术密集型行业发展有扩大的影响作用，可以认为云南省高新技术产业发展对促进云南技术密集型行业发展起到了重要作用。

二、高新技术产业对云南高附加值行业发展的影响

在1996—2005年间，云南高新技术产业中高附加值行业产值占云南全部高附加值行业产值的比重平均为5.07%，且呈不断提高的趋势。1996年，云南高新技术产业中高附加值行业产值占云南全部高附加值行业产值的比重为1.36%，2000年时这一比重达到了6.13%，2005年时，这一比重提高到了6.39%。在1996—2005年10年间，云南高新技术产业中高附加值行业产值占云南全部高附加值行业产值的比重提高了5.03个百分点。云南高新技术产业中高附加值行业产值增长对云南高附加值行业产值增长贡献率波动比较大，1999年增长贡献率为138.26%，达到了历史新高，2003年仅为3.06%，近年来又有所提高，2005年达到了

10.68%。1996—2005 年，云南高新技术产业中高附加值行业产值增长对云南高附加值行业产值增长的平均贡献率为 11.10%。

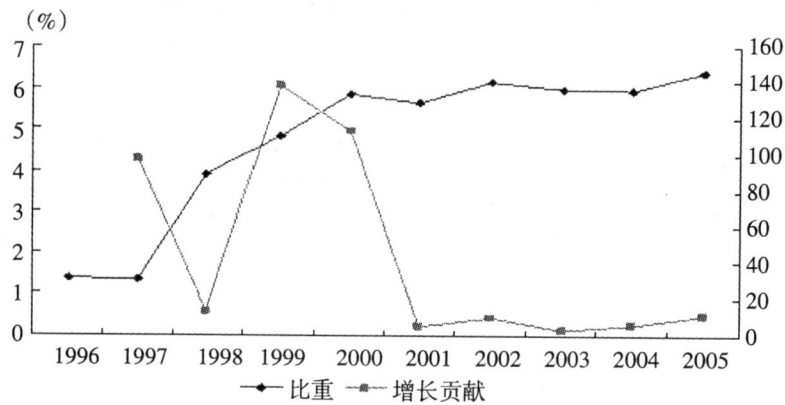

图 5.3　云南高技术产业发展对云南高附加值产业的影响

比较云南高新技术产业中高附加值行业产值增长对云南高附加值行业产值增长的平均贡献率和云南高新技术产业中高附加值行业产值占云南高附加值行业产值的平均比重这两个指标，前者是后者的两倍。这说明在云南高新技术产业结构不变的情况下，云南高新技术产业发展对云南省高附加值行业发展有更大的影响作用。虽然如此，但由于云南高新技术产业中高附加值行业产值占云南高附加值行业产值的比重较小以及云南高新技术产业中高附加值行业产值增长对云南高附加值行业产值增长的贡献率也比较低，我们可以认为云南省高新技术产业发展对促进云南高附加值行业发展所能起到的作用是有限的。

三、高新技术产业对云南轻度污染行业发展的影响

在 1996—2005 年间，云南高新技术产业中轻度污染行业产值占云南全部轻度污染行业产值的比重呈明显的不规律的变化，总体上有提高趋势。1996 年云南高新技术产业中轻度污染行业产值占云南全部轻度污染行业产值的比重为 1.41%，到 2001 年时提高到了 2.21%，到 2005 年时，这一比重下降到了 1.80%。10 年间云南高新技术产业中轻度污染行业产值占云南全部轻度污染行业产值的比重提高了 0.39 个百分点，10 年的平均比重为 1.83%。

在 1997—2005 年间，云南高新技术产业中轻度污染行业产值增长对云南全部轻度污染行业产值增长贡献率波动比较大，增长贡献率最低

2003年为-6.71%,而增长贡献率最高2000年为126.01%。1996—2005年10年间,云南高新技术产业中轻度污染行业产值增长对云南轻度污染行业产值增长的平均贡献率为2.22%。比较云南高新技术产业中轻度污染行业产值增长对云南全部轻度污染行业产值增长的平均贡献率和云南高新技术产业中轻度污染行业产值占云南全部轻度污染行业产值的平均比重,2.22%的平均贡献率大于1.80%的平均比重,这说明在云南高新技术产业结构不变的情况下,云南高新技术产业发展对云南省轻度污染行业发展有扩大的影响作用。

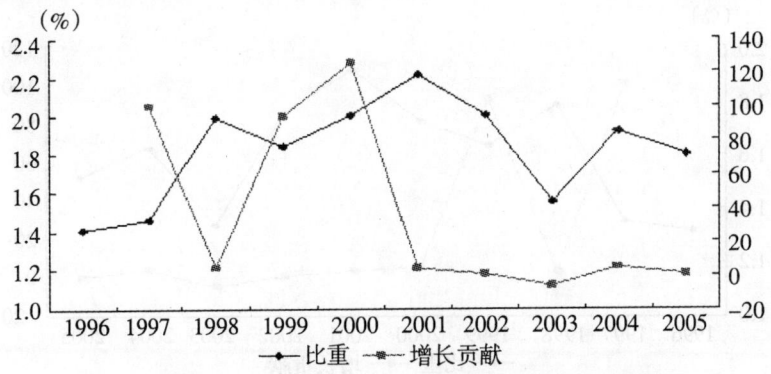

图5.4 云南高技术产业发展对云南轻度污染行业的影响

尽管云南高新技术产业发展对云南轻度污染行业发展的影响有所扩大,但是云南高新技术产业中轻度污染行业产值占云南全部轻度污染行业产值的比重低和云南高新技术产业中轻度污染行业产值增长对云南全部轻度污染行业产值增长的平均贡献率小,因此可以认为,云南高新技术产业发展对促进云南全部轻度污染行业发展所能起到的作用是有限的。

四、高新技术产业对云南低消耗行业发展的影响

在1996—2005年间,云南高新技术产业中低消耗行业产值占云南全部低消耗行业产值的比重上有所提高的。1996年云南高新技术产业低消耗行业产值占云南全部低消耗行业产值的比重为1.32%,2001年时提高到了1.90%,2005年时,这一比重下降到了1.51%。10年间,云南高新技术产业中低消耗行业产值占云南全部低消耗行业产值的比重平均值为1.60%。

1996—2005年,云南高新技术产业中低消耗行业产值增长对云南全部低消耗行业产值增长贡献率波动比较大,增长贡献率最低 2003 年为 -4.31%,增长贡献率最高 1997 年为 99.99%。10 间云南高新技术产业中低消耗行业产值增长对云南低消耗行业产值增长的平均贡献率为 1.61%。比较云南高新技术产业中低消耗行业产值增长对云南全部低消耗行业产值增长的平均贡献率和云南高新技术产业中低消耗行业产值占云南全部低消耗行业产值的平均比重,两年指标基本相等,说明在云南高新技术产业结构不变的情况下,云南高新技术产业发展对云南省低消耗行业发展的影响程度与其比重相当。

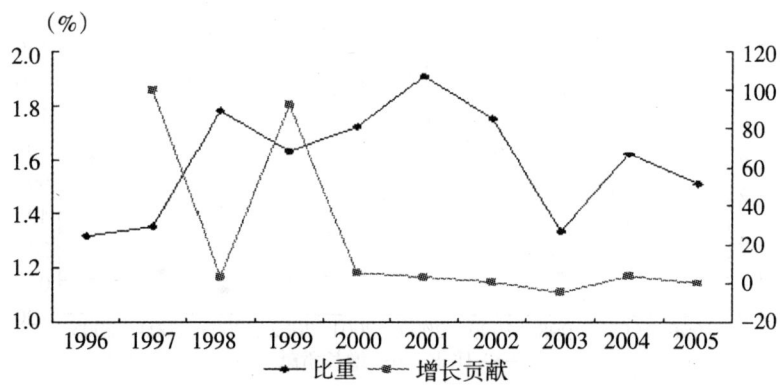

图 5.5　云南高技术产业发展对云南低消耗行业的影响

从上面的分析可以看出,云南省高新技术产业发展对促进云南全部低消耗行业发展所能起到的作用比较小。

综上所述,在四个工业结构的升级目标中,云南高新技术产业发展除对技术密集型产业的发展有显著的影响作用外,对其他三个升级目标的影响是有限的。

第四节　云南高新技术产业发展对工业结构升级影响的原因

由于高新技术对工业结构升级的影响机制主要体现在高创新性、高聚集性与高成长性几个要素上,因此分析云南高新技术产业发展对云南工业结构升级的影响也主要从这三个方面展开。

一、云南高新技术产业的创新性特征

高新技术产业的高创新性的表现可通过科技活动的人力物力投入情况和新产品专利的产出情况进行反映。

(一) 云南高新技术产业科技投入

云南高新技术产业的科技活动人力相对比较少。1999 年云南高新技术产业科技活动人员为 1 322 人,仅占云南全部科技人员的 2.24%,到 2005 年减少到 527 人,占云南全部科技人员的比重下降到了 1.06%。科技活动中科学家与工程师也是类似的情况。1999 年云南高新技术产业的科学家与工程师投入量为 655 人,仅占云南全部科技人员的 1.77%,2005 年减少到了 434 人,占云南全部科技人员的比重下降到了 1.31%。

云南高新技术产业的科技经费投入相对更少,但增长较快。1999 年云南高新技术产业科技经费投入 1 662 万元,仅占云南全部科技活动经费投入的 0.83%,2005 年投入达到了 6 904 万元,但占云南全部科技活动经费投入比重仍然较低,仅为 1.55%(表 5.5)。

表 5.5 云南高新技术产业科技投入情况

年 份		1999	2000	2001	2002	2003	2004	2005
科技活动人员	高新技术产业(人)	1 322	587	549	754	933	447	527
	占云南全部比重(%)	2.24	1.11	0.92	1.41	1.86	0.93	1.06
科学家工程师	高新技术产业(人)	655	406	418	545	695	386	434
	占云南全部比重(%)	1.77	1.23	1.05	1.58	2.11	1.22	1.31
科技经费支出	高新技术产业(万元)	1 662	1 827	5 589	5 216	6 866	4 786	6 904
	占云南全部比重(%)	0.83	0.87	2.62	2.07	2.68	1.41	1.55

资料来源:科技部《中国主要科技指标数据库》。

(二) 云南高新技术产业科技产出

云南高新技术产业的专利申请量增长迅速,由 1999 年的 7 件增加到了 2004 年的 158 件，占云南全部专利申请量的比重由 0.56% 提高到了 7.41%。云南高新技术产业的拥有发明专利数也是增长迅速，占云南全部拥有发明专利数的比重提高较大。云南高新技术产业的拥有发明专利数由 1999 年的 7 件增加到了 2004 年的 53 件，占云南全部拥有发明专利数的比重由 9.59% 提高到了 22.55%（表 5.6）。

表 5.6　云南高新技术产业科技产出情况

年　份		1999	2000	2001	2002	2003	2004
专利申请量	高新技术产业（件）	7	40	48	46	140	158
	占云南全部比重（%）	0.56	2.34	2.68	2.58	7.12	7.41
拥有发明专利数	高新技术产业（件）	7	17	51	66	50	53
	占云南全部比重（%）	9.59	12.14	45.13	79.52	28.90	22.55
新产品产值	高新技术产业（万元）	257	460	869	771	551	665
	占云南全部比重（%）	29.15	26.10	8.69	35.60	5.61	4.99
新产品产值率	云南全部	3.43	3.83	11.51	2.81	17.82	20.02
	高新技术产业	8.07	12.80	20.66	15.33	11.50	11.82

资料来源：科技部《中国主要科技指标数据库》和《2005 年中国高技术统计年鉴》。

虽然云南高新技术产业的科技直接产出效果较好，但云南高新技术产业的科技经济产出效果并没有取得相应的效果。云南高新技术产业的新产品产值由 1999 年的 257 万元增加到了 2004 年的 666 万元，增长相对比较缓慢，占云南全部新产品产值的比重由 29.15% 下降到了 4.99%。

通过科技活动的人力物力投入情况和新产品专利的产出情况反映出的高创新性可看出，云南高新技术产业的高创新性并不十分突出。云南高新技术产业的创新性不突出，自然而然也就减弱了云南高新技术产业对工业结构升级的影响。

二、云南高新技术产业的聚集性特征

高新技术产业的聚集性体现在相应高新技术行业的产业关联上。产业关联是指产业与产业之间通过产品供需而形成的互相关联、互为存在前提条件的内在联系。反映产业关联度可以利用投入产出表资料计算产业影响力系数和产业感应度系数。产业影响力系数反映产业的后向联系程度，是指某产业的生产发生变化时使其他产业的生产发生相应变化的系数。如果某产业的影响力系数大于1，说明该产业的影响力较强，对其他产业的发展起较大推动作用。产业感应度系数反映产业的前向联系程度，是指其他产业的生产发生变化使某产业的生产也发生相应变化的系数。如果某产业的感应度系数大于1，说明该产业感应程度高，容易受各产业部门影响的程度较大。在经济快速增长时，感应度系数较高的产业其发展速度一般都比较快。

根据2002年《云南投入产出表》和《中国投入产出表》，计算得到医药制造业、电子及通信设备制造业、电子计算机及办公设备制造业和仪器仪表制造业的感应度系数、影响力系数和产业关联度（见表5.7）。

表5.7 云南和全国高新技术产业的关联度

行 业		感应度系数	影响力系数	产业关联度
医药制造业	云南	1.245 3	0.915 2	1.080 3
	全国	1.345 2	1.012 2	1.178 7
电子及通信设备制造业	云南	0.892 1	1.274 6	1.083 4
	全国	1.289 1	1.574 3	1.431 7
电子计算机及办公设备制造业	云南	1.021 7	1.322 9	1.172 3
	全国	1.174 5	1.322 1	1.248 3
仪器仪表制造业	云南	0.974 3	1.379 2	1.176 8
	全国	1.046 3	1.561 3	1.303 8

资料来源：2002年《云南投入产出表》和《中国投入产出表》。

从表5.7中看出，尽管云南医药制造业、电子及通信设备制造业、电子计算机及办公设备制造业和仪器仪表制造业的产业关联度都大于1，但与全国的比较，产业关联度都小于全国平均水平。云南医药制造业后向联系的影响力系数、电子及通信设备制造业前向联系的感应度系数和仪器仪表制造业前向联系的感应度系数都还小于1。这表明云南高新技术产业的聚集性并不高，大大降低了云南高新技术产业对工业结构升级的影响。

三、云南高新技术产业的成长性特征

云南高新技术产业规模以上工业企业增加值由1999年的11.17亿元增长到了2005年的24.53亿元，年平均增长速度为10.64%，仅比同期云南全部工业增加值平均增长速度（9.17%）快1.47个百分点。若仅从云南自身角度看，云南高新技术产业的高成长性基本得到了体现。但对于高新技术产业几倍于一般工业的增长速度而言，这一增速并不能体现其高成长性。与全国的高新技术产业的平均增速相比，云南高新技术产业的各项成长指标都显得相对较慢。

云南高新技术产业产值、增加值、进出口和出口分别由1999年的31.89亿元、11.17亿元、1.13亿美元和0.39亿美元增长到了2005年的65.03亿元、24.53亿元、5.31亿美元和0.73亿美元。但云南高新技术产业产值、增加值、进出口和出口的增长速度慢于全国的增长速度，云南高新技术产业产值占全国的比重由1999年的0.39%下降到了2005年的0.23%，增加值由0.53%下降到了2005年的0.30%，进出口由0.18下降到了2005年的0.13%，出口由0.16%下降到了2005年的0.03%（见表5.8）。云南高新技术产业的高成长性表现并不突出，降低了云南高新技术产业对工业结构升级的影响。

表5.8 云南高新技术产业成长指标占全国的比重

单位:%

成长指标	1999	2000	2001	2002	2003	2004	2005
产值	0.39	0.35	0.34	0.33	0.23	0.20	0.23
增加值	0.53	0.48	0.50	0.57	0.40	0.35	0.30
进出口	0.18	0.12	0.25	0.17	0.07	0.06	0.13
出口	0.16	0.13	0.13	0.08	0.05	0.04	0.03

资料来源：科技部《中国主要科技指标数据库》。

第五节 发展高新技术产业，促进云南工业结构优化的对策建议

针对云南高新技术产业发展中存在的主要问题以及通过对云南工业结构升级的影响不足的原因分析，我们认为，通过促进云南高新技术产业推动云南工业结构优化的重点应是完善高新技术产业化机制、增强科技创新能力、推进传统产业的高技术化以及建设高新技术产业孵化器等四个方面。

一、加快高新技术产业化机制的建立和完善

高新技术产业化是一个复杂的、动态的过程，它受到多种因素的影响和制约，实现高新技术产业化的要素主要包括高新技术、人力资源等核心要素，资金等支撑要素，市场需求等动力要素，管理体制等四类推动要素。这四类要素之间是相互联系、相互影响和相互制约的，在相互作用中实现系统的整体功能，促进产业化过程的发展和良性循环。

（一）积极发展多元化的风险投融资机制

云南的高新技术产业发展较为落后，政府的支持力度不够，所提供的资金非常少。资金投入不足的问题是制约高新技术产业健康发展的瓶颈因素之一，拓宽高新技术产业融资渠道对高新技术产业化的实现是非常重要的。由于高新技术产业具有高风险性，在商业银行看来，对高新技术产业化的贷款行为往往与其追求资产流动性、安全性、收益性的经营原则相背离。这就决定了在实现高新技术产业化过程中需要一种特殊资本的支持，即风险资本。

首先，建立科技风险投资机制，借助资本市场，拓宽投融资渠道。不断加大财政对高新技术产业的支持力度，尽快在高新技术开发区所在的中心城市建立高科技风险投资基金和中小企业的创新基金。鼓励民间资本进入风险投资，鼓励社会保险机构、证券公司、各种基金会和具有资金实力的企事业单位，创办和联合创办投资公司，多渠道地为高新技术产业发展融资。

其次，科技投入以项目为重点支持，集中力量重点支持高新技术产业发展的各大领域和对符合云南发展方向的支柱产业、优势产业起关键作用的高新技术重大项目，逐步提高科技投资的使用效率。对于高新技术企业

而言，可以培植一批高新科技企业上市筹资，或利用上市公司进行资产重组，注入高技术资源再筹资，也可以选择一批科技含量高、市场前景好的项目，招商引资，广泛吸纳国内外资金，通过加大资金投入提高自身的科技创新和开发能力。

最后，政府应当搭建各类科技服务平台，包括进一步建立大型科研协作平台，科技投融资服务平台，建立网上的科研服务平台，加强科研信息化管理，同时还要营造良好的科技投融资政策环境，建立相应的保障机制和监督机制。

(二) 优化人才引进管理和培育机制

人才是知识、技术、创新能力的载体，在高新技术产业发展中起着决定性作用。在云南高素质的科技人才相对匮乏，因而要坚持培养与引进并重的原则，努力营造一种有利于人才成长和发挥才干的创新环境，建立起适应云南高新技术产业发展的人才培养、引进、流动机制，为云南高新技术产业的发展提供充足的人才储备，并成为技术创新的主要力量。

首先，加大人才的培养力度，开发多元化的创新教育。一方面，可以通过政府制订适应云南高新技术产业发展的人才培养规划，加大对大学的投资力度，并支持大学、科研院所与有条件的企业联合定向培养博士、硕士以及发展高新技术产业所需要的各类专业人才，建立博士后科研工作站；通过大力发展教育事业，特别是职业教育和高等职业教育，同时鼓励民间办学，实现多渠道地培养专业的高新技术人才。另一方面，要加快选派科技骨干和企业管理者外出培训的步伐，更新观念，丰富知识，以加快高素质人才的培养。加快教育体制改革步伐，使之适应高新技术及其产业发展对人才的要求。创办集教育培训、科技开发和实业发展三位一体的科技实业大学，形成人才和产业的互动机制。

其次，建立多渠道的人才引进机制。要以流动、柔性的方式引进智力和人才，以环境吸引人，以事业留住人，创造有利于人才施展才能的环境。实行科技经费不分地域、不分所有制择优使用制度；以开发区和企业孵化器为依托选择发展前景较好的一些重大项目，吸引东部地区和海外留学人员到云南创新、创业；通过发展云南与国内知名研究机构和著名高校的长期合作关系，力争在合作中促进智力、人才和高新技术项目的引进。同时也要建立人才储备政策，满足高新技术产业发展对人才的需求。根据云南省高新技术产业发展的需要，积极创造良好的科研、工作和生活条件，创办留学生创业园，以优惠政策吸引国内外科技人才来云南工作。

再次，制定相应的政策，完善科技人才交流、信息服务市场，提高社会化服务水平。改变以往重引进轻服务的方法，立足于云南，建立一个辐射国内外，服务于政府、企业和社会的市场化、开放性的科技信息服务体系。对云南省科技信息资源进行优化配置，集聚优势，突出重点：在昆明建立专门的科学技术图书馆，作为云南重要的科技信息采集、加工、分析研究和信息传播、传递集散地；进一步强化云南科技信息网网络服务功能，使之成为科技文献信息资源网络服务和科技创新服务的支撑平台；构建新型的现代信息与咨询服务中心。

最后，建立完善的科技人才激励机制。通过改革劳动、人事和分配制度，建立公平竞争的环境和优胜劣汰的用人机制、鼓励创新和创业的分配机制。真正落实"技术与管理作为生产要素参与分配"的政策，建立和健全知识产权管理制度，保护科技人员的权益。积极推进分配结构和分配方式改革，让技术、管理等生产要素参与分配。推行技术股、创业股、管理股制度，建立人才报酬与贡献挂钩的激励机制。引导高新技术企业确立"能力本位"的价值观念，让具有高知识水平和创新能力的科技人才享有崇高的地位。进一步提高科技人员和科技实业家的社会地位，对有突出贡献的科技人才实行重奖。

（三）建立政策法律法规保障机制

高新技术产业所涉及的法律关系是多方面的，因此确立高新技术产业法律与法规就必须考虑不同方面的要求，从不同方面来加速人们的行为规范。从高新技术产业化过程来看，它主要包括：一是基本法，如对高新技术企业的认定和审核标准，高新技术企业的权利和义务，引进和培养科技人才的规定，享有的优惠政策和待遇等。这些基本法以法律形式保证和促进高新技术产业的迅速转化和产业化。二是其他法规，如专门法、管理法、监督法和关于高新技术产业的地方性法规等。

二、加快构建区域创新体系，增强科技创新和自主开发能力

云南整体科研水平较低，科技创新和自主开发能力较弱，特别是高新技术产业创新性特征不突出是导致云南高新技术产业发展总体水平较落后的关键瓶颈。区域创新体系主要由创新主体、创新环境和行为主体之间的联系与运行机制三部分构成，其目的是推动区域内新技术或新知识的产生、流动、更新和转换。教育机构、创新创业平台、中介服务网络、制度与政策体系以及创新主体的企业集群是区域创新体系的基本要素。构建具有云南特色的区域创新体系，将有利于提升其区域竞争力，进而更好地突破瓶颈，促进云南高新技术产业的迅速发展和整体产业结构的优化升级。

（一）引导企业成为技术创新的主体

企业的整体创新能力和竞争力是区域创新能力和竞争力的综合体现。确立企业为主体的技术创新体系是建设完善、高效的区域创新体系的核心，这就需要引导企业成为科技投入的主体，不断增加研发经费的投入。建立现代企业的研究与开发中心或机构，是推动企业发展的发动机，应当不断地应用新技术、开发新产品、研究新工艺，同时聚集和培养创新创业人才，逐步形成科技创新和人才聚集的优势，不断提高创新能力和竞争力。

（二）构建高新技术开发区与高校相结合的发展模式

在世界范围内出现的许多具有重要影响的高新技术产业开发区都是依傍大学而建立和发展起来的。这些高新开发区的实践证明：高新技术开发区的产生和发展是以高等院校的人力资源供给、技术创新为基础的，高等院校是高新技术开发区的基础性条件；大学介入高新技术产业开发区的发展，能够使高等院校逐步走向社会，真正实现产、学、研一体化。高新技术开发区的发展与高等教育之间是相互作用、相互影响的。高新技术开发区与高校相结合的发展模式，要以对高等教育结构的调整作为突破口，并与高新技术产业开发区形成良性循环的一种模式，有利于实现产、学、研一体化。从云南高新技术开发区与高等院校的实际发展来看，二者之间的互动联系较少，主要体现在：一方面高新技术产业开发区还没有充分重视高校的资源；另一方面高等教育不能适应高新技术产业开发区的发展需求，在人才的培养质量、规格及其他资源的配套服务方面，都与高新技术产业开发区发展需求有相当的差距。因此，在云南发展高新技术开发区与高校相结合的模式是非常重要的。具体可以从以下三个方面努力：

一是由高新技术产业开发区确定项目和方向，增加高校的科技投入，加强高校的科研创新实力。高校不能为高新技术产业开发区的技术需求提供合适的科技成果是阻碍高校与高新技术产业开发区联合发展的薄弱环节。要建立高等院校科研风险基金，扶植高校科技成果的"中试"，建立高校科技产业发展基金，用贷款、贴息贷款的方法帮助高校解决资金周转。

二是逐步形成相应的产学研机制，不断提高高校科技成果的转化率。高校进行科研的最终目的，是把科研成果转化为现实的生产力。然而目前高校科技工作往往对市场需求不敏感，跟不上市场的变化，不能及时提供合适的科研成果。而企业往往比较重视新产品的应用，而忽视新产品的研发。要解决高校与企业的代沟，加速高校科研成果的转化，必须建立教学、科研、生产一体化的校企合作机制。

三是通过制定相应的政策措施增强企业和高校联合的积极性，如对支持高校从事基础研究、高技术研究、中大科技公关和转化科技成果等方面成效突出的企业，对与高校联合建立研究所、中试基地、工程研究中心的企业，政府有关部门应在立项、贷款、投放风险基金、减免税收等方面给予支持和优惠。

（三）加强科技中介机构建设和完善

科技中介机构是区域创新体系不可或缺的重要组成部分。当前科技中介机构规模小、能力不足，已经制约了云南的高新技术产业的进一步发展，大力发展科技中介服务已经成为一个十分紧迫的任务。应继续增加科技中介服务机构的数量，扩大服务面，重点培育和扶持一批服务专业化、发展规模化、运行规范化的科技中介服务机构，以带动行业整体水平的提升；加快培育一支具有较高专业素质的科技中介服务队伍；进一步规范技术中介市场，逐步走上法制化、规范化的道路；建立健全的技术服务中介服务网络，为其创造良好的发展环境。

三、推进传统产业的高技术化是云南高新技术产业化发展的重要领域

高新技术产业的发展对传统产业的主要作用并不是使其灭亡，而是对其进行改造，促使传统产业升级，即促进传统产业的高技术化。云南虽然有良好的地缘优势、丰富的自然资源优势和劳动力资源优势，但是其整体经济基础薄弱，难以满足高新技术产业发展对资金、技术、专业人才等生产要素的较高要求。就目前云南的工业结构状况而言，传统产业仍将是云南工业发展的主导产业，其对经济发展仍然发挥着重要作用，因而广泛地采用以信息技术为重点的高技术和先进适用技术对传统产业进行升级改造，对进一步调整云南当前的产业结构具有非常重要的现实意义。在传统产业高技术化过程中，一方面要注重高新技术对传统产业的渗透力和辐射力；另一方面，要促进高新技术产业和传统产业的相互提高、共同发展，要特别重视信息技术的应用，发挥信息化在带动和促进传统产业发展中的作用。

（一）要实现观念的转变，进一步实施市场战略

传统产业高技术化市场战略包括高新技术使用市场战略和高新技术产品使用市场战略。前者是传统产业高技术化的基础，其关键是如何选择传统产业中的重点行业、重点项目、关键产品作为应用、使用、改造高新技术提升的市场。根据传统产业高技术化的特点，可以重点对冶金、化工、

制药、机电、烟草等工业进行技术改造，提高技术装备水平，提高产业层次，延长产业链。根据高新技术和传统产业的市场特征、市场环境、企业实力，在追求整体最优目标下作出全面的平衡，协调与选择最新的思路、策略与措施。

（二）实现企业的信息化建设

企业的信息化建设用现代化信息技术为手段，将企业的知识和信息资源实现共享，从而增强企业竞争力和增加企业效益的一个动态过程。这关系到企业生死存亡，关系到传统产业能否获得新经济时代的核心竞争力，是传统企业信息化改造的关键。在对云南传统产业进行改造时，应该建立以高速数据网络为核心的企业信息基础设施，建立大型动态数据库，建立新型的工作流程生产过程，在企业建设信息网络和在生产自动化和办公智能化以及管理上广泛地应用信息技术。企业的信息化建设是对企业深层次的改造。同时，企业还要推进与信息化配套的相关制度的制定以及管理的改进，使得企业信息化的过程更有效率。

（三）建立新的传统产业高技术化发展的动力机制

动力机制问题是传统产业高技术化发展的关键，机制理顺了，只要很少的投入就可以获得较大的产出，反之，投入很多未必取得好的效果。因此，要把企业塑造成为技术创新的主体，进而成为具有现代企业制度的企业；要建立传统产业高技术化的R&D联合体；政府要制定和完善传统产业高技术化的有关支持和保护政策；建立和完善传统产业高技术化的融资机制，拓宽融资渠道，以便获得足够资本。

四、建设产业孵化器是促进高新技术产业发展的重要内容

云南自1992年建立第一个国家级高新技术园区——昆明国家高新技术产业开发区起，先后在玉溪、大理和曲靖等地建立了高新技术开发区。但是这些高新技术产业开发区产业集聚效应并不明显，结构趋同，重复建设的现象比较严重，大多为一般企业的盲目堆砌，并不是真正意义上的产业集群，因而难以形成真正的集群竞争力，没有充分发挥产业集聚的作用。云南需要进一步优化高新技术园区建设，充分发挥产业集聚作用。结合目前存在的问题以及高新技术产业水平较高地区的经验，云南开发区的建设应注意以下几点：

（一）集中力量建好几个大的开发区

云南应集中力量建好几个大的开发区，适当减少开发区的数量。云南的各类开发区虽然很多，但是大部分规模小，层次低，难以有效地发挥产

业孵化器的作用。云南本身高新技术产业发展的资源不足，资源过度分散，难以发挥规模效应。因此，云南应集中力量建设几个大的开发区，扩大这些开发区的规模，引导各类资源向这些开发区聚集。其他中小开发区可以根据其产业结构特征考虑归并为大开发区的分园区，与大开发区形成有机的产业链条，利用大开发区的发展来带动中小开发区的发展。

（二）明确开发区定位

云南不少开发区没有明确的发展定位，目标制定缺乏统筹规划，发展方向具有较大的相似性，不利于发挥自身的特色和比较优势。要改变这种局面，需要在全省范围内认真规划各地开发区的发展定位，既要体现地方的比较优势，又要注意各开发区的功能互补，避免开发区产业结构的趋同。

（三）提高开发区的产业承载能力

集中力量对主要开发区进行整体规划，完善开发区的功能结构，提高开发区的产业承载能力。进入开发区的企业更注重的是开发区的整体环境，而不仅仅是某一方面的优势。因此开发区的建设不能够仅仅针对某一目标改善某些方面的条件，应完善整体的功能结构。云南应集中力量建设几个功能完善、体制完善、管理高效的开发区。

（四）坚持理性招商

坚持理性招商，对进入企业是否符合标准严格把关。要避免有的开发区为了片面追求招商引资规模，不惜降低标准，引入低层次企业的做法，要通过严格招商，引进优质企业，使宝贵的开发区资源得到充分的利用。开发区在招商引资时一定要严格把关，宁缺毋滥，真正通过开发区建设，引进高技术企业，促进高新技术产业化的有效实现。

第六章　技术创新与云南生物产业发展

被誉为"第四次浪潮"的生物经济是以生命科学与生物技术研究开发与应用为基础，建立在生物技术产品和产业之上的经济形态，是在农业经济、工业经济、信息经济充分发展的基础上产生的一种新经济形态。自从20世纪70年代以基因工程为代表的现代生物技术取得重大突破，以现代生物技术为支撑的生物经济获得了飞速的发展，它已经对经济发展和人类进步产生巨大的推动作用。生物经济这种新的经济浪潮对于云南来说是一次全新的机会，在生物经济初见端倪之时，云南的生物技术产业应如何发展、应优先发展哪些领域或产品、采取什么样的发展模式，才能使之成为云南真正的支柱产业，避免在生物经济浪潮中再次落后，是一个必须认真予以考虑的问题。

第一节　生物经济及其发展趋势

生物经济的概念最早于2000年5月由美国管理咨询专家斯坦·戴维斯和克里斯托弗·迈耶提出[①]，但生物经济作为一种新的经济形态的出现则要更早一些，它是伴随着现代生物技术而产生和发展起来的。现代生物技术从诞生开始，就显现出其巨大的应用价值和商业前景，被迅速、广泛地运用于农业、医药、能源和环境保护等领域，这直接促成了生物经济产业。1976年，世界上第一家应用重组DNA技术来研发新药的公司（Genetech公司）建立，由此开创了生物经济产业发展的新纪元。随着以

---

① 封颖：《对我国生物经济发展战略的几点思考》，载《科学对社会的影响》，2007年第3期。

基因组研究为代表的生物科技新理论和新技术的飞速发展以及这些技术运用深度和范围的扩大,未来生物经济将表现出以下两个主要发展趋势:

一、生物技术相关产业飞速发展

生物经济时代来临的明显特征是与生物技术产业及其相关产业的飞速发展,近 10 年来,全球生物产业的销售额约每 5 年翻一番,许多国家生物产业销售额年增长率高达 25%~30%,是全球经济增长率的 10 倍左右。在 2005 年,全球公开上市的生物技术公司的营业收入达到 631 亿美元,生物技术产业已经成为新的经济增长点[1]。目前全球生物药品销售额达到 600 多亿美元,占整个医药工业药品销售额的比重从 1995 年的不到 4% 迅速提高到 11%;全球转基因农作物种植面积达到 9 000 万公顷,10 年间增长了 50 倍。全球范围内正在研制的 2 000 多种生物药物 80% 已进入临床试验,6 000 多例转基因动植物经批准正在进行试验。同时,生物制造、生物能源、生物环保等一批新兴产业正在快速形成。与此同时,基因组学的发展已经改变了生物技术商品化的内涵,基因本身即已成为具有重要商业价值的高技术产品。一个重要基因的专利转让费可达数千万美元,并且在美国相继出现了基因测序公司、基因克隆公司,其影响和规模不亚于基因工程产业。因此,美国《时代》周刊 2000 年 5 月 22 日撰文指出,我们现在正处在信息经济时代的中期,从开始到完成它大约将持续 75 年到 80 年,到 2020 年结束,接着,人们将迎来下一个经济时代:生物经济时代,生物经济将产生 10 倍于信息经济的规模。[2]

二、生物技术运用的深度和广度不断扩大

随着生物技术在越来越多的行业中发挥着越来越主要的作用,生物经济的范围和影响日益增大。目前生物技术的应用已遍及农业食品、医药卫生、化工环保、资源能源、海洋开发等各个领域,显示了它对解决人类所面临的食物、健康、资源、能源、环境等重大问题的巨大作用与潜力。未来它还将在如下领域发挥巨大作用:①农业生物技术将推动"第二次绿色革命",为消除世界"粮食鸿沟"提供技术可能;②医药生物技术推动第四次医学革命,人均寿命将进一步提高;③工业生物技术将推进"绿

---

[1] 李后卿、杨国军:《发展我国生物经济的思考》,载《生态经济》,2007 年第 9 期。
[2] 封颖:《对我国生物经济发展战略的几点思考》,载《科学对社会的影响》,2007 年第 3 期。

色制造",发展绿色GDP;④能源生物技术将使生物可再生能源替代化石能源,缓解能源短缺压力;⑤环境生物技术将为"再造秀美山川"提供技术支撑,促进循环经济发展;⑥海洋生物产业逐渐兴起,促进海洋经济的发展;⑦生物技术将在保障国家安全,防御生物恐怖威胁中发挥不可替代的作用。

第二节 世界各国生物经济的政策选择

鉴于生物经济的巨大发展潜力,世界各主要国家政府都高度重视本国生物经济的发展,越来越重视了生物经济产业在国家经济和社会发展中的重要作用和潜力,纷纷确立生物经济的战略地位,并制定了一系列优惠政策,推动生物经济的发展。

一、确立生物经济的战略地位

日本成立了以首相为首的生物技术战略会议,并于2005年颁布了《生物技术战略大纲》,详细阐述了具体的战略重点和实施计划,其中还包括了一些具体计划已经列入政府重点开发项目,如国力癌症中心及国力循环器官疾病中心旨在提高在检测解析仪器的研发以及生物信息学领域国际竞争力的针对相关疾病的蛋白质组研究计划。

印度是亚洲高科技产业取得迅速发展的国家,在软件产业获得飞速发展的同时,印度深刻地认识到生物经济所具有的巨大潜力,把生物经济作为了未来高科技产业发展的重要支点。2005年3月,印度政府公布了《国家生物技术发展战略》草案,提出了未来10年印度生物技术及产业发展的国家目标和政策措施。在人力资源开发、基础设施建设、发展生物技术产业和贸易、生物技术园和孵化器、法规建设和科学普及等方面提出了战略目标和具体的政策措施。

二、设立高规格、全局性的领导和协调机构

日本在制造业中崛起,在信息时代落后,其政府决定在生物经济时代再创辉煌,提出了"生物产业立国"战略,并将生物技术产业作为日本四大新兴产业之一,同时成立了以首相为首的"生物技术战略理事会"。印度政府成立了世界第一个生物技术部;马来西亚建立了"生物技术与产业联合会",副总统担任主席;泰国政府成立了"国家生物技术委员会",总理担任委员会主席;美国白宫和国会成立了专门生物技术委员会来领导和协调全国的生物技术产业,委员会制定生物科技发展宏观战略和规划,同时负责跟踪生物技术的发展,并研究制定相应的财政预算、管理法规以及税收政策。

三、加大对生物经济的资金支持

生物经济作为现代高科技产业,具有明显的高投入、高收益、高风险的特征。无论是前期的技术研发,还是产品生产和市场推广都需要极大的资金投入。为了解决生物经济产业高密度的资金需求,世界各国纷纷采取各种举措,建立多元化的投融资渠道,加大对生物经济的资金支持。最主要的措施是加大对基础研究的资金支持以及建立较为完善的风险投资制度。

(一)加大对技术基础研究的支持力度

生物经济是一种高度技术依赖型经济,生命科学和生物技术基础研究是维系生物经济的基本动力。欧美国家在生物经济的发展中不遗余力地加大对基础科学的研究,使得他们在生物经济领域始终保持着领先。美国是世界生物经济第一强国,同时也是世界生命科学研发的第一强国。对基础研究强有力的支持保证了美国在这一领域的领先地位。美国 2003 年生命科学与生物技术研发经费已经高达 380 亿美元,同年,美国总统布什还提出了"生物盾牌计划",拨款 60 亿美元支持生物反恐研究。美国在生命科学领域的研发投入已经占到了其基础研究总投入的 49%。其他发达国家为了在生物经济浪潮中获得先机,也纷纷加大对生物技术基础研究的投入,欧盟科技发展第六个框架计划将 46% 的研发经费用于生物技术及其相关领域。2001 年德国生物科技产业的科研经费为 12.28 亿欧元,大于其销售额,比 2000 年增加了 71%。联邦教研部对生物技术的项目经费 2004 年增加 14.5%。随着这项投资的增加,德国基因研究的经费仅次于美国。亚洲各国尽管生物技术研究起步较晚,近年来的研究投入也大幅增加。例如,日本政府 2002 年开始逐步加大了生物技术方面的研究投入,并计划今后 5 年内将科研预算增加一倍,达到 8 800 亿日元。印度政府长期以来,一直加大对生物技术研发的资金支持,2002—2003 年度的研究预算为 23.56 亿卢比,在随后的五年中预算计划中,联邦政府研究经费投入将达到 208 亿卢比。

加大基础研发的另一重要举措是吸引和增加社会资本的进入。美国政府采取了一系列优惠政策来刺激社会投资,如减免高技术产品投资税、高技术公司的公司税、财产税、工商税等。目前以大公司为代表的民间高技术研究投资总额已经超过了政府资助,在生物技术产业发展中发挥着越来越重要的作用。

(二)构建顺畅的融资渠道

由于生物经济产业具有很强的风险性,这在很大程度上阻碍了社会资本对其进行投资。为了扩大生物产业的融资渠道,鼓励风险投资已经成为了各国通行的重要举措。

第一,政府引导和鼓励风险投资进入生物经济领域。在风险投资最为发达的美国,政府通过各种政策积极引导资金投入生物产业。2003年,美国生物科技投资占美国风险投资总额的12.5%,2004年,这一比例增至13.5%,明显呈现出快速增长的态势。美国风险投资对生物产业的高投入,自然极大地促进了美国生物产业的高速发展。2002年印度最大的风险投资商ICICI风险资金管理公司宣布成立生物技术孵化基金,规模3200万美元,现在已完成多项投资。

第二,政府投资设立科技创新基金。1998年,英国财政部建立了三个用于支持生物技术等高技术中小企业的风险资本基金,这些基金提供的资本为2.4亿英镑。印度政府正在筹建一个10亿卢比的生物技术投资促进基金,由工业发展银行、生物技术部、发展银行和生物技术联盟有限公司等共同参与组建。德国联邦教研部和联邦经济技术部于2001年联合推出"面向小型技术企业的投资"计划(BTU),筹集了30亿欧元,用以满足小型技术企业创业初期的特殊需要。

四、制定和完善一系列保护和鼓励生物经济发展的法律和政策

根据生物产业的发展特点,各国利用经济的、法律的手段不断促进生物产业迅速发展。

(一)税收优惠

美国各州采取多种税收优惠手段刺激生物经济的发展:销售和使用税减免或延期,减免或允许企业延期支付购买R&D或生产资料产生的消费税或使用税,鼓励企业增加R&D投入;投资税收信贷,生物企业投资现代化生产线时的税收可以抵扣购买计算机等R&D设备时的消费税和财产税;资本所得税减免,投资者在售卖股票后继续投资生物企业上市公司至少一年,部分州允许投资者缓交投资所得税;R&D税收信贷,允许企业将其R&D费用的一定比例用于税收抵扣。

英国政府新出台的改革税制。为了鼓励风险投资,英国政府对小型高技术企业的投资减免了 20% 的公司税；同时还引入针对中小企业的研究开发税务信贷，年研究开发投入超过 5 万英镑以上的企业可以享受 150% 的研究开发费用免税；对研究开发投入很大但没有盈利的新企业，其研究开发投入的 80% 可以作为信贷累积减免税收，等企业盈利后再从利润中扣除。

（二）审批手续简化和优惠

2002 年以后美国食品药物管理局（FDA）的工作程序和方法进行了改革，加快药物的审批速度。其中对涉及生物技术产品的给予较多的手续上的简化和优惠。如，从 2002 年 10 月起 FDA 不再要求新建生物技术产品制造厂申请特别许可证，以及新药上市前对每批药物均进行检验，新药申报表也由原来的 21 种简化为 1 种，为医药生物技术产业化发展提供了宽松条件。最近，FDA 又采取新的措施，以帮助创新性医药技术更快投入应用：一是缩短医药产品待批时间及减少可避免的产品开发费用，二是提高检查过程的质量和效率，三是为特殊疾病和新技术提供最新最完整的指导。

（三）加强专利保护，鼓励技术创新

技术创新是生物经济发展的基本推动力，各国都通过加强对生物技术的专利保护力度和范围，鼓励技术创新。美国是这方面做得较为完善的国家，已经出台了《知识产权法》、《专利法》、《技术转移法》、《技术扩散法》、《合作研究法》和《商标法》等一系列法律，已经形成了较为完善的专利保护体系，对加强合作研究、鼓励技术创新起到了积极的作用。其他一些国家近年来也加大了对法规的修订或补充力度，扩大对生物技术成果的专利保护。如，印度政府于 1999 年和 2002 年对其《专利法》及有关条文作了较大幅度的修改，扩大了生物技术成果的专利保护范围，规定除对有关人类基因的生物技术成果不授予专利权外，对一般转基因动植物给予专利保护。日本最近新出台的《知识产权战略大纲》中明确提出了对生物技术相关专利的快捷审核、审核标准的国际化以及促进大学发明技术向民间转移的有关措施；明确了再生医疗领域相关技术也可以申请专利的重大举措，从专利政策角度对生物技术产业给予有利的扶持。

五、培养生物技术产业化的良好环境

各国政府（特别是发达国家）通过合作、改善基础设施等培养生物技术经济发展的良好环境，积极推进生物技术成果的产业化。

（一）促进生物经济主体的有效合作

生物经济作为一种新兴的高科技经济形态，具有高投入、高风险、高回报的技术经济特征和大研发、小生产、大营销的产业链特征。在其经济过程中需要政府、企业、研究机构等多种主体都参与到其中，单靠某一主体进行生物技术产业化的主体运作是极为困难的。因此一些生物经济发展较好的国家都非常重视促进各种主体和资源的有效整合。

美国通过下放国有研究成果，积极鼓励产、学、研合作。日本政府通过加强产、学、官之间的合作，积极地进行研究资源整合，以此来提升整体的科研开发能力；同时，通过调动大专院校等研究机构的积极性，支持研究成果的专利化及成果的利用。

印度的主要做法是建立生物技术中心和生物技术园。印度政府通过将企业、大学、研究结构集中到一个特定的区域，加强公共部门和私人经济的结合，为生物经济的发展起到产业集聚的作用。政府为生物技术园提供一系列的支持，包括：提供企业孵化的便利条件、一定期限的免税政策，制定鼓励措施，帮助企业获得风险投资等。印度的生物技术园有多种模式：政府与私人企业合作组建专门公司；地方政府与国际组织、金融机构和研究机构合作建立园区等。不管是那种模式，政府都是重要的参与方，同时发挥着启动、指导、协调、支持和促进等重要作用。印度生物技术园的建设资金一部分来自联邦政府的拨款，一部分来自地方政府和私人投资者。目前印度已建和在建的生物技术园达 14 个，已经推出了以"Bt 棉"棉种等为代表的一些成功进行商业生产的项目。

（二）改善基础设施，促进企业进入生物经济领域

一些国家十分重视生物经济的技术网络和信息等基础设施对推动生物技术成果的产业化的作用，在这方面采取了一些行之有效的举措。印度政府早在 1987 年就开始建立世界上第一个生物技术信息系统网络（BTIS），目前该网络在全国已有 61 个生物信息技术中心，这些中心分别设在大学、科研机构、原子能部、科技部等政府部门，以及联邦和各邦支持的实验室内，通过最新的计算机和通信设备与卫星通信系统实现全国联网。该网络被认为是世界上主要的科技网络之一，具备生物信息技术领域前沿的技术设施、教育力量和人力资源。这为印度近年来生物经济的蓬勃发展提供了良好的支撑条件。英国则在信息服务方面采取措施。英国 1999 年推出了为期 4 年的 BO—WISE 计划，总经费 1 300 万英镑。该计划实施主要是面向企业提供如何利用生物技术降低成本、改进质量、改善环境等方面的信息。这为英国企业尤其是中小企业进入生物经济领域提供了便利。

第三节 云南生物产业重点发展领域选择

由于生物经济的巨大发展潜力以及云南生物资源的巨大优势,生物产业被列为云南省六大支柱产业之一,是云南省重点发展的产业。然而,现代生物产业毕竟是技术、资金和人才高度依赖型的产业,以云南的经济、科技实力和人才储备来看,无法全面进军现代生物产业的各个领域,只能有选择地遴选某几个领域优先发展。根据云南省生物资源的特征以及原有的产业基础,我们认为现代医药产业、生物农业和生物能源产业是云南未来一段时间内应该优先重点发展的领域。

一、现代生物医药产业

(一) 发展前景

目前,从世界范围来看,艾滋病、SARS、霍乱等恶性传染病以及癌症、心脑血管疾病等疑难病症的发病率呈现出不断上升的趋势,这严重影响了人们对健康、长寿的追求。对于这些恶性疾病,传统医学手段和药物具有很大的局限性,而现代生物技术在治疗上述疾病具有不可替代的作用。医学界已经普遍认为基因诊断治疗、生物药物等医疗手段将是近期最具有发展前景的行业,有可能在21世纪20年代以前成为临床医学上常规治疗手段之一。

(二) 基础条件

1. 已经建立较为完善的现代医药工业体系

20世纪90年代以来,云南省医药工业通过技术创新、产品创新、管理创新,大力实施投资主体的多元化,不断进行产权制度改造,产业基础不断夯实,产业结构和产品结构有所改善,行业整体经济实力得到显著增强。初步形成了包括植物药、动物药、抗生素药、化学合成药、各种制剂以及医疗器材、药用包装材料等多门类、多品种的医药工业体系。开发出了具有云南特色的云南白药、宫血宁胶囊、篙甲醚注射液、血塞通注射液、感冒消炎片、三七总甙等名牌产品。有一些药品品种获得了国优、部优称号。可以说经过十余年的发展,云南省现代医药工业已经建立了较为完整的产业体系,具备了良好的产业基础。这为云南省现代生物医药产业的快速发展奠定了较好的条件。

2. 具有丰富的生物种质资源

云南省由于地处温带和热带的过渡地带，地形地貌复杂多变，生态环境类型的多样性十分突出，生物物种种质资源极其丰富，是我国乃至世界上生物多样性最为富集的区域之一。云南号称"植物王国"，有高等植物1.8万多种，占全国的60%以上。云南有中草药2 000多种，香料植物365种。药用植物达6 559种，占全国品种数的51%，主要药材（野生）的产量达9 156亿千克，品种和数量均居全国之首。

据有关部门最新的调查，云南省拥有中药资源6 559种，其中药用植物6 157种，药用动物372种，药用矿物30种，还有民族药1 300余种，其中云南省独有的药用资源就达1 260种。中药资源总数和药用植物种数分别为全国的51.4%和55.4%，天然药物资源的品种和数量均居全国之首。云南药用微生物资源也很丰富，仅放线菌已分离到的种属约占全世界公开报道的50%。这些宝贵的药物资源，为研究开发创新药物，形成拥有自主知识产权的新药品种，增强"云药"核心竞争力，奠定了坚实的种质基础。另外，云南省还有傣、彝、白、苗、藏等25个少数民族，长期以来，各民族都积累了丰富的防病、治病的经验，如傣药、彝药、藏药等疗效独特，全省拥有民族药1 300余种，

3. 某些产品生产已经具有一定的基础

目前，云南省多家研究机构和公司从事生物医药的研究和开发。已有10多种疫苗、基因工程药物和植物药物上市，如彝族药云南白药、苗族药灯盏花系列药已成为云南省医药产业的主导产品，这些产品中许多品种为云南特有，享有良好的声誉。其中具有一定优势和特色的是疫苗和天然药物产业。

云南是我国最早的七大生物制品研发和生产基地之一，早在1958年昆明就成立了中国最早的生物疫苗研究和生产单位——中国医学科学院医学生物研究所，该所是我国脊髓灰质炎疫苗的主要生产单位，已为全国2/3的人口提供了脊髓灰质炎疫苗。随着云南省鼓励高科技生物产业政策的引导，许多资本和研发力量进入生物医药产业，大大促进了疫苗产业的发展。如民营科技企业云南沃森生物技术有限公司，已成功开发了一批市场急需的疫苗产品，将从今年起陆续投放市场，至2008年底将有7个疫苗品种投产上市。目前，云南面向国内外市场提供的人用疫苗品种将达到10余个，疫苗产值将在3年内达到5亿人民币，5年内超过10亿人民币。云南省已经成为国内疫苗生产制造大省。

借助丰富的药用动植物资源，云南省在天然药物产业方面发展十分迅

速,目前全省已有几十家企业和研究机构从事天然药物的开发,已成功开发并占领市场的天然药物品种超过几十种。其中市场影响力较大的产品包括:

(1) 三七系列产品:云南是"三七"之乡,文山县三七产量占全国产量的52%。云南省有45个药厂进行三七药品生产,开发出70余种三七药品,其中有4个品种成为名牌医药产品。

(2) 青蒿素及蒿甲醚系列产品:包括蒿甲醚注射液、复方蒿甲醚片、蒿甲醚胶囊以及甲醚复方制剂,目前昆明制药集团股份有限公司已具有年产蒿甲醚65吨的生产能力,成为世界最大的蒿甲醚生产厂。

(3) 紫杉醇系列产品:紫杉醇是特效抗癌药品,云南是全国最早研制和生产紫杉醇产品的省份,并获得国家级二类新药证书,云南省是我国主要的紫杉醇原料树种——红豆杉生产地区,长期以来紫杉醇原料药的生产和出口都居全国首位。

(4) 灯盏花系列产品:包括灯盏花素注射液、灯盏花素片、灯盏花口服液、灯盏花冲剂、益脉康片。此外,天麻系列产品和薯芋皂素激素类产品也具有一定的特色和基础。

(三) 发展重点

根据云南省现有基础以及未来生物医药产业发展的方向,云南省生物医药产业发展重点如下:

1. 充分利用中央驻滇研究单位的技术、设备优势,提高疫苗等高新生物制剂在医药产业中的比重。充分发挥疫苗等防疫技术的研发和产品优势,研究开发抗肿瘤、抗病毒和免疫调节新药。

2. 充分利用生物种质资源优势,做大做强天然药物产业。要引进和建立天然药物筛选模型,采用现代科学技术,对疗效显著的中药复方和民族药进行二次开发,加强珍贵药用动植物引种和规模化生产技术研究,解决珍贵药用动植物培育的关键技术。

3. 充分发挥原有基础,打造一批生物保健药品品牌。云南省应该抓住全社会健康意识的增强、保健药品的市场需求增长很快的机会,充分发挥原有基础,把"绿A"螺旋藻系列产品、虫草粉系列产品等知名的保健药品做大做强,同时充分利用云南丰富的生物资源,开发打造一批新的生物保健药品品牌。

二、生物能源

(一) 发展前景

能源问题是关系到经济增长和社会可持续发展的基础性问题。随着我国经济的高速发展、城市化进程的加快以及人民生活水平的提高,我国能源需求将快速增长。据预测,到2020年我国煤炭需求将达到25亿～33亿吨标准煤,石油、天然气的消费量将分别达到4.5亿～6.1亿吨和1 450亿～1 650亿立方米。除了煤炭能基本自给,石油、天然气将更加依赖进口,届时石油和天然气的对外依存度将分别达到60%和34%。在世界能源危机日益凸现的情况下,过渡依赖能源进口,将会对国家安全造成隐患。因此,开发和利用可再生的生物质能,代替并缓解能源压力,成为能源安全中的重要战略。中国于2005年颁布了《中华人民共和国可再生能源法》,明确提出国家鼓励清洁、高效地开发利用生物质燃料,鼓励发展能源作物。在最近结束的国家中长期科技发展规划(2005—2010)中,"农林生物质能工程"被列为重大专项之列,并作为国家能源战略的重要组成部分。此外,为了履行《京都议定书》规定温室气体的减排任务,世界各国都把发展更加清洁生物质能作为一个重要手段,欧盟明确规定,到2010年,生物能源要占到能源消费量的12%。无论从保障国家能源安全的角度,还是从履行国际环境义务、促进可持续发展的角度,生物能源都有着重要意义和发展前景。

(二) 基础条件

1. 云南拥有丰富的生物能源作物资源和发展条件

开发生物能源,其实是将植物通过光合作用吸收的以葡萄糖、淀粉、油脂等物质形式存在其内部的能量,经过生物技术的加工,转变成乙醇、甲醇、甲烷、氢气等人类可利用的燃料。目前国际上正在开发的生物能源主要包括:生物酒精、生物柴油、沼气和生物油,而技术成熟、开发利用达到一定规模的主要是生物酒精和生物柴油。不管那种生物能源产品,其最为基础的一个条件就是选择并培育优良的生物能源作物。目前,生产生物柴油的主要能源作物是油料植物,生产生物酒精的主要是玉米、薯类和甘蔗等含糖植物,生产沼气的为秸秆、杂草、树叶、人畜粪便等生物质废弃物。云南可用于发展生物能源的原材料极为丰富。据统计,云南有高等植物17 000多种,有利用价值的芳香油料植物种类达200多种,其中可用于开发燃料乙醇和柴油的原料——甘蔗和油料植物极为丰富。

云南可利用的油料植物十分丰富,其中油菜子是种植面积和产量最大的。作为全国重要的油菜生产基地,目前种植油菜面积约15万公顷,年产油料33万吨,其中罗平年产油菜子近3万吨,是全国31个生产基地之一。根据《云南省种植业优势产业发展实施规划》,"十一五"末,全省油菜种植面积将发展到400万亩,平均亩产125公斤以上,总产量将达50万吨。由于自然条件的优势,云南可以反季节种植油菜。全省适宜种植油菜的土地面积有上百万公顷,为扩大油菜种植,发展生物柴油产业提供了可能。

除油菜资源外,橡胶籽和膏桐籽也是云南具有开发可能性的木本油料资源。膏桐是生物质能富集的树种,不仅出油率高(膏桐籽平均1吨可以生产生物柴油约400公斤),而且油质性能较高。云南干热河谷地区是中国最适膏桐树生长的地区,其干果产量和含油量与国内其他地区的相比具有明显的"双高"优势。目前膏桐在楚雄、大理和红河等地区有较大面积的分布和种植。云南现有胶林400万亩,年产橡胶籽约16万吨,产油约3.2万吨,是目前云南最大的可实现产业化供应的木本油料资源,但目前仍处于闲置状态。除此之外,蓖麻、橡胶、乌桕、光皮树、黄连木等高产油植物在全省许多地区都有分布和种植。

云南甘蔗种植面积近30万公顷,是全国第二大蔗糖生产基地,蔗糖产业以年均11.6%的增幅快速发展,已成为仅次于两烟的第二大农产品加工产业。根据云南糖协的数据,2005/2006甘蔗榨季,全省甘蔗产量为1 200万吨,形成了德宏、临沧、保山、普洱和版纳5大生产基地。

2. 有一定的研发基础

近年来,云南省针对生物能源进行了广泛的研发,涉及国家863计划、国家科技攻关项目、国家自然科学基金、农业部和云南省各类基础研究及应用研究项目20多项,研发经费超过1 000万元。这些项目产生了许多实用性的成果,实现了产业化开发,如云南省自然科学基金资助项目"应用水解酶提高沼气发酵产气率"研究项目,成功地开发了沼气发酵生物活性添加剂,运用于商品化沼气生产。一些研究成果达到了国际先进水平,获得了国际大奖,如云南大学研究的生物柴油项目研究成果于2007年获得了"巴黎国际发明展"金奖。近几年来,云南省在生物能源研究、开发和利用领域已经获得成果10余项,发表专利5项,实用新型和外观专利30余项,已转让和实现产业化成果或专利10余项[1],这为云南开展

---

[1] 张无敌、丁琨:《云南生物质能的开发利用现状与未来前景分析》,载《可再生能源》,2005年第6期,第78-81页。

生物能源产业化生产奠定了良好的基础。

3. 有一批较为成熟的项目

由于能源短缺日益严重，云南省政府相关部门意识到生物能源开发的紧迫性和广阔的前景，引导和组织企业开展了一系列前期项目，为大规模生物能源开发奠定了良好的基础。云南省于2006年全面启动了以膏桐为主的生物质能源林建设，计划在十年内营建生物质能源林1 000万亩，全面推广种植以膏桐等为主的木本油料植物。云南林业部门在2007年内还要在完成以膏桐为主的生物质能源林种质资源和土地资源调查的基础上，将1 000万亩膏桐种植土地落实到各州市，并指导完成州市林木生物质能源林规划，按计划完成膏桐优质种源收集筛选及推广工作，加快4个膏桐良种繁育基地建设。据统计，云南省已经动用了5 500多万元财政资金来启动膏桐种植基地建设和膏桐能源化的相关科研工作。同时，中国能源巨头中石油公司也投巨资在云南打造生物能源基地，根据中石油2006年与云南省政府签订了生物质能源战略合作协议，近期中石油将投资500万元，建设40万亩的膏桐种植基地。除此之外，云南省省内的红河阳光生物质能源有限公司和云南神宇新能源有限公司以及来自四川、北京和英国的多个企业已经介入云南省膏桐能源化领域。膏桐生物柴油产业已经进入实质化开发阶段。

（三）发展重点

（1）充分利用国际油价高位上涨的时机，快速推进生物柴油产业化。云南省要利用好油价较高、社会资金和技术加速进入生物柴油领域的有利时机，把生物柴油产业打造成为云南省生物经济中新的增长点。目前要做好能源原料林基地建设和各种相关规范工作，同时要积极做好生物柴油提炼、加工等后续产业项目引进工作。

（2）加大沼气开发力度，解决农村能源问题。利用各种项目和资金渠道，发展农村沼气，在条件具备的地区进行规模化和商品化的沼气生产。

（3）在确保粮食安全的情况下适度发展燃料酒精。由于玉米等生产燃料酒精的原料也是确保粮食安全的主要作物，大量发展燃料酒精可能会导致某些粮食产品的短缺，影响粮食安全，加上云南山多地少的省情，云南应该适度发展燃料酒精产业，优先鼓励使用其他产业废弃物和副产物进行生产，适度控制以玉米等粮食为原料的燃料酒精生产。

三、生物农业

（一）需求和发展前景

目前，我国农业和农村经济已经进入了以"高效、高产、优质、生态、安全"为目标的新阶段，农业产业发展的主要推动因素，已经从依赖联产承包制等制度转向为依赖科技进步，农业科技革命成为农业产业发展和提升农产业竞争力的一个新的增长点。在新一轮农业科技革命中生物技术的开发和运用是主要的内容。实践也证明转基因作物、生物农药、生物化肥等生物农业技术的运用，已经成为了扩大粮食增长和解决粮食安全、农业环境污染等问题行之有效的手段。云南作为我国西部欠发达的地区，农业仍然是最为重要的经济产业，农业经济仍然是云南70%以上的人口赖以生存的主要经济来源，农业产业的发展状况将直接影响到云南社会经济的发展水平。目前，云南农业存在着以下几个主要问题：①随着城市化进程的加速，大量耕地被征用，粮食总产量和人均占有量下降，区域人口粮食安全问题日益严重；②农业生产过度依赖化学农药和肥料，农业污染和农产品有害物质残留日益严重；③农业生产力水平低、农产品深加工能力弱，农业整体效益差；④花卉、烟草产业等云南省农产业中的重点产业的发展已经无法继续依赖资源、气候等优势，必须推进产业升级。这些云南农业发展中的关键性的问题的解决都必须依靠生物技术的运用。

（二）基础条件

1. 一些现代农业生物技术已经运用和推广，取得了良好的效益

培育高产优质品种是生物技术在农业中最重要的运用之一。云南省在运用传统的杂交技术和现代基因工程技术在培育高产优质品种上具有很多成功的实践和经验。云南大学和云南省农科院共同进行了"应用ADP葡萄糖焦磷酸酶基因提高水稻产量的研究"，建立起了与国际同步的水稻转基因技术体系，并获得了有较好增产能力的新品种。通过这项研究获得的转"ADP焦磷酸酶基因——合系38和42"水稻材料，经田间试验证明，分别比原高产材料增产11.10%和6.53%。这两个材料经三年六代的选育，性状基因稳定，尤其转基因合系38中抗稻瘟病性状明显提高，两个材料都显示出极好的推广应用前景。云南省农科院生物研究所和种子研究所通过现代生物技术率先在国内育成了H166、H165、油花3号等多个花培甘蓝型优质油菜新品种。目前，这些花培油菜新品种已占云南省秋播甘蓝型油菜面积的80%以上，为云南省油菜产量增收和品质提高作出了重要贡献，此外，马铃薯脱毒快繁及良种繁育技术也得到广泛应用，在全省推广800余万亩，产量平均增幅达25%以上。

在花卉和烟草等云南省传统优势产业中生物技术也得到了一定的运用，对于这些产业的升级和进步起到了经济意义。花卉产业是云南农产业中的优势产业，随着云南省花卉产业的发展，花卉新品种研发滞后，日渐成为制约花卉产业可持续发展的"瓶颈"。为此，云南省把加快花卉新品种研发及野生花卉驯化作为做大做强花卉产业的重要措施来抓，运用现代生物技术培育出了一批有自主知识产权、高品质的花卉新品种，多个品种获得国家专利，并顺利进入中国香港、日本等市场，扩大了销量。在烟草种植中，主要是利用微生物对烟草进行生物防治和提高肥料利用率。云南省烟草科学研究院开展的烟草根结线虫病生物防治研究，分离和筛选出3种食线虫高效菌株，在此基础上研究出两种生防制剂IP和VC10及大量生产两种防制剂的技术，经盆栽和田间小区试验及大田示范，两种制剂对根结线虫防效显著，防效为70.40%，略优于化学药剂克线磷，但安全、可靠、无毒、无副作用，取得了较好的经济和生态效益。同时，通过筛选出综合性状好的两个优良VA菌根菌种接种到烟草根部可显著促进烟草对磷的吸收和利用，节约一半的磷肥用量，并提高烟株抗旱能力。田间试验示范结果表明，能提高单产10.7%，亩产值增加5.37%，取得了较好的经济和生态效益。

2. 生物农药开发和运用取得主要进展

无公害生物农药研制开发是全世界普遍重视的课题，对云南省社会经济的可持续发展也有着重要意义，目前研发和推广方面已经获得一些突破性进展。其中最为成功的是新型植物农药印楝素的开发和运用。印楝素是从印楝树种里提取的一种生物杀虫剂，可防治200多种农、林、仓储和卫生害虫，是世界公认的广谱、高效、低毒、易降解、无残留的杀虫剂。目前全世界已有近20个国家对印楝树进行研究、开发和利用。我国云南、广东和海南省均适宜种植印楝，而云南已成为目前世界人工种植印楝纯林面积最大的地区，是我国印楝生物农药原料的潜在中心产区。在此基础上，云南中科生物产业有限公司以中科院上海昆虫研究所、昆明植物研究所和云南大学为技术依托，以云南、深圳、海南多家公司为资金支持，在我国首次实现印楝素、昆虫信息素生物农药的产业化生产，已从印楝种子中分离和完成化学结构的印楝素类化合物达16个，其中有4个是国外尚未发现的新物质，已生产出0.3%印楝素乳油、70%印楝油制剂、10%印楝素原药及各类昆虫信息素诱芯等产品，年生产能力已达0.3%印楝素乳油67万立升、印楝油250吨、诱捕器150万套、诱芯3 000万只。2006

年以来,他们又分别在甘蓝、苹果、西瓜、西红柿、菜豆等作物上的害虫防治上进行了3 000多亩田间实验,防治效果均在85%以上,并在全国无公害农作物基地——云南省元谋县大规模应用,取得了良好的效果。

(三) 发展重点

1. 推进生物农药规模化生产,逐步取代化学农药。充分利用云南已经有一定基础的印楝产业,加大印楝素的规模化生产,积极运用印楝素开发多种类型的生物农药,此外对微生物杀虫剂等一些已经大田试验成功的新型生物农药要加快规模化推广的速度。

2. 加大生物肥料的研发力度,逐步推进规模化生产。尽管云南生物肥料的基础还比较薄弱,但由于生物肥料的使用对减轻农业环境污染、降低农产品有害物质残留以及提高农产品品质和效益具有十分重要的意义,云南省应该加大生物肥料的研发和推广力度,逐步推进规模化生产,取代化学农药,形成生物农药使用率上升、化学农药使用率下降的局面。

3. 继续积极研发并大规模推广转基因优良作物品种。对于已经研制成功的优良的水稻、玉米、油菜等重要作物品种,要扩大推广范围,推进商品化生产;与此同时继续积极研制适合云南省高寒、干热河谷、干旱等极端环境条件地区的新型品种。

第四节 云南生物经济发展的主要制约因素

现代生物医药产业、生物能源产业、生物农业是云南省生物经济中具有一定优势和潜力的领域,这些优势和潜力的发挥有赖于与之相适应的良好的政策、技术等环境。与国际和国内相比,云南的生物经济还处于起步阶段,范围和层次还比较低,生物经济对产业升级和发展的潜在推动作用还没有很好的发挥出来,这与云南省长期以来形成的科技投入低、高层次科技人才不足、科技服务体系缺失等因素有着密切关系。

一、投资渠道单一,科技投入较少

必要的研发资金投入是加快高科技及其产业发展的基本条件之一,对于现代生物技术的研究更是如此。现代生物技术是一项高新科技,对研究设备和研究人员的要求十分高,同时由于研究成果具有较高的不确定性,其研发所需费用十分高昂,通常一个优良基因的筛选、提取、克隆及成功转移的研究费用就需要上千万元,甚至上亿元,因此,充足的资金投入是十分重要的。目前云南省现代生物技术研究的投资渠道仍然较为单一，政府投入基本上是唯一的资金来源渠道。这主要是由于以下两种原因造成的。其一，生物经济大多是一种高投入、高风险、高收益的产业，多数社会投资者是无法承受生物经济前期的技术研发费用以及开发过程中不确定性带来的巨大风险；此外某些生物技术具有不同程度的公共产品的性质，比如农业生物技术，而企业对具有公共产品特性的技术是不愿投资的，因此，也限制了社会资金对这些领域的投入。其二，云南省大多数企业由于自身实力有限，无力进行研发投资。表6.1中的数据是云南省大中型企业技术开发经费占产品销售收入的比重。可以看出从1990年开始，云南省大中型企业技术开发经费占产品销售收入的比重在不断下降。2005年降到了0.4%，而全国的平均水平为0.8%，云南仅为全国平均水平的一半。

表6.1 云南省大中型企业技术开发经费占产品销售收入的比重

年份	1990	1993	1995	1997	2005
比重（%）	0.89	0.75	0.58	0.54	0.4

资料来源：历年中国科技统计年鉴。

表6.2 2006年部分省市R&D经费投入情况

地区	云南	北京	上海	江苏	广东	四川	全国
R&D经费（亿元）	20.92	432.99	258.84	346.07	313.04	107.84	3 003.1
占GDP比重（%）	0.56	5.5	2.5	1.6	1.19	1.25	1.402

数据来源：科技部。

表6.3 2001—2003年863计划生物领域立项课题及经费

所属地区	课题数（个）	比例（%）	经费数（万元）	比例（%）
总计	578	100	103 406.5	100
北京	266	46.02	48 708	47.1
上海	115	19.9	22 868	22.11

续 表

所属地区	课题数（个）	比例（%）	经费数（万元）	比例（%）
湖北	33	5.71	7 812	7.55
广东	28	4.84	3 170	3.07
江苏	22	3.81	3 632	3.51
陕西	15	2.6	3 731	3.61
四川	15	2.6	2 609.5	2.52
浙江	11	1.9	686	0.66
安徽	10	1.73	1 309	1.27
湖南	9	1.56	1 553	1.48
广西	7	1.21	1 044	1.01
黑龙江	7	1.21	867	0.84
天津	6	1.04	1 969	1.9
吉林	4	0.69	465	0.45
山东	6	0.69	471	0.46
重庆	4	0.69	408	0.39
辽宁	4	0.69	607	0.59
福建	3	0.52	180	0.17
海南	3	0.52	195	0.19
云南	3	0.52	327	0.32
河南	2	0.35	196	0.19
山西	2	0.35	180	0.17
甘肃	1	0.17	105	0.1
贵州	1	0.17	50	0.05
河北	1	0.17	72	0.07
宁夏	1	0.17	180	0.17
新疆	1	0.17	30	0.03

数据来源：王宏广主编：《发展生物技术 引领生物经济》，中国医药科技出版社2005年版，第450-451页。

投资主体的单一，造成了云南省生物技术研发只能依赖于政府的公共科技投入。由于云南省经济发展的滞后，经济总量仍然较小，尽管政府已经加大了科研经费的投入，仍然难以满足农业生物技术研发和农业生物技术产业的发展。表6.2是云南省和部分省市R&D经费投入情况。与国内其他省市相比较，2006年云南省R&D经费投入，无论绝对数还是占GDP的比重都不及东部地区。东部省市投入的R&D经费基本上都是云南的10倍以上，占GDP的比重也是云南的2倍以上。即使是与云南同属西部地区的四川，R&D经费投入也是云南的5倍多。云南R&D经费的投入总量及占GDP的比重远远低于全国平均水平，与发达国家相比差距更大。目前，美国R&D经费的投入占国内生产总值的2.6%，日本占2.87%，德国占2.58%，英国占2.08%，法国占2.42%。在云南省自身投入不足的情况下，如果能从国家层面获得研发资助，也将是大有裨益的，然而"十五"期间，国家"863"计划、攻关计划、重大基础研究计划、自然科学基金在生物技术与生命科学领域的年经费投入合计约为几亿元人民币，尚不及国外1家大公司1年的研发投入，云南省获得的资助就更少了。表6.3是2001—2003年我国863计划生物领域立项课题及经费情况，3年间云南获得863计划立项项目3项，经费327万元，分别占总数的0.52%和0.32%，位列全国各省的后列。研发资金的严重短缺，极大地限制了云南生物技术的提高和发展，使得一大批有着极高运用价值的生物技术无法研发和推广，大大限制了现代生物技术产业对云南省社会经济应有的推动作用。

二、研发力量较弱且较为分散，针对性研究成果较少

生物经济赖以发展的生物技术是一项新兴的科技，国际上最早的研究和运用始于20世纪80年代，我国则是从90年代初期才开始研究，云南省开始的时间更晚，因此研发力量十分单薄。云南省现有的生物技术的研发力量主要散布在昆明植物研究所、昆明动物研究所、云南大学、云南农业大学、云南农业科学院等研究单位的一些部门中，而且大多数是"半路出家"，是从农学、林学、生物学等学科转向生物技术的研发，研究层次普遍不是很高。另外各个研究单位的研究条件也是参差不齐，经调查，除中科院研究所、部分高校和省农科院生物技术研究所、省畜牧兽医科学研究所拥有国家级或省级重点实验室，拥有一批较先进的科研仪器设备外，多数科研所的科研手段落后，仪器设备不足，有的甚至仍停留在"一把尺子一杆秤"的水平。由于缺乏必要的科研设备，许多科研工作无法开展,并且在申报国家资助时也缺乏竞争力。而有的科研工作不得不到外地开展合作,这虽然可以充分利用别人的资源,但一方面受制于人,一方面也增加了科技工作的成本。在较大程度上影响了云南省生物技术研究水平和研究成果质量的提高。另外云南省目前开展的不少生物技术研发项目还具有很强的模仿性,针对性研究成果还较少。尽管向国内外高水平的研究项目学习、模仿也是迅速提高云南省研发能力的捷径,但是往往会陷入低水平的重复研究之中。比如在现代农业生物技术的研发中,很多研究成果都要运用到大田农业生产中,大田中的农业生产对于气候、土壤、光照、降水等环境条件有着特异性的要求,往往培育出来的适合某一地区的优良品种,在另一地区优良性状就不能表现。所以基于云南省气候环境特征,有针对性的研究是十分重要的,但这方面正是云南省所缺乏的。这不仅使云南省有限的农业生物技术研发投资没有产生最大的效益,也使得研发成果对农业生产的促进作用大打折扣。

三、从业者素质有待提高

美国发展经济学家舒尔茨认为,经济发展主要取决于劳动者的素质,没有世界上一流的产业工人,也就没有一流的产业。事实的确如此,现代生物产业越来越成为高度依赖科技和知识的产业,只有有了大批高素质的从业者,才有可能使科技对产业进步的潜力最大限度的发挥出来。而现代生物技术产业作为一项新兴的高科技产业,它对从业者的整体素质的要求是十分高的。目前云南省从业者的素质显然是无法满足现代生物技术产业发展的需要的。云南省劳动者的文化素质较低,远远落后于全国平均水平。2005年,云南省每百人中,小学文化程度及小学以下文化程度的占65.50人,比全国各地区平均数的43.65人多出21.85人;其中文盲与半文盲人数比全国平均水平多8.97人;而高素质的人口比例与全国差距更大,云南每百人中大专以上受教育的仅为3.37人,仅为全国平均水平的60.6%。这样的劳动力素质水平对于需要一定知识和技能才能掌握的与现代高技术产业相适应的生产方式是有一定差距的。

四、缺乏有效的科技服务体系

以现代生物技术为支撑的生物经济产业是技术高度依赖型的产业,它要求的是一种专业化程度高、科技含量高的生产经营模式,从技术研发到最终产业化生产整个过程中都需要科技支撑。从目前来看,云南生物经济产业的主体还是中小企业,这些单个的经营者和小规模公司的科技能力是十分有限的，这在一定程度上限制了现代生物技术的运用效果。因此如何更加有效地向中小规模经营者提供科技服务，使得现代生物技术对产业的促进作用尽可能多地发挥出来，将是十分关键和重要的。但目前云南省科技服务体系十分薄弱，社会化的科技服务体系还没有建立。科技服务还主要是由计划经济时代建立的科技推广机构完成，其"官办"、"半官办"的色彩很浓。由于政府在职能转变时没有把应该转移给科技服务机构的职能进行彻底转移，致使科技服务机构在履行自己职能时既未到位，又受到政府部门制约。一些科技服务机构没有明确的市场定位，主要依靠政府为其提供项目，缺乏市场意识、竞争意识和服务意识，对其组织性质、发展方向、主体业务等问题缺乏系统研究，导致科技服务作用未能有效发挥，难以适应市场需求。此外，云南省长期以来形成了科技研发与产业经营相分离的情况，甚至出现研发的目的不是为了解决实际生产经营中问题的奇怪现象。这造成科研与生产的严重脱节，造成科研偏向重视科研成果的学术水平和技术的先进性，忽视研究成果在生产中应用的可行性和经济上的有利性。而且随着经济体制的改革，政府机构的调整，隶属于政府的技术推广机构日益萎缩，推广经费越发显得不足。因此生物经济的健康发展迫切需要建立与生产经营紧密联系的社会化的科技服务体系。目前云南省针对中小企业的科技服务公司还很少，这远远不能满足生物经济经营者，尤其是中小经营者运用生物技术进行生产的科技支持需求，制约了生物技术在全省的运用效益的提高。

第七章 技术创新与云南产业生态环境

经济发展是社会物质资料生产和再生产的运动过程,是人类和自然之间进行物质交换的运动过程。社会物质资料再生产运动的不断进行,人类不断占有自然物质的有用形态,同时不断将废弃物和排泄物返回自然环境。这种相关联系把生态系统和经济系统耦合成为生态经济有机整体。

第一节 云南生态足迹研究

我们采用定量生态足迹分析方法对云南省 1995—2005 年的生态足迹动态变化进行计算,研究云南省自然资源的利用状况、经济系统对生态系统的压力,发现云南省经济发展过程中生态承载力及资源利用强度的变化,探讨影响这一过程的因素。

一、生态足迹研究理论与研究方法

1990 年以来,出现了许多基于经济学和系统学的评价方法和模型,它们力求通过定量分析自然资源消耗对人类福利的影响。加拿大学者 Rees 和 Wackernagel 1992 年提出的生态足迹模型,是一种以土地为度量单位评价人类经济活动对生态环境影响程度的方法。

(一) 生态足迹理论

生态足迹是一个简单的易于理解的指数,它通过计算维持现在的生活方式所需要的土地,表明社会活动对环境的影响。将一个地区或国家的资源、能源消费同自己所拥有的生态承载力进行比较,判断一个国家或地区的发展是否在生态承载力范围内,经济发展是否具有生态安全性。

生态足迹的分析方法是基于这样的一个思路:人类的任何经济活动都

要与生态圈进行新陈代谢的交换,人们要从生态圈获取生存和发展所需要的产品和服务(这些产品和服务直接或间接地来自于生态圈),并且要把自身的一切废物(包括生产和生活两部分)排放到生态圈中,对生态圈的这些索取与污染给自然生态系统造成了一定的压力。只要人类对自然的压力处于地球生态系统的承载力范围内,地球生态系统就是安全的,是可持续发展的;反之,就是非可持续发展的。

(二)生态足迹分析方法

生态足迹是通过生物生产性土地来计算的。所谓生物生产性土地也称生态生产性土地,是指具有生态生产能力的土地或水体。在生态足迹指标计算中,各种资源和能源消费项目被折算为生物生产性土地。生态足迹的计算主要考虑如下6种类型:化石能源地(fossil energy land)、可耕地(arable land)、林地(forest)、草场(pasture)、建筑用地(built-up areas)和海洋(sea)。将这6类具有不同生态生产力的生物生产面积加权求和即为生态足迹。生态足迹的计算单位是 ghm^2(global hectare),即"全球性公顷",表示每一公顷具有的全球平均产量生产力空间。

根据云南省经济发展的具体情况,生态足迹的计量分析方法可以分为五个步骤:

第一步,计算各主要消费项目的人均年消费量值。

(1)消费项目的确定。

计算生态足迹的过程中不可能包含所有的消费品种类、废物类型和生态系统功能。一般把消费分为食物、住房、交通、消费物资等。根据分析的需要,我们把各消费项目主要分为生物资源部分和能源资源部分。

(2)计算区域第 i 种消费项目年消费总量。

$$消费 = 产出 + 进口 - 出口$$

即

$$C_i \times N = P_i + I_i - E_i$$

式中,C_i 为第 i 种消费项目的人均消费量;N 为人口数;P_i 为第 i 种消费项目的年生产量;I_i 为第 i 种消费项目年进口量;E_i 为第 i 种消费项目的年出口量。

(3)计算第 i 种消费项目的人均年消费量值(C_i,kg)。

第二步,计算生产各种消费项目人均占用的生态生产性土地面积。

利用生产力数据,将各项消费资源或产品的消费折算为实际生态生产性土地的面积,即实际生态足迹的各项组分。设生产第 i 项消费项目人均占用的实际生物生产面积为 A_i(hm^2/人),其计算公式如下:

$$A_i = C_i / Y_i$$

式中，Y_i 为相应的生物生产性土地生产第 i 项消费项目的年平均生产力（kg/hm^2）。

第三步，计算生态足迹。

（1）汇总生产各种消费项目人均占用的各类生态生产性土地，即生态足迹组分。

（2）计算均衡因子（γ_i）

由于 6 类生态生产性土地的生态生产力是存在差异的，均衡因子是不同类型的生态生产性土地转化为在生态生产力上等价的系数。其计算公式为：

某类生态生产性土地均衡因子 =
$$\frac{某一区域或全球该类生态生产性土地的平均生态生产力}{某一地区或全球所有该类型生态生产性土地的平均生态生产力}$$

（3）计算生态足迹（EF）

$$EF = N \times ef = N \times \gamma_j \sum_{i=1}^{n} a_i = N \times \gamma_j \sum_{i=1}^{n} (C_i/Y_i)$$
$$(i = 1, 2, 3, \cdots, n; j = 1, 2, \cdots, 6)$$

式中，EF 为总的生态足迹；ef 为人均生态足迹；N 为人口数；a_i 为第 i 种物质人均占用的生物生产面积；C_i 为第 i 种物质的人均消费量；Y_i 为第 i 种物质的平均生产能力；γ_i 为均衡因子；i 为消费商品和投入的类型；j 为生物生产面积类型。

第四步，计算生态承载力（EC）。

$$EC = N \times ec = N \times \sum_{j=1}^{6} a_j \times \gamma_j \times y_j \quad (j = 1, 2, 3, 4, 5, 6)$$

式中，EC 为区域总的生态承载力（万 ghm^2）；ec 为人均生态承载力；N 为人口数；j 为生物生产面积类型；a_j 为人均实际占有的生物生产面积，γ_j 为均衡因子，y_j 为产量因子。

第五步，计算生态赤字（ED）与生态盈余（ES）。

$$ED = EF - EC \quad (EF > EC)$$
$$ES = EF - EC \quad (EF \leq EC)$$

二、云南 1995—2005 年生态足迹分析

运用上述方法并结合云南省的实际经济情况计算云南省 1995—2005 年的生态足迹指数如下：

（一）云南省消费资源账户

为了简化计算，我们把云南省各消费项目主要分为生物资源部分和能

源资源部分。生物资源部分，我们采用联合国粮农组织1993年有关生物资源的世界平均产量资料，将云南省各年份的消费转化为提供这类消费需要的生物生产面积（表7.1）。

表7.1 云南省生物资源账户

项　目	全球平均产量 kg/hm²	均衡因子	生产土地类型
粮食	2 744	2.9	
耕地			
蔬菜	18 000	2.9	耕地
水果	18 000	2.9	耕地
薯类	12 607	2.9	耕地
棉花	1 000	2.9	耕地
麻类	1 500	2.9	耕地
烟叶	1 548	2.9	耕地
茶叶	998	2.9	耕地
桑蚕	992	2.9	耕地
油脂类	1 856	2.9	耕地
食糖	490	2.9	耕地
酒	13 720	2.9	耕地
猪肉	74	0.6	草地
牛羊肉	33	0.6	草地
蛋类	400	0.6	草地
奶类	502	0.6	草地
绵羊毛	15	0.6	草地
山羊毛	15	0.6	草地
羊绒	15	0.6	草地
水产品	29	0.2	水域
木材	3 000	1.1	林地

云南省的能源账户部分可以分为以下几种：煤炭、焦炭、原油、燃料

油、汽油、柴油、电力。计算生态足迹时将能源消费转化为化石燃料生产土地面积。数据采用世界上单位化石燃料的生产土地面积平均发热量为标准,将耕地能源消费所消耗的热量折算成化石燃料土地面积(表7.2)。

表7.2 云南省能源账户

燃料类型	全球平均能源足迹(GJ/hm²)	折算系数(GJ/t)	均衡因子	生产土地类型
原煤	55	20.934	1.1	化石能源用地
洗精煤	55	20.934	1.1	化石能源用地
焦煤	55	28.47	1.1	化石能源用地
汽油	93	43.124	1.1	化石能源用地
煤油	93	43.124	1.1	化石能源用地
柴油	93	42.705	1.1	化石能源用地
燃料油	71	50.2	1.1	化石能源用地
液化石油气	93	16.329	1.1	化石能源用地
电力	1 000	0.008 3	2.9	建筑用地
热力	1 000	29.344	2.9	建筑用地

(二)云南省1995—2005年人均生态足迹动态变化

根据云南省的生物资源账户和能源账户,结合前述生态足迹的计算方法,我们将云南省经济活动资源消耗转换为生物生产土地面积,再根据均衡因子计算云南省人均生态足迹。

表7.3 云南省1995-2005年人均生态足迹动态变化表

ghm²/cap

年份	耕地	林地	草地	水域	建筑用地	化石燃料	人均足迹
1995	0.148 437	0.037 203	0.759 761	0.073 055	0.000 234	0.187 744	1.149 055
1996	0.154 934	0.044 507	0.828 604	0.087 107	0.000 709	0.200 236	1.235 166
1997	0.158 592	0.047 817	0.914 036	0.100 245	0.000 673	0.256 893	1.365 520
1998	0.159 344	0.047 773	1.005 726	0.155 260	0.000 652	0.252 005	1.428 231
1999	0.164 879	0.047 258	1.080 735	0.127 810	0.000 703	0.233 370	1.462 882
2000	0.169 877	0.047 286	1.201 365	0.135 150	0.000 439	0.210 094	1.524 883
2001	0.170 526	0.047 250	1.208 570	0.144 964	0.000 792	0.237 300	1.563 962
2002	0.185 251	0.046 602	1.284 811	0.153 304	0.000 871	0.236 094	1.652 267
2003	0.183 860	0.046 713	1.370 246	0.161 005	0.000 877	0.278 945	1.748 310
2004	0.183 966	0.046 724	1.390 235	0.170 010	0.000 891	0.279 002	1.762 527
2005	0.183 989	0.046 943	1.400 000	0.182 089	0.000 921	0.287 320	1.780 346
平均值	0.169 423	0.046 007	1.131 281	0.135 454	0.000 706	0.241 728	1.515 741

资料来源:《云南省统计年鉴1996—2006》。

从1995年到2005年间,云南省人均生态足迹逐年上升,由1995年的1.149ghm²升到2005年的1.780ghm²,净增值0.631 ghm²,平均年增长0.046 ghm²,属于人均生态足迹的快速增长阶段。人均足迹的增长一方面反映了云南省经济的发展,消费各种生物产品、农业资源和享有各类服务的绝对量增加;另一方面也反映出对环境的压力在不断加大。

人均生态足迹可以反映一个地区经济发展的资源消耗强度,生态足迹越大,资源利用越多。广东省是我国东南沿海的发达省份,是全国经济第一大省,为我国经济发展作出了显著的贡献。我们将云南省的人均生态足迹与广东省进行比较,以衡量云南经济发展的资源消耗是否适当。

从表7.4和图7.1我们可以看出,大部分年份广东省人均生态足迹高于云南省人均生态足迹,但是云南省与广东省的人均生态足迹差距越来越小,并且云南省在2002年和2004年人均生态足迹分别高出广东省0.038 ghm²和0.011ghm²。从1995—2004年多年平均值看,云南省的平均人均生态足迹为 1.496 ghm²，广东省的平均人均生态足迹是 1.611ghm²，仅高出云南省 7.68%。而同期云南省的人均 GDP 为 5 623.43 元，广东省的人均 GDP 为 15 961.14 元，几乎是云南省人均 GDP 的 3 倍。这说明云南省较高的资源消耗并没有带来较快的经济发展。

此外值得注意的事，云南省的人均生态足迹年平均增长率为 3.4%，而广东省的人均生态足迹年平均增长率为 2.1%。这说明伴随经济的增长，云南省的资源消耗增长率快于经济发达省份，甚至在最近几年经济发展的资源消耗绝对量已经超过了经济发达省份，区域内的经济生产活动对生态系统造成了很大的压力。

表 7.4　云南省与广东省历年人均生态足迹比较表

ghm²/cap

年份	1995	1996	1997	1998	1999	2000	2001	2002	2003	2004	平均值
云南	1.150	1.240	1.370	1.420	1.460	1.520	1.560	1.690	1.750	1.800	1.496
广东	1.162	1.599	1.599	1.586	1.596	1.582	1.655	1.652	1.887	1.789	1.611

资料来源：云南省的人均生态足迹根据表 7.3 整理得到；广东省的人均生态足迹摘自唐金利《基于生态足迹模型的广东省可持续发展研究》[M]，2006。

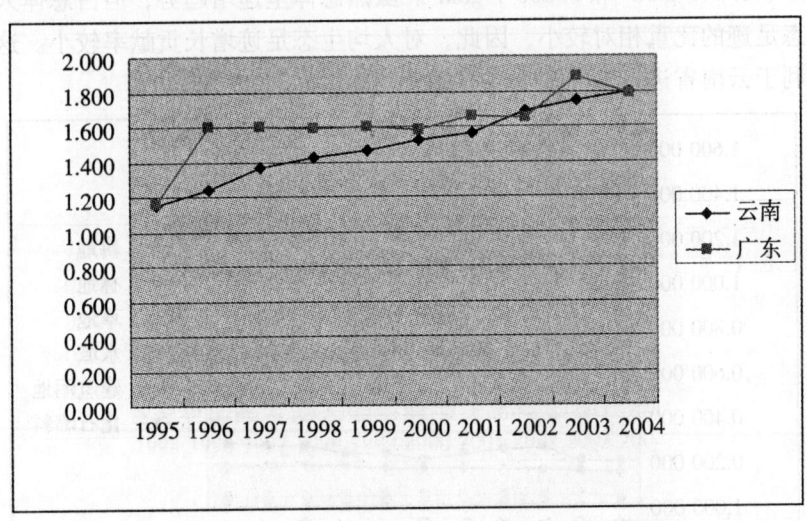

图 7.1　云南省与广东省历年人均生态足迹比较图

(三) 各土地类型人均生态足迹变化

从各类用地的多年生态足迹的发展趋势看（图7.2），除建筑用地和林地无显著变化外，其他四类用地的生态足迹基本呈逐年递增的趋势。其中，增长速度最大的为草地，年平均增长率为10.46%，其次为化石燃料用地、水域、耕地，年平均增长率分别为7.035%、3.49%和1.92%。

从各类用地生态足迹的多年平均值来看（表7.3），草地的生态足迹最大，平均足迹为1.131 ghm^2。从生态足迹影响因素的比例结构图来看（图7.3），草地所占的比例最大，增长速度非常快，从1995年到2005年，草地所占的比例由63%增长到66%。这反映出云南省人均生态足迹的增长主要是由于经济的快速增长推动了饮食消费结构的改变，肉、蛋、禽、奶等食物的比重不断增加。这些食物的生产需要较多的土地面积，这是生态系统食物链能量转化规律的反映，因此，在很大程度上促进了云南省人均生态足迹的增长。

其次，化石燃料用地对生态足迹的贡献率较大，其多年平均值为0.242 ghm^2，反映出云南省在发展的过程中，对能源过度的依赖，从而使能源的消费不断增加，加剧环境的污染，给环境带来很大的压力。耕地、水域、林地和建筑用地的多年平均生态足迹分别为0.169 ghm^2、0.135 ghm^2、0.046 ghm^{2}和0.000 7 ghm^2。虽然总体呈递增趋势，但占总体人均生态足迹的比重相对较小，因此，对人均生态足迹增长贡献率较小。这将有利于云南省进行森林和水域的保护。

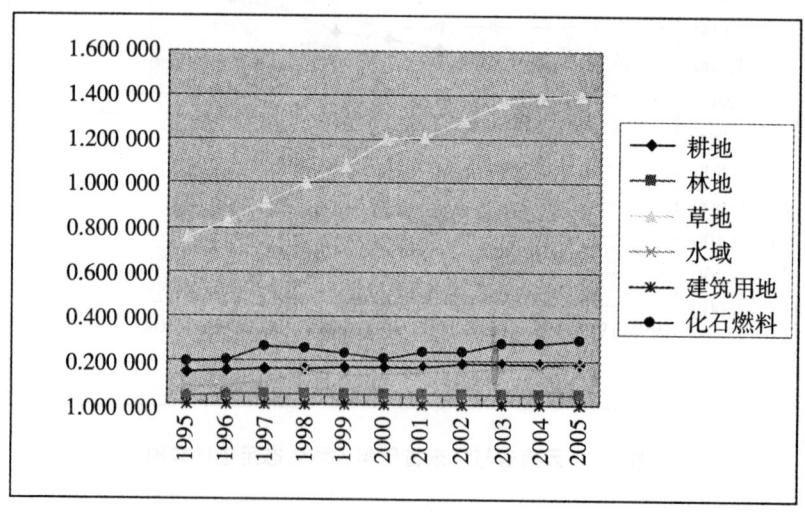

图7.2　云南省1995—2005年人均生态足迹各组分动态变化曲线

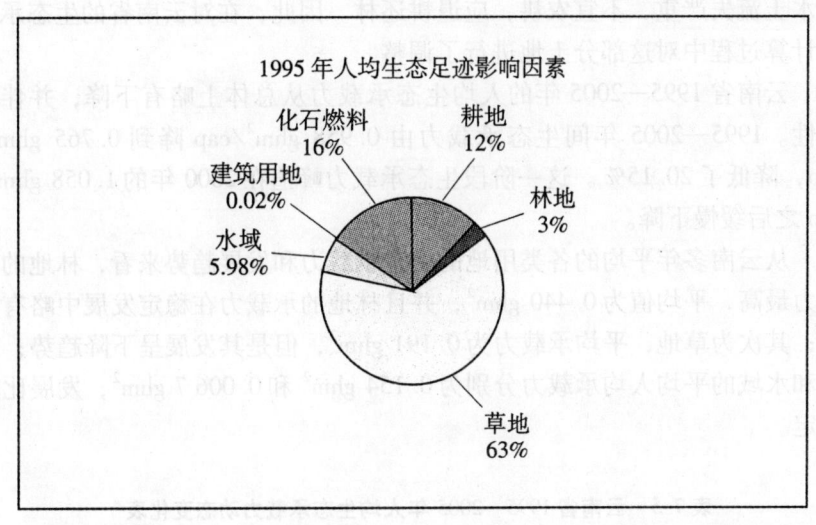

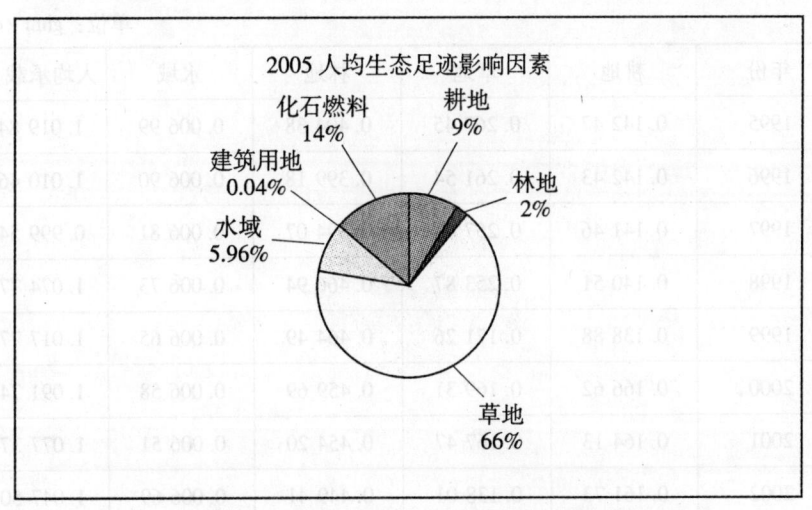

图7.3 云南省人均生态足迹影响因素比例图

三、云南生态承载力分析

分析云南省生态承载力，我们考虑了以下两种情况：第一，按照世界环境与发展委员会的报告《我们共同的未来》所建议的，留出区域12%的生物生产性土地面积来保护生物多样性；第二，由于云南省是一个高原省份，坡度大于25°的耕地有1 127万亩，占旱地面积的23%，这部分耕地水土流失严重，不宜农耕，应退耕还林。因此，在对云南省的生态承载力计算过程中对这部分土地进行了调整。

云南省 1995—2005 年的人均生态承载力从总体上略有下降，并伴波动性。1995—2005 年间生态承载力由 0.958 ghm^2/cap 降到 0.765 ghm^2/cap，降低了 20.15%。这一阶段生态承载力峰值在 2000 年的 1.058 ghm^2/cap 之后缓慢下降。

从云南多年平均的各类用地的生态承载力和发展趋势来看，林地的承载力最高，平均值为 0.440 ghm^2，并且林地的承载力在稳定发展中略有上升；其次为草地，平均承载力为 0.191 ghm^2，但是其发展呈下降趋势；耕地和水域的平均人均承载力分别为 0.154 ghm^2 和 0.006 7 ghm^2，发展比较稳定。

表 7.5　云南省 1995—2005 年人均生态承载力动态变化表*

单位：ghm^2/cap

年份	耕地	草地	林地	水域	人均承载力
1995	0.142 47	0.267 45	0.404 38	0.006 99	1.019 84
1996	0.142 43	0.261 54	0.399 18	0.006 90	1.010 46
1997	0.141 46	0.257 45	0.394 07	0.006 81	0.999 54
1998	0.140 51	0.253 87	0.466 94	0.006 73	1.074 77
1999	0.138 88	0.171 26	0.464 49	0.006 65	1.017 77
2000	0.166 62	0.169 31	0.459 69	0.006 58	1.091 74
2001	0.164 13	0.167 47	0.454 20	0.006 51	1.077 37
2002	0.161 73	0.138 01	0.449 41	0.006 69	1.047 50
2003	0.158 26	0.136 67	0.445 04	0.006 38	1.031 76
2004	0.162 02	0.136 98	0.450 91	0.006 58	1.049 35
2005	0.170 99	0.138 97	0.451 23	0.007 23	1.077 04
平均值	0.153 59	0.190 82	0.439 96	0.006 73	1.045 20

* 为扣除 12% 的生物多样性保护面积和将坡度大于 25° 的耕地进行退耕还林处理后的人均生态承载力。

资料来源：《云南省统计年鉴 1996—2006》。

四、生态足迹与生态承载力比较

从图 7.4 中可以看出,在 1995—2005 年这一段时间内随着人均生态足迹不断增加,人均生态足迹大于人均生态承载力,两者的差距呈不断增大的趋势。11 年来云南省的人均生态足迹在逐年增加,从 1995 年 1.150 ghm^2 上升到 2005 年的 1.81 ghm^2,增长了 57%,平均每年增长 0.06 ghm^2。这一现象反映了云南省经济发展对生态环境的压力不断加大。云南省的生态承载力略有上升,但是生态足迹的上升幅度远远大于生态承载力的承载范围,所以云南省从 1995 年到 2005 年一直处于生态赤字状况。

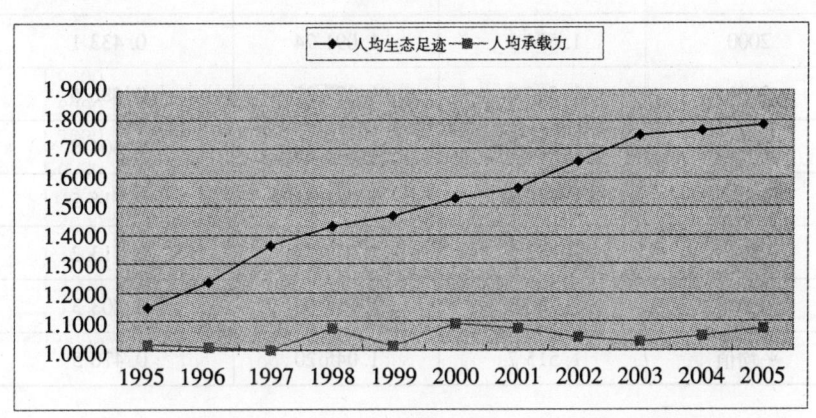

图 7.4 云南省 1995—2005 年人均生态足迹与人均承载力比较图

从表 7.6 中可以看出,1995—2005 年云南省的生态赤字在不断扩大,从 1995 年 0.129 2 ghm^2 增长到 2005 年 0.703 3 ghm^2,增长了 6 倍。这说明云南省的经济发展是通过消耗自然资本存量来弥补生态承载力的不足,这是一种不可持续的发展模式。虽然得天独厚的地理位置赋予了云南省丰富的自然资源,但是不合理的开发利用和环境污染导致了严重的生态赤字。对于云南省而言,在优化内部产业结构、发挥区域优势的同时,合理、高效地利用区外资源,将是保障区域生态经济可持续发展的重要前提。

表7.6 云南省1995—2005年生态赤字

单位：ghm²

年 份	人均足迹	人均承载力	人均生态赤字
1995	1.149 1	1.019 84	0.129 2
1996	1.235 2	1.010 46	0.224 7
1997	1.365 5	0.999 54	0.366 0
1998	1.428 2	1.074 77	0.353 5
1999	1.462 9	1.017 77	0.445 1
2000	1.524 9	1.091 74	0.433 1
2001	1.564 0	1.077 37	0.486 6
2002	1.652 3	1.047 50	0.604 8
2003	1.748 3	1.031 76	0.716 5
2004	1.762 5	1.049 35	0.713 2
2005	1.780 3	1.077 04	0.703 3
平均值	1.515 7	1.045 20	0.470 5

五、资源利用效益

为了反映云南省资源的利用效益，我们计算了1995—2005年万元GDP的生态足迹（表7.7）。万元GDP的生态足迹越大，资源的利用效益越低；反之，则资源的利用效益越高。从表7.7中可以看出，1995—2005年云南省的万元GDP生态足迹明显下降，从1995年的3.799 ghm² 降到2005年的2.319 ghm²。这说明云南省的资源利用效率不断得到提高。这主要是因为云南产业结构的调整，高新技术产业的发展以及生产工艺和技术的改善提高了资源的利用效率。但是与全国平均水平以及东部省份相比，云南省的资源利用效率偏低。2005年云南省万元GDP的生态足迹分别是全国和东部省份的1.63倍和2.57倍。这说明，虽然云南省的资源利用效率不断得到提高，但是仍然属于低下资源利用省份。因此，在今后的发展中，努力提高其资源利用率是节约资源、加快发展的必由之路。

表7.7　云南省1995—2005年万元GDP生态足迹

年　份	人均生态足迹（ghm²）	万元GDP生态足迹（ghm²/万元）
1995	1.149	3.799
1996	1.235	3.347
1997	1.366	3.400
1998	1.428	3.281
1999	1.463	3.315
2000	1.525	3.308
2001	1.564	3.231
2002	1.652	3.135
2003	1.748	3.103
2004	1.763	2.685
2005	1.780	2.319

第二节　云南工业经济增长与环境污染关系研究

环境问题是在经济发展中产生的，环境污染很大程度上是由工业发展引起的，工业废气、废水、废渣的排放都会污染环境。这一部分通过计量模型定量分析云南省工业经济的增长与环境污染之间的关系，刻画两者长期相互的动态关联，揭示其动态影响特征成因，分析各产业的工业"三废"排放情况，为云南省今后如何实现工业经济的绿色发展道路提供决策参考。

一、研究方法

工业增长与环境质量变化之间具有双向的作用关系：一方面，工业增长通过规模效应、结构效应与技术效应影响着环境质量的变化；另一方面，环境变化、污染排放也通过同时影响产出变化与消费偏好而作用于工业增长。因此，我们主要采用Pesaran和Shin（1996，1998）等人提出的基于 VAR 模型的广义脉冲响应函数法（Generalized Impulse Response Function，GIRF），利用 1989—2005 年间云南省工业"三废"指标来考察云南省工业增长与环境污染在时序维度的双向动态作用特征。我们的研究目的是基于脉冲响应函数分析方法来分别考察环境污染与工业增长这两类变量之间的动态冲击反应，以刻画环境污染与工业增长的长期的相互动态作用。

二、变量与数据

在研究环境污染与经济增长变化关系的实证文献中，较多地采用以下 3 类变量来度量环境污染程度：气体污染排放物、液体污染排放物以及固体废弃物。根据数据可获得性，本书所选取的污染排放物变量包括以下 3 类指标（表 7.8），其中各类污染变量时序长度均为 1989—2005 年，数据来源由相应各期《中国环境年鉴》与《云南省统计年鉴》整理及计算而得。考虑到对时间序列数据进行对数化后容易得到平稳序列，而且并不改变时序数据的特征，因此，本书实际分析时均采用各变量的对数值。

表 7.8　各类分析因子名称、单位及符号表示

	分析因子名称	单位	采用记号
1	工业废水排放量	万吨	lninwater
2	工业废气排放量	亿标立方米	lninsmoke
3	工业固废排放量	万吨	lninsolide
4	工业总产值	亿元	Lningdp

三、冲击响应分析

我们分析的 VAR 模型为包括各类污染指标（lninwater、lninsmoke、lninsolide、lningdp）与工业总产值内在的双变量系统。由于脉冲响应函数的检验结果严格依赖于误差向量满足白噪声序列向量这一假设前提，因此我们首先对模型的时间序列变量进行平稳性检验。Johansen 协整检验结果表明在 5% 的显著性水平下该时间序列存在唯一的协整关系，满足原假设条件。运用 GIRF 方法来分别考察 3 类污染指标和工业总产值之间的冲击响应，得到分析结果（表 7.9），其中冲击标准差由蒙特卡罗模拟方法得到，同时考虑到本书样本数据容量将冲击响应期设定为 10 期。

表 7.9　lninwater、lninsmoke、lninsolide 与 lningdp 冲击相应分析结果

冲击反应期	lninwater to lningdp	lningdp to lninwater	lninsmoke to lningdp	lningdp to lninsmoke	lninsolide to lningdp	lningdp to lninsolide
1	0.026 274	0.000 000	0.027 968	0.000 000	-0.111 782	0.000 000
2	0.037 420	0.002 897	0.006 365	0.005 014	-0.040 355	-0.012 282
3	0.009 631	0.003 327	0.021 447	0.010 759	0.019 700	-0.017 148
4	-0.000 270	0.003 642	0.021 620	0.016 094	0.031 367	-0.014 880
5	-0.006 362	0.003 678	0.029 712	0.020 288	0.017 277	-0.010 172
6	-0.009 059	0.003 619	0.032 564	0.023 422	-0.000 609	-0.005 757
7	-0.010 255	0.003 505	0.036 532	0.025 614	-0.014 409	-0.002 186
8	-0.010 610	0.003 367	0.038 473	0.027 115	-0.024 465	0.000 832
9	-0.010 547	0.003 220	0.040 284	0.028 117	-0.032 780	0.003 594
10	-0.010 272	0.003 072	0.041 304	0.028 792	-0.040 465	0.006 208
累计	0.015 950	0.030 330	0.296 269	0.185 215	-0.196 521	-0.051 791
脉冲响应曲线	N 型	线性	线性	线性	N 型	线性

(一) 工业废水排放量与工业经济增长

观察表 7.9 第 2 列模拟结果可以发现，在整个冲击响应期内 lninwater 对当期 lningdp 一个单位冲击的反应曲线大致呈现 N 型：lninwater 的第 1 至第 3 期反应为负值，其后几期反应值变为正。计算在分析期内 lninwater 的累计反应值可发现，当期 lningdp 冲击对 lninwater 的总体影响为正 (0.015 95)，这表明随着工业经济的增长，工业废水的排放量也会增加。分析 lningdp 对 lninwater 的冲击反应曲线可发现其大致为线型曲线，各期冲击反应值大致保持在 0.003 左右，计算其累计冲击响应值为 0.030 33，表明工业废水排放量减少对经济增长产生负面效应。

(二) 工业废气排放量与工业经济增长

观察表 7.9 的第 4、第 5 列可以发现，lninsmoke 与 lningdp 之间的相互反应各期都是正值，相互的反映曲线也都呈线型，累计反应值为正。这表明，随着工业总产值的增加，工业废气的排放量增加，工业废气的减少会对工业经济增长带来负面效应。

(三)工业固体废弃物排放量与工业经济增长

观察表7.9的第6、第7列可以发现，lninsolide 对 lningdp 冲击的反映曲线呈现 N 型，累计反应值为负，累计冲击值为 -0.196 5。这一现象解释为人均工业固废排放量的减少有助于工业经济的增长。lningdp 对 lninsolide 的冲击反映曲线呈线性，累计反映值为负。

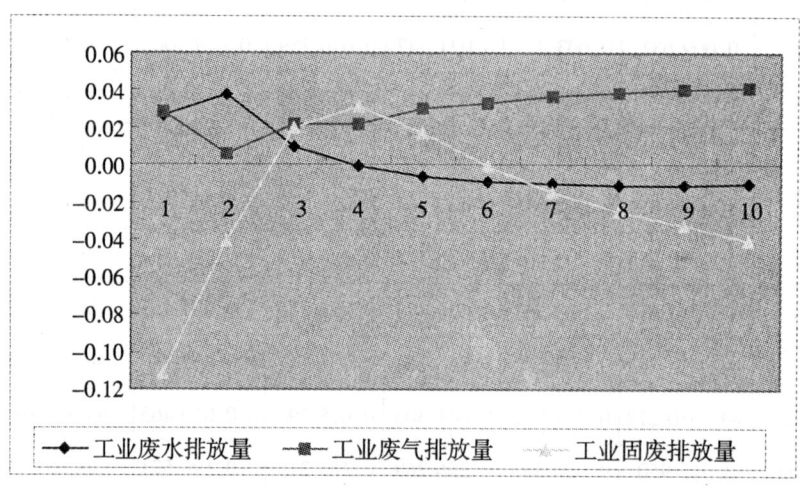

图7.5 各类污染指标对工业经济增长的冲击反应轨迹

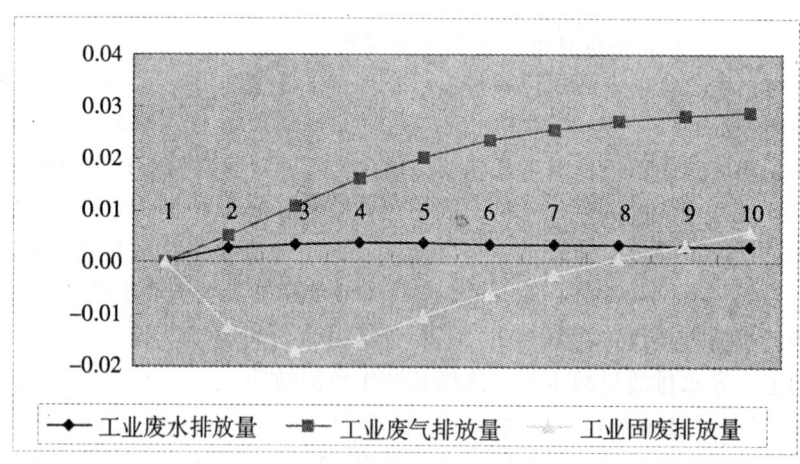

图7.6 工业经济增长对各类污染排放指标的冲击反应轨迹

综合以上3类污染指标与工业 GDP 变量之间的冲击反应模拟结果和

图 7.5 与图 7.6 考察云南省 17 年的实际情况,得到以下分析结论:

首先,云南省工业废水、废气排放的减少将造成工业产值增速的下降。可能的原因是:政府实行有效的环境管制后,一方面环境管制本身作为一种生产成本,环境管制成本支出会挤占生产性投资而阻碍工业企业的经济增长;另一方面,为达标排放,云南省一些大企业把某些污染严重的生产环节外包给中小企业,但这些企业的生产效率远低于大企业,增进污染集中处理的规模效应同时也降低了整体的生产效率水平;工业结构的内部调整虽有利于抑制污染排放低效率,但在调整期,会因为淘汰企业的关闭而短期内降低整个工业经济的增长率或引起工业产品供求的急剧缩减,而生产性质受固定要素的投入的限制,无法在短期内增加产品的供应,影响市场供求的波动,造成工业经济短期的负面影响。某些环境管制的实施具有滞后效应,而诸如采用与污染防治相适应的产业结构调整更是一个较长时期的过程。

其次,人均工业固体废弃物排放量对工业经济增长的影响,出现了截然相反的现象:人均工业固体废弃物排放的减少推进了工业 GDP 的增长进度。得到此结果同样值得思考:固体废弃物排放的减少是否已成为企业的生产技术水平提高的信号。许多生态经济学家认为企业不同的排污程度实质上为资本市场提供了企业生产技术水平的不同信号会影响企业的融资;固体废弃物排放对工业经济的作用是否已表明环境敏感企业竞争力已不再局限于外部成本内部化的制约,由削减污染所带来的企业生产技术水平和产品绿色化程度的提高已开始主导企业的发展;正面冲击效应的结论的得出是否也可能由于云南省近年来对某些污染排放行为扭曲补贴的取消增加了对工业发展的规划投资而加速经济的增长;固体废弃物排放的减少作为一种清洁环境收益有利于降低企业员工健康损失而提高企业劳动效率。此外,云南省大力推行工业园区的发展模式,较高的污染集中式处理效率和二次投入品(废弃资源)生产的关联效应也同样对工业经济增长产生了正面效应。从以上脉冲响应分析结果看,环保因素对工业经济的作用具有长期滞后效应。

第三节 云南工业发展的生态环境压力分析

工业经济发展会产生一定的环境污染。但是工业的发展对生态环境的影响不局限于此,因为工业发展还要依赖于大量的能源消耗。我们利用生态压力指数方法（ESI），从资源能源的占用和环境污染两个方面着重分析云南省工业发展所带来的生态环境压力。

一、生态环境压力指数（ESI）的设计与计算

生态环境压力指数法（ESI）是一种较新并且实用的评价区域工业发展对生态环境所造成的压力大小的方法。它的计算方法简单，综合性强，结果表达直观。其原理是，设计一个 0～100 连续尺度的生态环境压力指数（ESI），并定义当 ESI 为 0 时，压力最小；当 ESI 为 100 时，压力最大。将 0～100 的连续数之间隔 20 由小到大分为五段：0～20，20～40，40～60，60～80 和 80～100，分别对应于压力很小、小、中等、大、很大五种状态。

生态环境压力指数（ESI）由两个分指数构成，即资源能源消耗分指数（$RECI$）和环境污染分指数（EPI）。其计算公式如下：

$$ESI = RECI * W_1 + EPI * W_2 \quad (1)$$

式中，ESI 为区域经济发展对生态环境压力指数，$RECI$ 表示资源能源消耗分指数，EPI 表示环境污染分指数，W_1 和 W_2 分别为这两个分指数的权重。

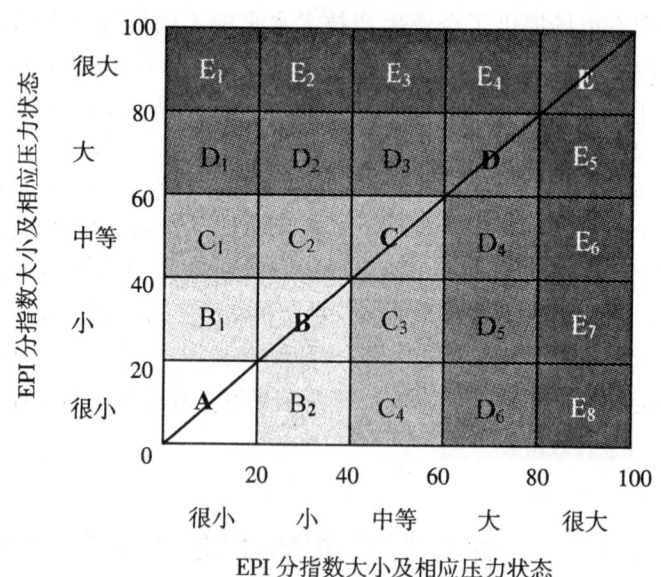

图 7.7　资源能源消耗分指数与环境污染分指数相关系数

资源能源消耗分指数 RECI 表征区域工业发展产生的生态压力，RECI 越大，生态压力越大；环境污染分指数 EPI 表征区域工业发展产生的环境污染压力，EPI 越大，环境污染压力越大。这样，可以用 RECI 和 EPI 构成的二维空间描述区域经济发展的生态系统压力和环境污染压力的相互关系，判断生态环境压力的主要来源。与 ESI 的设计相同，分别把 RECI 和 EPI 设计为 0~100 的连续尺度，并分别按 20 的间隔将其有由小到大分为五段：0~20，20~40，40~60，60~80 和 80~100，分别对应于压力很小、小、中等、大、很大五种状态。将 RECI—EPI 关系图划分为 25 个小区域，代表 25 种组合关系，各区域压力分指数的变化及其压力状态如图 7.7 所示。在对角线上的数据点，其 RECI/EPI=1，表明环境污染和资源能源消耗对生态环境具有同等压力；在对角线上方的数据点，其 RECI/EPI<1，表明生态环境压力主要来源于环境污染；在对角线下方的数据点，其 RECI/EPI>1，表明生态环境压力主要来源于资源能源消耗，并且距离对角线越远，环境污染压力与资源能源消耗压力相差越大。这样，在对角线所在的 5 个区域（即 A、B、C、D、E）可分别代表 5 种典型的生态环境压力状态（即很小、小、中等、大、很大），环境污染和资源能源消耗的压力相差不大；在对角线上方的 10 个区域（即 B_1、C_1、C_2、D_1、D_2、D_3、E_1、E_2、E_3、E_4）的生态环境压力主要来自环境污染，在对角线上方的 10 个区域（即 B_2、C_3、C_4、D_4、D_5、D_6、E_5、E_6、E_7、E_8）的生态环境压力主要来自资源能源消耗。

资源能源消耗分指数 RECI 和环境污染分指数 EPI 的计算公式如下：

$$RECI = \sum_{i=1}^{n} RNCI_i * P_i \tag{2}$$

$$EPI = \sum_{j=1}^{m} EPI_j * P_j \tag{3}$$

式 (2)、(3) 中，$RECI_i$ 表示第 i 个资源能源消耗指标的指数值，P_i 为第 i 个资源能源消耗指标的权重；EPI_j 表示第 j 个环境污染指标的指数值，P_j 为第 j 个环境污染指标的权重。指标权重可利用经验法、专家咨询法（DELPHI）、层次分析法（AHP）及其相互结合等方法确定。各指标压力指数的计算采用下列公式：

$$RECI_i = REC_i / Max(REC_i) \times 100 \quad (i = 1, 2, \cdots, n) \tag{4}$$

$$EPI_j = EP_j / Max(EP_j) \times 100 \quad (j = 1, 2, \cdots, m) \tag{5}$$

式 (4)、(5) 中，REC_i 和 EP_j 分别表示第 i 个资源能源消耗指标和第 j 个环境污染指标的实际值，$Max(REC_i)$ 和 $Max(EP_j)$ 分别为所有资源能源消耗指标和所有环境污染指标中的最大值。

由上述公式可以看出，要计算生态环境压力指数以及资源能源消耗分指数（$RECI$）和环境污染分指数（EPI），必须首先选择相应的资源能源消耗指标和环境污染指标，并确定各自权重。为了反映生态环境压力的总体状态和趋势，应选择相应的总量指标，如总耗水量、总耗能量及工业废水、废气、固体废物、COD、SO_2排放总量。计算生态环境压力指数法的完整流程见图7.8。

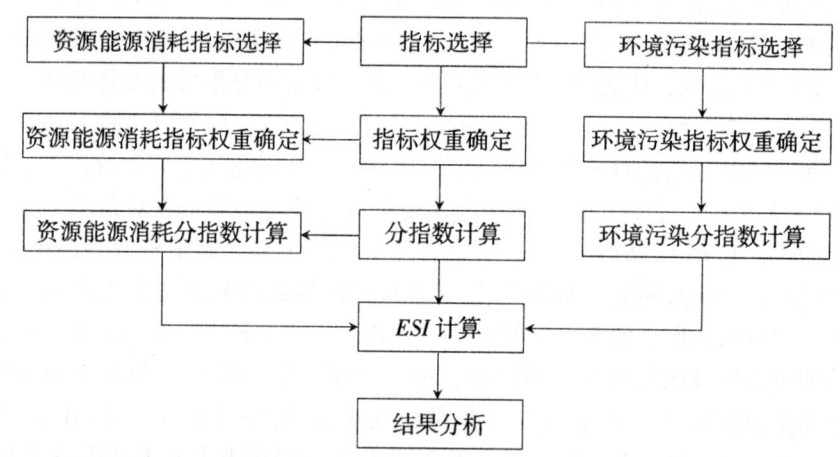

图 7.8　生态环境压力指数法流程图

二、1996—2005年云南省工业发展对生态环境压力状态的定量评价

在对云南的生态环境压力进行分析的过程中，将结合云南工业发展的实际情况以及统计资料的获得情况，做出对相应分指数中各项指标及其权重的调整。由于资料获得的有限性，工业耗水量的数据不连续，所以我们仅能选用工业能源消耗指标来代表 $RECI$。

表7.10 云南工业经济发展对生态环境压力变化趋势评价及其权重

分指数			具体指标			
代码	意义	计算ESI的权重	代码	意义	单位	计算分指数的权重
RECI	资源能源消耗指数	0.5	REC_1	原煤消耗总量	万吨	0.25
			REC_2	焦炭消耗总量	万吨	0.25
			REC_3	石油消耗总量	万吨	0.25
			REC_4	电力消耗总量	亿千瓦小时	0.25
EPI	环境污染指数	0.5	EP_1	废水排放总量	万吨	0.20
			EP_2	废气排放总量	万标立方米	0.20
			EP_3	粉尘排放总量	万吨	0.20
			EP_4	固体废弃物排放总量	万吨	0.20
			EP_5	二氧化硫排放总量	万吨	0.20

注：权重由专家咨询法和经验法得到。

根据1997—2006年《云南省统计年鉴》提供的能源资源消耗量和工业污染物排放总量，运用公式（4）、（5）分别计算出资源能源消耗指标和环境污染指标的各个分指标；再利用公式（2）、（3）计算出资源能源消耗分指数RECI和环境污染分指数EPI；最后运用公式（1）计算出云南省生态压力指数ESI（表7.11）。云南省1996－2005年生态环境压力的长期变化趋势以及资源能源消耗和环境污染相互关系分别见表7.11和图7.9。

表7.11 1996～2005年云南工业经济发展对生态环境压力指标数据

年份	1996	1997	1998	1999	2000	2001	2002	2003	2004	2005
能源分指数	40.64	32.62	45.36	47.47	49.18	55.77	64.67	70.09	77.54	92.00
环境分指数	62.14	63.41	77.85	76.94	69.62	59.03	56.66	63.01	66.03	70.12
生态环境压力指数	51.34	48.01	61.60	62.20	59.4	57.4	60.67	66.55	71.78	81.06

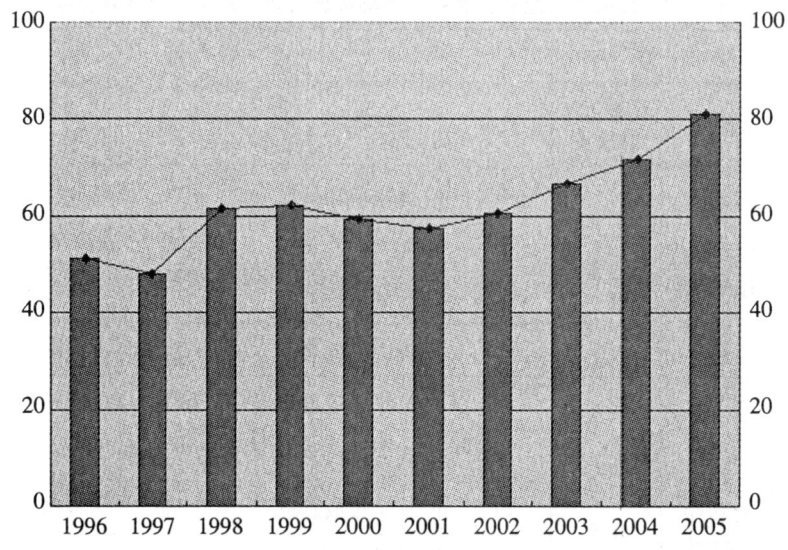

图7.9 1996—2005年云南省工业发展对生态环境的长期影响趋势

由图7.9可以看出,从1996年到2005年,云南工业经济发展对生态环境的压力总体上具有上升趋势。其中,1997年略有下降;而1998年则大幅度上升;1998—2001年,下降趋势较为和缓,2002—2005年则上升趋势比较明显。云南工业发展对生态环境压力指数变化范围:2005年压力状态"很大",1998、1999、2002、2003、2004年相应的压力状态为"大",1996、1997、2000、2001年相应的压力状态为"中等"。从20世纪末至21世纪初云南大力发展工业,导致对生态环境的压力从"中等"等级上升至"很大"等级。2005年云南省大力推进工业化,生态环境的压力升至"很大"的级别。

由图7.10我们可以看出:第一,1996—2005年云南工业资源能源消耗和环境污染相互关系可分为三种变化趋势:1996—2005年,环境污染状况略有下降,而能源消耗量则大幅度增加;1996—2000年,伴随着能源消耗的增加,环境污染状况明显加剧;2001—2005年,能源消耗量快速增加,然而环境污染上升缓和。第二,1996—2001年数据点位于对角线上方,并且EPI范围是59.03~77.85,RECI范围是32.62~59.77。表明这一阶段生态环境压力主要来源于环境污染。2002—2005年数据点位于对角线的下方,并且EPI范围是56.66~70.12,RECI范围是64.69~92.00。表明这一阶段生态环境压力主要来自于能源资源消耗的加快。第三,2001—2005 年,云南工业资源消耗增加加快,RECI 从 2001 年的 55.77 增加到 2005 年的 92.00;工业污染虽有增加的趋势,但是相对于能源利用增加的幅度而言,要平和很多。云南工业污染物的排放处在可控制状态之下。

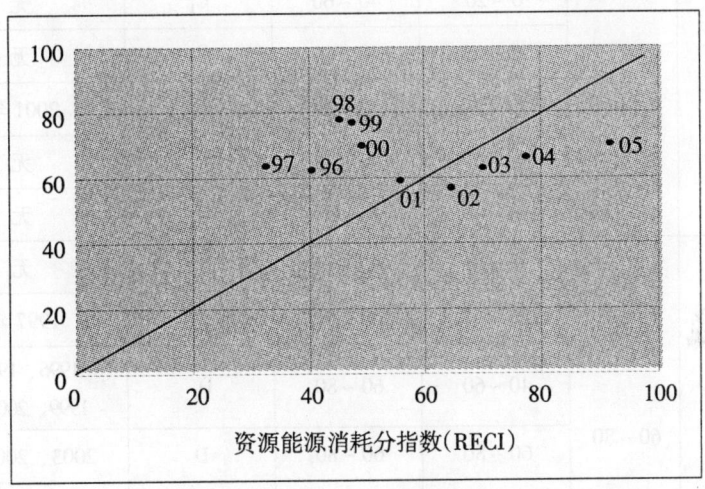

图 7.10　1996—2005 年云南省资源能源消耗与环境污染的相互关系

综合图 7.9、7.10 和上面的分析,可以得到 1996—2005 年云南工业经济发展对生态环境压力状态综合评价结果(表 7.12)。

表 7.12　1996—2005 年云南工业发展对生态环境压力状态综合评价结果

压力状态	ESI 范围	RECI 和 EPI 大小与相互关系			分布年份
		RECI	EPI	关系类型	
很小	0~20	0~20	0~20	A	无
小	20~40	0~20	20~40	B1	无
		20~40	20~40	B	无
		20~40	0~20	B_2	无

续 表

压力状态	ESI 范围	RECI 和 EPI 大小与相互关系			分布年份
		RECI	EPI	关系类型	
中等	40~60	0~20	40~60	C_1	无
		20~40	40~60	C_2	无
		40~60	40~60	C	2001 年
		40~60	20~40	C_3	无
		40~60	0~20	C_4	无
大	60~80	0~20	60~80	D_1	无
		20~40	60~80	D_2	1997 年
		40~60	60~80	D_3	1996、1998、1999、2000 年
		60~80	60~80	D	2003、2004 年
		60~80	40~60	D_4	2002 年
		60~80	20~40	D_5	无
		60~80	0~20	D_6	无
很大	80~100	0~20	80~100	E_1	无
		20~40	80~100	E_2	无
		40~60	80~100	E_3	无
		60~80	80~100	E_4	无
		80~100	80~100	E	无
		80~100	60~80	E_5	2005 年
		80~100	40~60	E_6	无
		80~100	20~40	E_7	无
		80~100	0~20	E8	无

由历年的统计数据和相关分析可以看出，1996—2005 年云南工业大力发展，对生态环境的压力主要来自于资源使用量的大幅度提高，再加上

云南粗放的工业经济增长方式,资源能源利用效率不高、浪费大。

第四节 技术创新、增长方式转变、产业生态环境改善的思路与对策

从上面的分析看出,云南生态赤字还有进一步增加的趋势,产业发展对生态环境的压力很大。要缓和日益增加的生态赤字,保护好环境,云南在经济发展和产业调整中要做到:

一、形成生态经济发展的新思路

云南作为资源大省,其经济增长与产业发展方式无不打上资源耗费的烙印。要从根本上改变这种状态,以生态经济的发展模式发展云南经济,必须首先改变观念,形成生态经济发展的新思路。

(一) 协调经济效益与生态效益的关系

环境是经济的基础,经济发展对生态环境起影响作用,两者相互促进。建立在生态环境基础上的经济发展必须以生态效益不断提高和生态环境的不断改善为前提,只有在不断提高生态效益基础上的经济效益才是可持续的效益。所以客观上要求云南省在生态经济发展中,要正确处理好生态效益与经济效益的关系,在生产过程中先顾及生态效益,以生态效益作为经济发展的前提和基础,使生态效益与经济效益进入良性循环的轨道,促进生态效益与经济效益的共同提高。

(二) 形成生态经济发展的新思路

要以生态经济的思路发展云南经济,首先,要采用高新技术,提高单位面积自然系统的生产率,即提高产量因子。单位面积的生产率增加,可以提高单位面积的生态承载力,从而使生态赤字降低。科技发展水平对生态承载力的影响,表现为在实际生物生产土地面积不变的情况下,科技财政投入越大,科技发展水平越高,地区生态生产力就越大。因此,要加大生产中的科技投入,加强管理,提高生态效率。其次,要高效利用现有资源存量,发展循环经济、清洁生产。云南省的万元 GDP 生态足迹比较高,说明云南省的资源利用方式是粗放型、消耗型,要逐步改变这种状况,向着集约型、节约型逐渐转变。要改变消费,合理消费,提倡节约消费;要改变生产方式,减少环境的污染,提高资源的利用效率,要增加对废物及某些中间产物的再利用,提高资源和能源的使用效率。

二、建立可持续的生态经济发展模式

云南生态经济的发展，需要建立一套生态经济发展的产业结构和发展模式，在对传统产业进行改造的基础上，发展新型产业，实现特色产业的生态化发展。

（一）建立现代生态农业发展模式，发展农村经济、增加农民收入

根据云南的实际，大力发展以生态畜牧业、绿色农业为特点的现代生态农业，把发展生态畜牧业作为云南农业发展的新增长点，通过大力发展生态畜牧业，提升云南畜牧业的竞争力和可持续发展能力。大力发展设施农业，构建产业化为基础的绿色农业发展体系，充分利用云南农业资源丰富的自然条件，发展特色农业品种和加工业，实现农业的高产、高效和可持续发展。云南的花卉产业、药材产业都已取得了不俗的成绩，成为云南的支持产业或支持产业的基础。立足云南实际，继续发展依赖云南独特自然优势、资源优势的水果、蔬菜等产业，开发野生、保健农产品加工业，是促进云南生态农业发展的可持续之路。要把生态农业视为云南农业发展的主要道路选择，大力发展。促进云南农业实现经济效益和生态效益的双重提高。

（二）建立生态工业发展体系，实现云南工业经济生态化

在工业生产过程中，建立从原材料、中间产品、废物利用的物质循环，达到资源、能源、投资的综合利用。云南要根据省情，在立足本省资源优势与工业结构的基础上，建立突出本省优势资源综合开发利用的生态工业结构，在矿产资源开发与利用、水电资源开发与利用、生物资源开发与利用、绿色产品开发等产业，建立生态化的工业产业体系。要逐步将一些生态工业，如食品加工业发展成为云南的支柱产业，同时对资源性产业，如矿产资源开发与加工、水电资源开发等进行工业技术改造，在生产过程中实现"三废"零排放，实现废物利用的再利用并形成资源加工链。另一方面要积极发展高附加值、少污染排放的新技术产业。

（三）在第三产业内部建立生态化的发展模式

其中，旅游业的生态化要作为第三产业生态化发展模式的重点，在旅游业发展中突出生态保护、可持续发展的内涵。在旅游景点开发中，把云南特有的民族文化、宗教文化与风景名胜结合起来，结合生态建设的要求，进行可持续的开发。同时在旅游管理中，要突出生态化管理与服务，在旅游产业的战略选择、产品开发、规划布局和经营管理等方面贯彻生态化的理念、严格生态化管理，强调旅游开发中的生态效益，将旅游开发中的经济效益与生态效益统一起来，促进云南旅游业的可持续发展。

三、加大环境保护力度，建立生态补偿机制

(一) 建立云南资源环境评价体系和区域生态环境保护标准体系

从云南实际出发，探索和建立云南资源环境价值评价体系，开展绿色国民经济核算。加快建立自然资源和生态环境统计监测指标体系，为建立健全生态补偿机制提供科学依据。同时，要加快区域生态环境保护标准体系建设，根据云南的实际，建立包括生态保护和建设标准、环境质量标准、生态功能区保护和建设标准、污染控制总量标准等在内的区域生态环境保护标准。将区域生态环境保护标准的达标情况纳入地方党政领导班子和领导干部政绩考评体系。把各地区完成的生态建设和环境保护任务的情况，作为是否给予该地区生态补偿的依据。

(二) 加大财政转移支付中生态补偿的力度

针对云南省生态环境保护要求高、投入大的特点，要在全省的财政预算安排中，加大各级财政对生态补偿支出的力度，根据对各级党政领导班子的考核结果，下划给予各级地方的生态补偿，要切实兑现相应的财力补助和奖励；对环保工作任务未能按时完成、区域生态环境不达标的，扣减相应的财力补助和奖励。

要根据云南经济社会发展和财力增长状况，在省级财政预算安排中，逐步增加用于环境保护、生态补偿的各项预算安排，重点支持各项生态环境保护和治理工程，将生态保护资金着重向欠发达地区、重要生态功能区、水系源头地区和自然保护区倾斜，特别是要优先支持生态环境保护作用明显的区域性、流域性重点环保项目。同时要求各省级以下财政也要加大对生态补偿和生态环境保护的支持力度，每年拨付一定的资金用于生态补偿和环境保护。

(三) 建立差异化的区域生态补偿方式，将资金向生态保护任务重的地区倾斜

根据云南生态保护的区域差异和发展要求，要加大政策、资金、项目等向生态保护任务重的地区的倾斜，加大对欠发达地区的支持力度，通过资金倾斜，支持欠发达地区加快城乡基础设施建设和生态环境保护力度，加快发展各项社会事业，不断改善经济发展环境。支持欠发达地区特别是重要生态功能区加快转变经济增长方式、调整优化经济结构，大力推行清洁生产，发展循环经济，发展生态环保型产业，积极构建与生态环境保护要求相适应的生产力布局，努力实现区域经济的跨越式发展。

（四）探索市场化的生态补偿模式，引导各方面资金参与环境保护和生态建设

要根据云南生态保护的要求，探索市场化的生态补偿模式，可通过资源使（取）用权、排污权交易等市场化的方式，筹措生态补偿基金，用于生态环境建设。可探索水资源有偿使用制度，建立水资源使（取）用权出让、转让的交易机制，逐步探索推行政府管制下的排污权交易，运用市场机制降低治污成本，提高治污效率。

同时要积极引导国内外资金投向生态建设、环境保护和资源开发，逐步建立政府引导、市场推进、社会参与的生态补偿和生态建设投融资机制。按照"谁投资、谁受益"的原则，支持鼓励社会资金参与生态建设、环境污染整治的投资、建设和运营。

（五）建议国家建立全国性的生态补偿机制，对上游地区建立经济赔偿机制，对长江下游生态受益地区征收生态补偿费

建议在全国范围内建立全面的生态经济赔偿和生态补偿制度。对上游地区生态破坏行为，造成下游地区重大污染的，对上游地区征收生态赔偿费。对上游地区生态保护好，为下游地区带来生态效益的，对下游地区征收生态补偿费。形成全国性的行之有效的生态赔偿和生态补偿机制，切实提高生态保护的效率。

四、完善生态经济建设的财税政策

建立并完善生态财税体系，是杜绝破坏性开采和使用资源、严防资源浪费、更有效利用资源、提高资源利用效率的有效途径，也是规范资源管理的重要过程。

（一）完善资源税

资源税虽然属国家的征管范畴，但是从云南省的角度看，云南应根据资源开采中存在的资源浪费和过度开采的情况，提请国家对资源税加以完善。具体而言，资源的完善应从以下几个方面入手：一是扩大征税范围，在现行资源税的基础上，将资源税的征税范围扩大到土地、森林、草原、淡水等，限制对资源的过度开采，同时，将目前一些属于资源性收费的项目纳入资源税的征税范围，设置不同的税目，统一征收、统一管理。二是调整资源税的征税依据和税率。将目前以销售量和自用量为计税依据改为以生产量为计税依据；对资源税的征收，设计累进税率，将资源分为不同档次，不同档次设计不同的税率，对非再生性资源、非替代性资源的开采课以相对较重的税收。

（二）完善消费税

我国目前的消费税仍停留在对高档消费品的课税上，对资源类消费的调节作用有限。为限制对资源的开采和浪费，为恢复生态提供必要的资金来源。可将消费税的范围扩大，对浪费资源类的产品课以资源税，通过税收，对资源类产品的浪费行为进行调节，以减少对资源的使用和浪费。目前可通过对消耗资源较大的产品课以浪费税，对不能循环使用的一次性消费品，如一次性木筷、一次性塑料包装物等其他一次性产品应课以消费税；对资源消耗大、占用资源多的产品，如高档建材、高尔夫球场等开征资源税；提高对资源环境压力较大的消费品的资源税的税率，如小汽车、摩托车、摩托艇等。

（三）开征环境保护税

可将现行的对城镇排污、水污染、大气污染、工业废弃物、城市生活废弃物等行为的收费统一为征收环境保护税，凡从事有害环境的产品生产及消费行为都对其征收环境保护税，可根据其对环境污染的程度征收不同税率的环境保护税，通过征税，引导纳税人减少对环境的污染，并为保护环境筹措资金来源。

（四）实施税收优惠政策，对生态保护行为予以税收优惠

为促进云南生态经济建设，推动企业循环使用和有效使用资源，减少资源的浪费，对企业进行生态生产、使用再生资源的行为予以税收上的优惠。一是对企业再生资源回收利用的技术研发费用予以税前扣除，对购置再生资源回收利用设备的抵免企业当年所得税的优惠；二是对低油耗、小排量的车辆予以税收优惠，对节能生产设备予以加速折旧的优惠；三是对回收设备的企业给予税收减免的优惠。

第八章 产业承接中的云南技术转移与产业发展

技术转移就是指基于某种技术类型、代表着某种技术水平的先进知识群从技术起源地域转移到另一地域,并在新的地域里被吸收、开发和利用的过程。在对跨国公司的技术转移的研究中,一般把跨国转移的技术分为两类:"内在的"(internalized)和"外在的"(externalized)(UNCTC,1987)。"内在的"指跨国公司内部一体化过程中对通过直接投资建立控股公司或独资公司转移技术。这类跨国公司具有较强的技术资产优势和内部协作优势,控制国外子公司的研究与开发活动。"外在的"是指通过许可证形式转让技术,它属于技术贸易的范畴。跨国公司在转移这类技术时不进行股权控制,仅出售技术,而且是标准化技术。事实上,区域技术转移与跨国公司的技术转移的模式存在很大的相似性。由于内部化的技术转移能够与当地的产业发展和研究开发结合在一起,实现技术与资本的双重转移,内部化的技术转移是西部地区较为现实的技术转移模式。从东部地区企业竞争优势的构成和云南与东部地区的发展差异来看,向云南进行直接投资与产业转移是实现技术优势价值的理想方式。鼓励那些具有技术竞争优势的企业进入云南,与云南的多样性资源结合,可以促使云南的技术进步和技术发展,缩小或消除云南与发达地区的技术缺口。

第一节 云南承接产业转移的现状

直接投资对技术转移的影响模式如图 8.1 所示。直接投资通过带来新设备和新技术、产业的前向或者后向关联、人员的培训以及示范效应四种方式向东道国家或地区溢出技术,从而实现技术转移。

近年来，云南承接的产业转移规模和数量都呈上升的趋势，技术转移的效果随着产业转移的实现而显现出来。据不完全统计，2001－2006年，云南共接受省外投资项目5476个，投资金额5833亿元。这种产业转移，不仅在一定程度上缓解了云南投资的资金缺口，也将发达地区的技术带入云南，提升了云南的技术水平和层次。

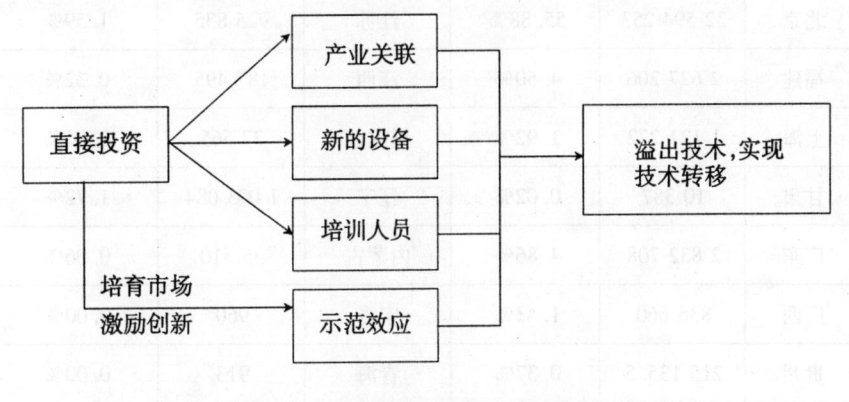

图8.1 技术转移模式——直接投资

一、云南承接产业转移的区域结构

从云南承接产业转移的投资来源地看，按照签订项目投资总额进行排列依次为：北京、浙江、四川、河北、广东、福建、上海、辽宁、江苏、广西等。如表8.1所示。北京之所成为第一大投资地，主要是几年来，总部在北京的大电力集团在云南投资了较多的水电项目。除北京外，东部地区的浙江、广东、福建等地，由于存在着产业向外转移的要求，向云南投资了大量资金，其中浙江的投资规模最大。浙江对云南的投资，也反映出近年来东部地区向西部地区进行产业转移的趋势和特点。

表 8.1 2001—2006 年云南承接产业转移的区域构成

单位：万元

地区	协议投资总额	占总投资额比重（%）	地区	协议投资总额	占总投资额比重（%）
安徽	68 672	0.12%	吉林	54 800.5	0.09%
北京	32 594 253	55.88%	江苏	925 835	1.59%
福建	2 627 206	4.50%	江西	187 495	0.32%
上海	1 121 272	1.92%	黑龙江	37 565	0.06%
甘肃	10 387	0.02%	辽宁	1 003 084	1.72%
广东	2 832 708	4.86%	内蒙古	35 510	0.06%
广西	836 660	1.43%	宁夏	960	0.00%
贵州	215 135.5	0.37%	青海	913	0.00%
海南	107 268	0.18%	山东	348 179.3	0.60%
河北	3 446 491	5.91%	山西	217 668	0.37%
河南	90 306	0.15%	陕西	128 079	0.22%
湖北	178 000	0.31%	深圳	343 390	0.59%
湖南	476 277	0.82%	四川	3 942 244	6.76%
西藏	12 280	0.02%	天津	159 020	0.27%
浙江	5 569 136	9.55%	新疆	3 200	0.01%
外资	49 293.31	0.08%	重庆	695 146.8	1.19%
其他	11 800	0.02%	总和	58 330 234	100%

资料来源：云南省经济合作办公室。

二、外省在云南投资的产业结构特点

云南承接发达地区的产业转移,主要以吸收投资为主。从云南承接的转移产业的结构看,第二产业所占的比重最大,达到了75.08%,第三产业其次,比重有12.45%,第一产业与第三产业的比重大致相当,占10.91%。在第二产业中,主要以矿产资源开发与水电资源开发为主,矿产品开发与冶炼、水电资源开发的比重达到了近50%,远远超过其他行业。这与云南产业的资源性特点有很大关系,云南的矿产品资源丰富,加上近几年矿产品的价格上升,刺激了许多资本进入云南参与矿产资源开发与加工。同时,云南的水能资源极其丰富,可开发量位居全国第二位,近年来,水能资源开发已成为云南产业发展的重点,由此也吸引了大量外来资本参与云南的水电产业开发。其他比重相对较大的产业,主要有轻工、钢铁、化工、医药、建材等,如表8.2所示。

表8.2 2001—2006年云南省接受外来投资分类

产业分类	行业	投资总额(万元)	占总投资的比重	占比
第一产业	农业	6 362 326.85	10.91%	10.91%
第二产业	采矿业	23 801 831.5	40.81%	75.08%
	食品制造业	996 338	1.71%	
	石化	43 441	0.07%	
	化学制品制造业	1 336 661	2.29%	
	医药	3 135 604	5.38%	
	冶炼	1 562 204	2.68%	
	机械、机电	295 865	0.05%	
	环保	35 215	0.06%	
	电力	4 221 853	7.24%	
	钢铁	167 094	0.29%	
	轻工	5 166 434	8.86%	
	其他工业	225 105	0.39%	
	建筑安装业	113 226	0.19%	
	建材	1 114 806	1.91%	
	基础设施	471 245	0.81%	
	商贸设施	1 373 284	2.35%	

续 表

产业分类	行业	投资总额（万元）	占总投资的比重	占 比
第三产业	交通运输、仓储	1 277 460.8	2.19%	12.45%
	电信、信息	35 221	0.06%	
	商贸	2 452 292	4.20%	
	旅游	1 115 003	1.91%	
	金融业	13 973	0.02%	
	房地产业	685 571	1.18%	
	专业技术服务业	568 612	0.97%	
	教育	107 749	0.18%	
	卫生	122 077	0.21%	
	文化	4 129	0.01%	
	服务	886 782.1	1.52%	
其他	产权转让	404 884.8	0.69%	1.09%
	其他	233 946	0.40%	
合计		58 330 234	100.00	100.00

注：①资料来源于云南省经济合作办公室。②由于有关方面在统计投资构成时，并没有严格按三次产业的分类进行划分，所以在表中出现了一些非标准的产业分类。

三、外省向云南产业转移的部门类型

根据王岳平的界定，中国工业部门按要素密集程度分类为技术密集型、中度技术密集型（又分为中度资本—技术密集型和中度劳动力—技术密集型）、资本密集型、中度资本密集型和劳动力密集工业部门。[①] 本书把工业部门分为技术密集型、资本密集型和劳动力密集型三大类。表8.3反映了东部产业转移到云南的工业部门的类型分布情况。

---

① 王岳平：《开放条件下的工业结构升级》，经济管理出版社2004年版，第137－138页。

表8.3　2003—2005年工业部门向云南产业转移的类型分布

单位：亿元

类型	合同投资额	到位资金	所占比重（%）
技术密集型	146.88	48.12	18.48
资本密集型	3 189.59	188.64	72.46
劳动力密集型	133.85	23.58	9.6
合计	3 470.32	260.34	

资料来源：云南省经济合作办公室。

从表8.3可以看出，云南承接的产业转移（按工业项目计算）中，资本密集型项目占到目前整个工业投资的73%，技术密集型占到18%，劳动密集型9%。这说明云南承接东部产业转移投资是以资本密集型为主而非以劳动密集型为主。这与目前国内一些观点认为东部向西部进行产业转移以劳动密集型为主是相背离的。相反，以资本密集型为主的产业转移特点也符合云南的实际，因为近两年来云南引进的外部资本大量地流向了水电等大型项目上。

在云南引进的技术密集型产业中，除电力项目外，引资额度较大的行业主要有化工、机械、矿冶、钢铁。向这些产业投资的主要目的也是着眼于资源开发利用，并控制战略性资源。利用云南的矿产资源进行开发利用，设厂开矿，不仅可以降低成本，获得较高的投资利益，还对资源加以控制。

在劳动力密集型工业产业，部门构成相对比较分散，规模和效益较好的行业主要有轻工、食品、建材业。其主要目的是着眼于云南丰富的农副产品资源和西部的市场。

四、云南通过直接投资吸引外部技术转移的特点

从以上的分析中我们可以看出，通过直接投资，云南省吸引外部技术的特点主要有以下几点。

（一）投资总量少、规模小

虽然2003年以来，云南吸引外部资金的规模有较大幅度的提高，但是其吸引省外资金的总和与西部的四川和中部的部分省市相比，仍然处于较低的规模，这在某种程度上也制约了云南省通过吸引直接投资方式进行的技术转移的速度和范围。具体见图8.2。

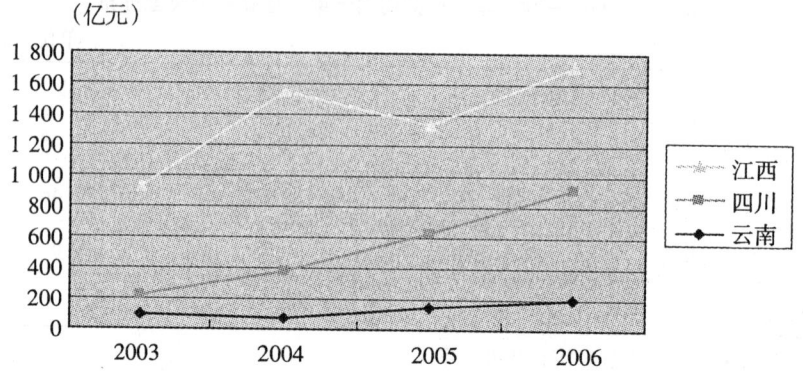

图 8.2　云南与四川和江西吸引省外资金比较图

资料来源：中国知网以及 2004 年、2005 年《云南经济统计年鉴》。

（二）行业集中度较高，技术转移有限

通过前面的分析，可以明显看出东部资金主要流向第二产业，但在流向第二产业的资金中，又主要流向了有色金属和电力产业。吸引外部资金的行业集中度较高，且集中于有色金属和能源产业，并没有流向对技术含量较高的产业和高新技术产业。2001—2006 年，在云南吸收的外部投资中，仅有 5.38% 的资金流向了医药产业，说明其他地区对云南省的投资主要是资源能源型的，与技术转移有关的投资很少，通过产业转移实现技术转移的目标并没有实现。

（三）产业链较短

通过上述分析我们可以看出，东部对云南省的投资主要集中在资源开发，而具有较高技术和较强的关联效应产业所吸引来的资金较少，对产业的关联不能形成一个成熟的产业链。不利于技术扩散和技术外溢，对云南省经济的带动影响力较小。

（四）地域集中

从吸收外部投资的地区结构看，昆明地区吸引省外投资额最大，非矿产业和非电力产业投资的大部分集中在昆明、曲靖、玉溪等重要城市。投资额前七位的地州（即各地州的比重在 5%~10% 间）占总投资额的 70%。省外资金的投资区域非常集中。资金流向的区域集中，说明技术转移的区域集中，这不利于技术转移的扩散效应，从而影响到技术转移的效果。

第二节 通过产业转移向云南进行技术转移的成本—收益分析

凡是与人类经济活动有关的问题,都涉及成本、收益的比较。技术转移作为一项经济活动,当然也需要进行技术转移的成本—收益分析。

一、成本分析

技术转移成本是所进行技术转移所使用的各种要素的支出总和,包括直接成本和间接成本。

(一) 直接成本分析——引资成本

直接成本主要是针对云南引进发达地区资金的成本分析。引资成本主要包括引资宣传推广费用、引资机构支出、接待考察费用等。宣传推广支出:这种支出有的表现为有精确数字的财政费用支出,有的表现为无形或难以计算的支出,例如:新闻机构、政府部门和其他事业性机构在宣传、接待等方面的非预算性支出等,引资机构人员等事业费支出。一般情况下,引资数量规模越大,常设性机构就越多,从而常设性机构增加的总的费用就越多。

云南省吸引省外资金时需要通过广告、洽谈会等形式进行引资推介。比如,云南通过参加泛珠三角会议,展示自己的项目、引进省外资金,云南省要支付差旅费及宣传费;通过代表团互访方式进行的技术转移,还需要支付接待、服务等各方面的成本。表8.4是西南五省区市2005年进行引资时所花费的成本占引进资金总额的比例表。该表中,云南的宣传推广费用比例居西南五省的第二位,仅次于重庆,领先于广西、四川与贵州。说明云南省引进省外资金的宣传成本较低,单位宣传推广费用引进的资金较多,从这一角度来看,云南省引进省外资金的效率在西南五省区市中较好。

表8.4 西南五省宣传推广支出费用比较

	四川	云南	贵州	广西	重庆
占引资额的百分比	1.6	1.1	1.8	1.4	0.7
排名	4	2	5	3	1

数据来源:《世界银行发展报告》(2006)。

（二）间接成本分析——挤出效应

东部对云南省的技术转移就像一把双刃剑，我们在看到成果的同时，也要清楚地看到云南省通过引进资金、购买技术设备、引进人才等方面带来的技术方面的挤出效应。目前东部地区技术转移的"挤出效应"正作为技术溢出的负面影响而存在，云南省应该重视这方面的挤出效应。这种挤出效应主要表现在三个方面：

1. 引进东部资金对省内资金的挤出效应

东部对云南省进行技术转移的挤出效应是指由于东部地区增加对某些领域的投资而导致云南省内政府或企业对这些领域投资减少的效应，即东部的投资"挤出"了省内部门的投资，这也有可能导致东部地区对云南省部分领域技术垄断的隐患。

2. 引进东部资金产生的税收成本

税收成本属于隐性成本，很难直接计入招商引资、购买技术设备的成本，但实际上这部分费用已经发生或迟早要发生，因此也必须计入成本[①]，税收成本主要包括以下两方面的内容：第一，税收损失成本。由于项目引资实施了许多优惠政策，必然会导致某些资源的损失。例如，对引进省外资金施行的优惠税收政策，从另一层面上来看这意味着税收的损失。根据世界银行报告《政府治理、投资环境与和谐社会：中国120个城市竞争力的提高》显示，云南省的税率为5.8%左右，在西南地区比贵州和广西的税率要低。引资采用相对低的税率，必然导致资金进入云南之后，税收相对的减少，即税收损失。第二，税收优惠成本。在技术引进和设备引进方面，政府推出了一些鼓励措施，对先进技术和设备的引进在税率方面也有很多优惠。这会造成一些低层次、低水平的技术冒充高层次的先进技术，以逃避税收。

3. 引进东部资金产生的环境污染成本

某些高耗能、重化工行业以及一些低层次技术和设备引入云南省后，必将对环境造成严重损害。这种成本必然影响云南省的可持续发展，在这一部分我们将通过外资企业的"三废"（废水、废气和固体废弃物）排放量来衡量外资对云南省的环境影响状况。西部地区生态环境脆弱，引资不但要注重对经济的促进作用，更要注重对资源和生态的消耗和破坏作用。云南省外资主要流向第二产业，且以高耗能、高排放行业为主。"三废"排放量指标涉及废

---

① 徐震：《招商引资的辩证分析》，《济宁师范专科学校学报》，2002年第4期。

水、废气和固体废弃物,他们的排放量基本上可以代表外资企业的污染成本。2004年云南省工业企业中,"三废"排放量占前六名的行业中化学原料及化学制品制造业、电热力的生产和供应业占据了"三废"排行榜的首位。黑色金属矿产和冶炼业总体排名也居前列①。因此,进入云南的外资很大一部分都进入了高污染、高耗能的行业,很大程度上增加了云南的环境保护治理成本,增加了云南财政的负担,降低了云南经济可持续发展的潜力。

二、收益分析

东部地区通过直接投资、出售设备技术等方式对云南省进行技术转移。技术转移过程是科技从发达地区向不发达地区的扩散过程。云南省作为国内的欠发达地区,在接受了东部的技术转移后获得的收益主要有经济收益、就业增加和技术溢出效应。以下我们就从这三个角度分别进行分析。

(一) 经济收益:对云南省的经济发展具有巨大的推动作用

云南省作为西部省份,劳动力相对富裕,资本相对缺乏。新古典经济学理论认为,直接投资与经济增长相互影响、相互作用;资本相对缺乏,则其边际生产力必然高,因此,东部省份的资金的获得,缓解了云南省资金不足的局面,将会大大提高云南省的GDP水平。据有关统计分析,从长期来看,省外资金增加1%,云南省的GDP增加0.12%②。

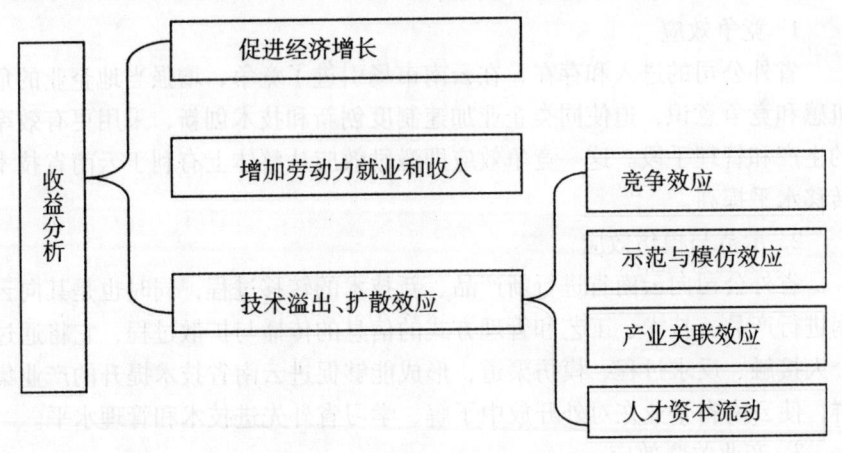

图 8.3 产业转移的经济效应

---

① 资料引自:《中国发展报告(2006)》,中国统计出版社2006年版。工业企业"三废"排放量:为全部工业企业口径。

② 杨缅等:《投资对云南省经济的拉动作用》,《统计与决策》,2006年第8期。

（二）很大程度上解决了云南省的劳动力就业问题

关于东部省份资金对云南就业增长产生的效应，主要包括两个方面。一是外省资金对就业的直接作用，如关于外省资金与云南就业之间的替代效应和互补效应，一般认为投资对劳动需求的影响是这两种效应的结合，这最终取决于两种效应中谁占主导地位。因为省外资金可以带来技术转移，并且引进的人才也多为高技术、高层次人才，所以，资金引进对云南省的就业主要是互补效应；据江西省经济合作办公室资料统计显示，2002年江西省实际引进省外资金272.47亿元，安置就业人员21.57万人①。2006年云南省利用省外资金195亿元，按照江西省的比例，那么这也会给云南省带来大约18万人的就业。二是关于外省资金通过间接途径影响云南就业。如东部资金通过挤入或挤出省内资金，从而间接影响就业。

（三）技术溢出、扩散效应②

所谓技术溢出效应是指投资公司所具有的产品技术、管理技术和研发能力从投资企业内部对当地企业非自愿扩散的效应，技术溢出促进了当地企业的技术和生产水平的提高，它是一种经济外部性的表现。③云南通过引进省外资金带来的技术溢出和扩散效应也是如此。对云南省的技术溢出效应是通过模仿、市场竞争、上下游关联、人力资源的流动以及对云南配套企业的带动效应等来传导和实现。

1. 竞争效应

省外公司的进入和存在，在云南市场引进了竞争，增强当地企业的危机感和竞争意识，迫使同类企业加速制度创新和技术创新，采用更有效率的生产和管理手段。这一竞争效应即激励效应从整体上有利于云南省技术转移水平提高。

2. 示范与模仿效应

省外公司向云南省进行新产品、新技术的转移过程，同时也是其向云南进行产品、技术、工艺和管理方式的信息的传播与扩散过程，它将通过个人接触、反求过程、模仿渠道，形成能够促进云南省技术提升的产业集群，使云南省企业在对外开放中了解、学习省外先进技术和管理水平。

3. 产业关联效应

产业关联效应包括前向关联效应与后向关联效应。后向关联效应是指

---

① 资料来源：《江西日报》，2002年11月12日。
② 张勇：《我国FDI技术外溢及对策》，《经济纵横》，2006年第11期。
③ 谢军：《外资技术溢出对国内企业影响的实证研究》，《商业时代》，2007年第4期。

由云南省的当地厂商为省外公司提供原材料，而产生技术向云南厂商溢出的结果；前向关联效应是指由云南省当地厂商为省外公司提供产品市场营销服务，或对其半成品、零部件、原材料提供加工组装服务，而造成技术向云南厂商的溢出。这两种产业关联效应都有利于云南省产业结构的升级与优化，从而带动了云南省技术转移效应。

4. 人才资本流动

省外公司对云南省员工的培训是技术溢出的基础，经过技术培训的技术工人和管理人员若将来流向其他企业或独自创业时，他们在省外公司中所学到的各种技术也随之外溢。云南省在购买技术和设备之后，必然需要一些能运用这些技术和设备的人才，这些人才可以在本省获得，也可以在外省引进，这样通过"干中学"的方式可以获得技术溢出。外省的专业技术人才引入云南省后，这些高技术人才的流动，必然也会带来技术溢出效应。

三、引进投资过程中的技术转移效应的比较

当代直接投资理论普遍认为，直接投资技术转移的作用非常明显，各种形式的直接投资几乎无不包含着技术转移。另一方面，购买东部地区技术、设备以及与东部地区展开产学研合作也是几种很好的技术转移的形式。本节将重点对直接投资带来的技术转移效应进行阐释，并与其他的几种技术转移形式进行对比分析。

表 8.5 各种技术转移方式效应差异表

技术转移方式	有形成本	无形成本	转移的难易程度	技术溢出范围	产业结构调整
直接投资	B	D	D	C	A
购买技术	D	C	A	D	C
购买设备	C	B	A	B	C
省院省校合作	A	A	C	A	B

注：A、B、C、D代表的优劣程度是相对于技术转移的有利方面而言的。

对于技术转移的方式效应，不同的专家有不同的看法，我们选取一些有代表性的指标来表示，见表8.5，包括技术转移的有形成本、无形成本、技术转移的难易程度、技术溢出的范围以及对产业结构调整的贡献。

其中的得分情况我们用 A、B、C 和 D 表示，A 代表最好，B 次之，C 又次之，D 最差。

从表 8.5 可以看出，通过直接投资进行技术转移，虽然没有云南省所实施的省院、省校合作项目的效益高，但是与其他形式相比，其由于转移难度较低，溢出效应相对明显，是成本—收益比相对较高的形式。同时，直接投资还可以对云南的产业结构调整产生较好的效应。因此，大规模引进外来资本、加速发达地区向云南进行产业转移仍是目前云南的一个较优选择。

第三节　通过产业转移实现技术转移的难点

能否通过产业转移实现技术转移，在很大程度上取决于以下因素：①技术性质，包括技术复杂性、R&D 所需的集中度、基于产品或工艺的技术；②卖方战略，包括规模和公司战略、集中于特定产品技术及依赖于品牌、技术转让经验；③买方能力，包括公司技术与技术能力、要素市场可利用的技能和信息、支持技能和技术开发的态度；④当地政策，包括对投资和知识产权的态度、扶持当地公司和能力政策等。只有在具备了一定的物质资源、人力资源和组织资源的情况下，才能实现产业转移，从而实现直接投资中技术、资本、文化等资源要与本地资源的整合，形成现实的生产能力。由于自然条件、政治经济发展等诸多因素的影响，使得相关的技术引进政策、投资软环境以及吸引技术的方法和手段等制约因素成为向云南进行技术转移的难点。

一、技术转移的制度制约

在技术引进方面，云南省的相关政策规定：政府鼓励和支持各类研究开发机构、高等院校、企业、社会团体及公民同国内外科学技术界、企业界广泛开展科学技术交流与合作，引进先进技术；设立企业技术进步奖，用于奖励在新产品开发、技术引进与技术创新中取得显著经济效益和社会效益的企业；鼓励外来投资者投资高新技术产业、信息产业，可以以专利技术等参与投资设立研发中心开展高新技术的引进消化与创新、研究开发和成果转化等活动；在高新技术引进和成果转化方面作出突出贡献的中介服务组织，其为高新技术产业服务的业务量占该中介机构业务量的 70%以上的，按相关规定进行认定，可享受与高新技术企业相同的优惠政策；

对于引进先进技术的民营科技企业保证享受国家和省的有关经济、技术和产业政策；多渠道、多形式、多层次引进国内外高新技术成果，提高产品科技含量；深化省院、省校合作，加快科技成果产业化进程；鼓励国内外的企业、研究机构和高等学校到云南省兴办高新技术企业及技术创新机构，国内外的企业、研究机构和高等学校与云南省合作兴办的高新技术企业、共建重点实验室或工程技术（研究）中心，享受云南省企业、机构同等的优惠政策。

在总的政策环境上，云南省政策法规对技术转移和引进虽然有一定的偏向性，但并没有具体的针对技术转移和技术引进的政策。云南省在技术转移和引进的政策方面主要针对经济技术开发区、高新技术开发区分地类、分用途实行一定的优惠。云南省现行的科技税收政策主要是针对高新技术开发区的企业和外企，而对高新技术开发区以外的企业，几乎不存在科技发展及研究方面的税收优惠，同时，对处在高新技术开发区内的企业，不管是否是高新技术企业都实行税收优惠政策，按同一税率征收企业所得税，从而不能充分实现税收的引导、激励作用，体现不出税收优惠力度。同时税收优惠方式比较单一，对高新技术产业的税收优惠主要是所得税优惠，而很少涉及流转税的优惠，以至于税收优惠的效果不好。并且对高新技术的优惠仅限于税率减少和税额的减免，而在 R&D 费用扣除、固定资产折旧、投资减免、延期纳税以及对高新技术产业免征固定资产投资方向调节税等方面缺乏实质性的间接优惠措施，对高新技术产业化最需要进行风险补偿和扶持的研制开发、成果转化阶段鼓励不足。

在促进技术成果转化、鼓励技术人员以技术要素参与收益分配上，虽然云南执行了国家的相关政策，允许以技术入股、允许技术人员参与技术转让收益的分配。但还缺乏更加有效、更有激励和支持效果的政策，如建立技术成果转化专项基金、科技成果转化项目可优先获得风险投资基金、产业开发投资基金支持、设立技术成果转化服务中心和产权交易所及鼓励采用期权分配、年薪制等政策措施都没有相应的建立起来。这些政策的缺乏在一定程度上影响了鼓励科技人员进行技术发明、技术创新和技术成果向产业化转移的效果。

二、云南软环境对技术转移的制约

软环境建设是一种成本低、收效大，但难度高的开发投入。软环境建设的目标主要是改善和优化现有的人文条件，使其达到对投资者富有吸引力并愿意在此长期投资的效果，通过软环境的建设可以促进技术转移和人才流动。

（一）科技人力资源分析

云南省科技人力资源行业分布呈现出过度集中的状况。从大专层次及以上人才的行业分布来看，云南省人才过半以上集中在"教育、文化艺术和广播电影电视业"和"国家机关、政党机关和社会团体"两个行业上，集中度为51.6%。从专业技术人员行业分布（2004年）来看，云南省85.04万的专业技术人员中的37.72万都集中在一个行业中——教育、文化艺术和广播电影电视业——集中度高达44.36%，在每万个专业技术人中，只有98人从事采掘业，48人从事金融保险业。科学研究与综合技术服务业的集中度只有3.71%。

从最近科技部对R&D人员的统计显示，企业R&D研究人员占全社会R&D研究人员的比重，云南也低于全国平均水平和发达地区水平（见表8.6），在从事企业应用型研究方面，云南科技人才所占的比重太低，直接影响了企业的研究与开发。

表8.6　云南与其他省市企业R&D人员占全社会R&D人员比重

单位：%

年份	云南	全国	上海	江苏	四川
2005年	18.06	42.66	27.13	47.14	29.54
2006年	22.22	—	32.24	55.12	36.36

资料来源：《2006年全国及各地区科技进步监测结果》。

从科技人力资源指数看，2004年全国科技人力资源指数为52.45%，云南为39.9%（在全国排第30位），比2003年的40.91%（在全国排第29位）下降1个百分点。

（二）科研物质条件分析

科研物质条件指数反映的是各地区年度科研基本建设投资和科研仪器设备的增量水平。"十五"以来云南省全社会R&D经费投入逐年增加，但R&D经费投入占GDP的比重与全国平均水平相比差距很大，云南省R&D活动的经费投入规模与水平偏低，2001年排序仍为第24名，2002年排序为第23名，2003年云南省各类企业R&D经费投入5.35亿元，比上年增长25.1%，R&D经费支出占全省R&D总支出的比重为48.6%，比上年增加了3.1个百分点。从科研物质条件指数来看，与2003年相比，

2004年全国科研物质条件指数条件大为改善，全国平均水平为41.13%，增幅为6.16个百分点，云南为19.03%（在全国排第30位），比2003年的21.98%（在全国排第25位）下降2.95个百分点。

2005年，全国科研与综合技术服务业新增固定资产占全社会新增固定资产比重为0.49%，云南为0.32%，同期，四川为0.99%，上海为0.41%，江苏为0.42%。云南在科研与综合技术服务上的投入仍处于较低的水平。

（三）科技意识分析

从科技意识指数看，2004年全国科技意识指数为35.24%，与2003年相比增加0.82个百分点，云南为22.09%（在全国排第18位），比2003年的21.21%（在全国排第20位）增加0.88个百分点。表明近年来云南省在科技意识上没有较大的改观，仍处于全国的中等偏后的水平上。

从上面的分析可以看出，当前云南存在着科技队伍总量不足，高层次技术创新人才匮乏；全省科技投入总量不足，投入渠道单一，结构不合理，科研基础设施、条件落后，满足不了社会、经济发展的需要，与全国差距继续拉大；全社会科技意识不强，政策落实不到位，技术创新能力不强，企业创新意识和动力不足等问题。软环境因素的制约，阻碍了向云南进行的技术转移。

三、云南吸引技术手段和方法上的制约

从云南的现状来看，由于长期以来技术转移缺乏明确的战略和统一的规划，有大量的国企在技术引进和技术转移方面常常表现为政府行为，要由政府决策，由于经常追求眼前利益，因此技术引进和经济结构调整、产业结构优化步调不一致，缺乏长期的统一规划和协调，导致技术引进混乱，技术转移和技术创新缺乏连续性和层次性。

在技术转移过程中，从发达地区引进技术时，往往成套的硬件设备多，而更核心的是技术方法、技术专利、技术观念等软件部分不足，加之技术转移的方式单一，对技术人才的引进和通过技术合作开发形式较少，技术的消化和创新能力不够，有些单位高价购进技术设备，使用几次出故障后，因为无人修理而被长期废弃。同时，由于忽视了技术人才的引进，使云南成为纯粹的吸纳技术的"吸收点"，企业自己研究开发创新的实力得不到增强，企业核心竞争力得不到提高。

第四节 促进发达地区向云南进行技术转移的对策建议

由于技术要素的特殊性，跨区域技术要素流动与技术转移，需要市场机制与政府政策的相互补充，这是一种建立在政府影响下的技术转移模式，通过东西部政府的努力与合作，对跨区域技术转移过程起到推动作用，从而提升东部地区技术转移的积极性和云南省技术吸收的能力。其中，政府关于鼓励技术交易与产业转移的政策将起到重要的作用。

一、形成加快向云南进行技术转移的新思路

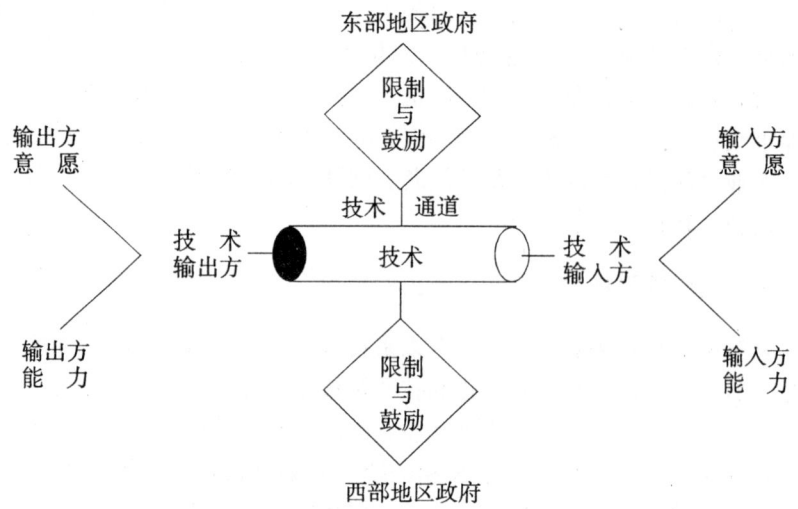

图 8.4　技术转移中政府与市场的作用

图 8.4 勾画出东西部之间在技术转移过程中所处的关系和地位，以及政府在其中的作用。就一般而言：①发达地区与欠发达地区之间的技术转移与扩散主要呈现一种单向性，即发达地区和部门往往成为技术的生产者或传输者，而不发达地区则是技术的接受者或消费者。但是，要得到技术转移的效应，双方都必须有实质性的技术发展努力。②云南省的技术发展与发达地区或先进部门的利益直接相关，发达地区或部门的技术生命周期必须在云南得到延续；云南的技术吸收能力是东部地区技术输出方通过

转移与扩散在一定时期取得创新技术垄断利益的前提条件。因此，制定促进发达地区向云南进行技术转移政策时，要充分考虑发达地区的技术累积、转移愿意与转移能力。

与此同时，云南省作为技术需求方的技术缺口、引进愿意与吸收能力也十分重要。如果云南省存在着研究与开发能力、创新人力资源、知识获取能力和信息水平不足等问题时，其吸收和消化技术的程度将大大降低，导致新旧技术交替过程的技术消耗，或由引进更新的技术时与原来的旧技术之间的脱节。因此，如果云南与发达地区的技术缺口太大，将影响发达地区向云南进行技术转移和扩散的效率。因此，云南省的技术的持续进步，将技术差距控制在一定范围，或进一步缩小这种差距，是获得发达地区技术转移和扩散的基本条件。加快区域间的技术转移，促进云南省技术发展，不仅可以加强技术优势方的供给能力，而且也强化了云南作为技术劣势方对技术的引进和消化，为云南省的内生技术发展创造条件。

基于以上的认识，云南省和东部地区政府应当对区域之间技术转移采取激励的政策取向，构建区域技术有效转移渠道的公共政策。因此，鼓励东部地区向云南进行技术转移的思路应该是：

（一）形成有利于云南技术发展的研究与开发机制

发达地区的部门、企业为了保持和增强自己的竞争力，利用其他地方存在的科学技术能力，利用不同地区研究与开发成本差异，可以获得研究与开发的规模经济与范围经济效益；研究、开发活动在地理位置散开，其所带来的好处十分明显。因此，研究与开发活动的分散化意味着发达地区与部门体系将自己发明能力与其他地方的技术力量结合在一起，创造了更多的技术，增加自己的竞争优势。对于云南省来说，大量低成本科技人员的存在形成了研究与开发的推进因素，同时，云南省现有的企业管理及技术力量集中，支持性基础设施完善，对发达地区的高附加值技术或研究与开发活动具有一定的吸引力。因此，应该通过云南省与发达地区政府的政策推动，推动发达地区的企业与研发机构将技术的研究与开发向云南转移，逐步形成有利于云南技术发展的研究与开发机制。

（二）鼓励携带技术的产业或投资向云南转移

从发达地区企业竞争优势的构成来看，向包括云南在内的西部地区进行直接投资与产业转移是实现技术优势价值的理想方式。云南与发达地区之间合作创新体系的重要方式之一，就是选择与鼓励那些具有技术竞争优势的企业进入云南，与云南的多样性资源结合。尽管云南省利用国内其他地区直接投资的目的在于技术进步和技术发展，缩小或消除技术缺口。但是，在发展阶段较低、增长要素积累不足的情况下，即使有一定规模的直接投资与产业进入，由于技术吸收能力与技术优势不处在同一层次，必然存在技术转化、吸收方面的困难，即"技术接受方面的吸收能力差距"。云南省政府要努力促进云南与发达地区形成一个完整有效的合作创新体系，促进发达地区产业向云南转移。

二、完善政府推动机制

政府要进一步通过完善市场、制定政策和提供服务，推动发达地区技术向云南进行转移，促进云南技术引进目标的实现。

（一）完善技术市场制度

政府在完善技术市场制度能起到非常大的作用。一方面，技术是一种特殊的商品，它首先必须遵循市场运行的规律，同时，这个市场需要特殊的保护政策与措施，需要知识产权保护的良好环境。另一方面，技术转移和技术引进又是一个复杂的过程，技术交易过程非常复杂，这个交易的过程包括市场的调研、谈判、交易、支付，也包括技术产品转化后的生产、管理、市场销售、利润实现等各个方面。作为一个复杂的交易过程，技术转移与技术引进，需要与多个政府部门，如科技、工商管理、税务、进出口、技术监督方方面面建立多方的联系。因此，政府在技术引进的过程中有许多可以促进技术转移和引进快速实现的主动性。要加快发达地区技术向云南进行转移，各级政府和相关管理部门要不断完善技术市场制度，规范技术市场交易秩序，促进发达地区技术向云南转移的有序、规范的进行，加快发达地区的技术转移和云南技术引进的速度。

（二）制定有利于技术转移与引进的政策

政府在计划和推动技术转移及引进中的一个重要作用就是制定有利于促进技术转移及引进的政策。技术转移和引进需要政策的保护。这个方面的政策包括知识产权的归属，知识产权的分配，税收、金融、融资方面的政策和进出口的政策，军民双向技术转移的政策，高校科研院所技术成果的转移应用的政策。如建立技术创新的支持基金、制定技术要素参与收益分配的政策、对高新技术的引进实施更加优惠的税收政策等，通过制定鼓励技术转移和技术引进的科技政策和经济政策，直接介入到云南吸收外来技术的活动中去，鼓励和支持产业的转移与吸收。

（三）提供服务

为技术转移和引进提供良好的服务是实现政府计划和推动技术转移和技术引进的重要内容。技术转移和引进是一个比较复杂的过程，它需要一些法律、信息和咨询评估、融资方面的服务，这样一些服务能够提高技术转移的效果和它的效率，降低市场的成本。目前政府在这些方面还存在许多不足，在服务体系方面还有很多的不足和缺陷，影响了技术的转移和引进。需要政府提供良好的服务，通过对技术商品配置转化的程度进行等级的评价，对一项技术进行技术经济的分析及技术经济的评价，消除买卖双方对技术成果信息的不对称性，并通过政府提供担保的制度，完善合同程序，在技术转移方面维护交易双方的利益。

（四）加强承接产业转移的载体建设

要着力搞好工业园区建设，把工业园区建设成为承接东部地区产业转移的有效载体。一要加强园区规划，科学决策工业园区的建设，坚持从实际出发，高起点、高标准、高要求，统一规划，合理布局，相对集中，分步实施。二是加大工业园区的基础设施的投入，通过政策投资和市场运作两条线，逐步解决工业园区基础设施投入不足的矛盾；三是在集中园区建设的基础上，建设一些非集中性的园区，非集中园区享受集中园区的同等政策与待遇。四是进行专业园区的建设，在一个地区、一个园区，逐步形成产业集群优势，促进企业间的分工与合作。五是加强中介组织的建设，通过中介服务，加强企业间的联系以及技术和信息交流，塑造信任、合作的氛围和环境。

三、完善技术转移的中介联系和组织机制

技术中介机构通过联系和组织，实现技术的孵化、交易、扩散等过程，使技术实现技术商品化（把实验室成果变成市场需要的产品或服务）、产品社会化（通过企业运作把产品或服务进行规模化生产，以可接受的成本把产品提供给广大用户）和技术扩散（对于新的工艺技术、新材料和"软技术"等通用技术成果的进一步转化就在于把这些工艺技术向适用的行业或企业进行技术扩散）。

要通过完善的中介体系，加强技术提供方与技术需求方的合作交流，增加技术的有效供给，满足技术需求方的需求，提高技术交易的效率。一是要加强技术市场基础条件建设，要通过增加投入，健全云南省技术市场信息网络体系，促进云南省技术产权交易中心的现代化，降低技术交易中信息的不对称性，提高技术交易的效率。二是要组织流动技术交易市场，建立技术交易与技术项目招标会等多种形式的技术交易平台。三是发展多种技术交易中介，建立完善的面向社会的技术咨询、经纪、信息、评估等体系。通过政府出资的方式，成立一些非盈利的技术中介，带动云南省技

术中介的培育和发展，使技术中介充分发挥有效信息的传递作用。四是规范中介行为，管理机关应从是否有组织协调技术商品化工业化的能力、是否有从事信息收集处理的能力、是否有分析检验技术的能力等方面对申请从业的机构或个人进行审查，强化对技术交易中介的规范化管理。

四、促进企业承接能力及合作能力的提高

云南省可通过企业技术基础设施建设的加强、技术试验发展经费投入的加大、大批科技人才的培养和引进、科技资源配置的调整和具有创新意识企业文化的培育，实现技术需求主体对技术转移和引进的市场承接能力的提高以及与其他技术研发部门的合作能力的提高。

（一）加强企业技术基础建设

内生增长理论已经论证了技术在经济发展中的重要性，企业发展的经验也证明了技术中企业持续发展的源泉。若要全面提高企业技术转移及引进的市场承接能力和技术合作能力，就必须在切实做好企业技术开发机构的建设工作的基础上，鼓励和引导企业加大对科技的投入，不断增加企业的研究经费。技术引进是对别人开发成果的利用，在利用之前，引进主体要具备一定的技术能力，来接受比自己先进的技术；技术引进后，为了真正掌握并变成自己的东西，还需要投入相当的研究资源进行配套研究，以达到消化吸收、有效利用的目的。因此技术基础能力的培养是企业技术引进的基础，企业必须在加强技术基础建设上下大工夫。

（二）加大对试验发展的投入

据计算，基础研究、应用研究和试验发展的投入比在 1：10：100 条件下，最有利于技术成果转移和引进之后的产业化和消化吸收。而云南省近几年的这一比例大概在 1：2：8 的水平，因此在研发环境中，云南省的应用研究和试验发展的比重均低于平均标准，特别是试验发展还不能满足平均标准的十分之一，云南省必须加强试验发展的投入。若云南 R&D 投入占 GDP 的比重能提高到全国的平均水平，在保持基础研究和应用研究的 2001 年投入量不变的情况下，试验发展经费将会有较大幅度的增加。

（三）培养与引进大批科技人才

人才是技术创新工作的核心，如果没有掌握一定技术与知识的人才，根本就谈不上技术创新。必须打破传统的人才培养流动机制，建立适应市场经济的人才使用培养与引进机制，努力造就使人才脱颖而出的宽松环境，充分发挥云南省现有人才的优势，同时采取相应的优惠政策，充分利用好国内外的"头脑资源"，尽可能地引进国内外高级技术人员，充实省内的技术研究与创新力量；到国内外设立研究机构，聘请当地的高级研究人员，从事技术研究与创新；注重人力资源的开发，培养出知识面广、能力强，既懂技术又懂经营，具有创新开拓精神的人才。

（四）调整科技资源配置

云南省在进行科技体制的改革时，应根据科技活动外部性的高低，对政府科技拨款的对象进行调整。外部性高的基础研究，由政府选定重点科研机构，集中财力支持；外部性低的研究开发机构按企业方式经营，政府不再拨款。这样对增强科研机构技术供给动力，使企业成为技术创新的主体，无疑具有极大的推动作用。由政府、科技界、企业界共同确定对社会经济发展有重大影响的科研项目，通过招标的方式确定项目承担单位，配置相对充裕的资源，并签订合约，保证专款专用。科研机构的其他费用，则通过市场方式来获得。这样，可以通过技术产权的分配，把企业和科研单位两种驱动力量整合起来，把短期利益和长远目标结合起来，促进科技与经济的持续发展。

（五）培育具有创新意识的企业文化

企业文化是企业在长期的经营当中形成的，对于某一个企业来说，由于长期专注于某一行业的经营，不可避免地要用它的一些规章制度、组织措施、管理体系、技术体系等等，来影响和保障自己企业经营目标的实现，这无形当中造就了企业员工知识与技能、价值观念与行为规范，形成了企业特有的文化。企业文化是企业发展的重要资源，而培育富有创新意识的企业文化是企业技术创新的不竭之源泉。企业对技术转移和引进的承接能力最重要的反映就是技术创新能力。但是企业文化一旦形成之后具有一定的稳定性，它在某些方面会对技术创新产生阻碍作用。于是，企业必须大力培育员工的创新意识，在管理部门中树立创新观念，最终建立起富有创新意识的企业文化。

五、建立促进科研开发和科技成果转化的市场环境和法律环境

（一）建立一个相对完善的技术交易市场环境

要建立一个相对完善的技术交易市场环境，促进资金、技术、人才的自由流动，同时，建立和维护好适宜于高新技术产业发展的人才市场、技术市场、资本市场以及服务中介市场。

（二）创造保护知识产权的法律环境

在知识产权保护的法律法规制定方面，省一级政府要严格执行国家的相关法律，做到执法必严。要加大对违法者的惩罚力度，并将其用于补偿

知识产权权益人的损失。通过对知识产权的明晰界定和有效保护，降低技术投资风险，明确利益边界，可以促进科技成果的转让方与受让方间的合作。

（三）建立侵权信用档案

知识产权保护机构通过联系技术中介机构，在技术转移和引进后进行定期跟踪调查，建交云南省的知识产权保护信用档案，特别是定期公布具有侵权行为的企业名单，有利于有效避免对知识产权的侵害。

六、进一步完善产学研技术合作体系

建立产学研互相结合的技术创新体系，把各方在资金、技术、设备、材料、信息等方面的优势结合起来，就某个项目进行联合开发，十分有利于技术的转移和引进。通过突出企业在产学研技术合作中的横向联合、建立有效的沟通网络、建立大学及科研机构与产业界合作的研究中心和鼓励优势产业的企业积极开展 R&D 国际化，进一步完善产学研技术合作体系。

（一）突出企业在产学研技术合作中的横向联合

企业与研发机构共同开发高新技术项目或组建集团公司，使技术的研究与开发面向市场，实现供需有效结合，直接减少了信息搜寻的成本。同时，不同主体的合作过程，是一个技术、经验和知识的交流过程，而且比起一般的技术转让，联合群体中的交流范围更广，这就大大提高技术扩散的速度与效率，从而加快技术成果的产业化进程，推动高新技术产业的技术进步和产业发展。

（二）建立有效的沟通网络

科研单位和企业之间或是研究人员之间若存在某种特定的关系，技术交易过程中双方之间更容易建立起信任关系。这种关系使得技术双方的交易即使没有达到预期的经济或非经济收益，双方也能够成交。并且双方在隐含知识的转移过程中会有更加密切的合作，也更容易建立长期的合作关系，有助于技术交易的进行。因此，在云南省可以考虑发展大学等研究机构之间、大学与企业之间、企业与企业之间这种关系网络。

（三）建立大学及科研机构与产业界合作的研究中心

在经济开发区和高新区内建立大学及科研机构与产业界合作的研究中心，加快大学、科研院所的科技成果的产业化，这些研究中心可以采取多种形式，也可以得到来自政府的资助。鼓励大学及科研机构与产业界之间的人员交流项目，鼓励大学的研究人员到企业或企业的研究人员到大学在一点时期内从事具体合作研究，使企业在合作过程中，逐步掌握先进的创

新体系、研究方法与管理技巧。在更高层次上实现新产品与新技术的开发与应用，完成云南省技术的转移并实现产业技术水平提高的目标。

（四）鼓励优势产业企业积极开展 R&D 国际化

鼓励云南省资金、技术和人才积累有优势的烟草、有色金属等企业把 R&D 活动开展到省外和国外，一方面即可直接在所在地区申请专利，率先占领省外和国外市场；另一方面通过利用外部有利科技资源有助于提高内源技术的研发能力和向省内企业传递更多的技术供给信息，促进技术转移和技术引进。

七、增加对技术转移及引进的金融支持

不断增加用于技术转移及引进的经费，将会直接加快云南省技术引进和转移的步伐。通过把加大风险资金用于转移及引进技术项目的投资和加强技术市场与金融资本市场的结合，保证用于技术转移及引进资金的持续增加。

（一）加大风险投资

技术商品的生产、交易和进行的商业化，需要大量的资金投入，并承担较大的风险。但是其高风险也是与高收益相联系的，一旦实施商业化获得成功，将会获得高额收益。加大风险投资主要的方式是实现风险投资资本来源的多元化。而云南省要实现风险投资资本的多元化，可以引导民间资本、企业资本和境外资本通过投入风险投资基金或风险投资公司和直接进行高新技术产业投资而进入风险投资当中。云南省可通过联合的形式，建立科技开发银行，实施对技术产业化进行投资。在资金募集方式上，鼓励通过私募进行风险投资。这样，对于云南烟草和外商等实力雄厚、投资需求强的投资者，有利于进一步节省募集时的成本，扩大风险投资资金。

（二）促进技术市场与金融资本市场的结合

充分发挥商业银行的作用。一般来说，在技术的开发期，商业银行不宜介入，但在技术商品化后，随着风险程度的不断降低和经营业绩趋于稳定，商业银行可利用自身资金、信息、人才、管理等方面的优势，有针对性地开展科技企业的金融服务。在企业在进入成长期和成熟期后，要鼓励风险投资、私人投资、大公司、银行等外部资金来源参与企业技术引进，保障企业的顺利发展。

（三）资金政策支持

根据云南省的技术缺口情况，列出资金重点支持以下技术转移和技术引进项目目录，然后根据目录，主要采取投资、贷款、贴息贷款和债务担保等投资方式以及税收、土地等优惠政策大力促进技术转移和引进。

第九章 技术创新与云南产业发展的载体建设：企业集聚理论视角下的高技术园区发展

企业集群是指某一特定产业内相似的、相关联的或互补的众多中小企业和机构基于专业化的分工与协作大量聚集于一定地域范围内而形成的稳定的、具有持续竞争优势的集合体。国内外企业集群的研究表明，集群（集聚）内部的协同效应和自强化机制极大地增强企业活力，提升产业竞争力，并通过空间扩散效应促进地区经济的发展。企业集群协同效应可使高新技术开发区产生显著的竞争优势，从而成为欠发达地区高新技术开发区的发展新的赶超途径。因此，我们从企业集群的角度探索昆明高新技术开发区如何成为云南省进行技术创新、开发高新技术技术、实现产业发展尤其是高新技术产业发展的重要载体。

第一节 高新技术开发区发展的区域理论

近20年来，一股迅猛的高新技术开发区（有的学者称为科学园区）热潮席卷了全世界。发达国家的许多学者不断地寻求解释高新技术开发区发展的各种理论，他们认为对高新技术开发区政策理论基础的讨论是经验研究的前提。因此，所谓高新技术开发区政策的理论基础，是指对发展高新技术开发区有用的理论，是"事后的"，有追溯效力的。由于国外的高新技术开发区的发展早于我国，因此研究他们这些经验总结的理论对我国的高新技术开发区的发展有着十分重要的意义。

高新技术开发区政策理论的基础是有关各种区域发展的理论，强调要创造良好的环境或增加地区"肥力"以使本地区经济发展，然后在本地区经济与科技发展后，以本地区为中心向外扩散，带动整个区域经济发展。这些强调园区经济发展的理论包括企业家理论、苗床理论（seed-bed）、地区创造性理论、增长极理论和空间扩散理论。

一、企业家理论、苗床理论和地区创造性理论

企业家理论、苗床理论和地区创造性理论所要解决的问题是：为什么有些地区，例如加利福尼亚硅谷、波士顿128号公路、印度班加罗尔地区的经济活力比其他区位经济活力强？他们具有什么样的优势条件？能否通过公共政策重新构造这些条件，然后如何借助这些优势条件再创造一个具有类似经济活力的区位？美国学者安德逊（Anderson，1985年）提出，创造性作为一种社会现象，最初在高度竞争性的地区发展，这些地区有良好的内部和外部通信网络。他认为可以通过公共政策来创造这些条件，包括创造高新技术开发区。

企业家理论、苗床理论和地区创造性理论来源于经济学家熊彼特。早在1934年，熊彼特就提出"企业家是创造新的产品与服务结合体的关键"。对熊彼特理论的现代应用，则是把企业家密度和企业家网络的扩展程度与经济增长率联系起来。从这个观点出发，可以认为高新技术开发区由于创造了环境，培育了新的公司，涌现出创新企业家，因此获得社会和经济效益。高新技术开发区的发展分为机构阶段和企业家阶段。在机构阶段，开发区吸引主要的研究设施，增加服务和支撑工业，集聚大量科学家和工程师，他们开始相互联系并相互影响。在企业家阶段，科学家和工程师以个人名义或集体名义组建新的公司，这些公司通常位于同一地区内。企业家理论十分强调高新技术开发区发展的"企业家阶段"。

增加企业家密度的政策重点在于向有潜力的创新者提供技术援助、地位、特殊培训以及启动资本，同时还强调改善整个文化和经济环境。根据产品生命周期理论，在产品生命的早期阶段，要有大量的研究与开发公司和优秀的企业家。增加企业家密度的政策与产品生命周期理论是一致的。

苗床理论又称为孵化器（incubater）理论，它是关于在新生产部门发生和发展的最初阶段所需要的地理条件的假说。过去对这个假说的一种解释认为，大城市中心是雏形生产部门的最好的孵化器，因为这些部门需要多种多样的集聚经济，使它们在激烈的经济竞争中也能幸存下来。现在对苗床理论的最新解释提出，苗床本身的区位可能有周期性的变化。这两种说法都指出，苗床现象的动态特征是从原有公司中衍生出新的子公司。表面看来，苗床理论在纯描述方面相当合理，但是正如下面所分析的，它掩

盖了一些更深刻的问题。有人尖锐地指出："苗床理论的症状是轻率地使用了生物学的隐喻"。高新技术开发区是以高技能的劳动力和大量研究与开发活动的集聚为特点的,按照苗床理论,高新技术开发区中包含为新生企业提供的孵化空间(创业中心),这些孵化器设施与成熟公司或新建分厂的永久性设施不同,美国亚特兰大先进技术开发中心和康涅狄格新港科学园就是这样的孵化设施。有孵化设施的高新技术开发区在欧洲更加普遍。它们一般提供 3~5 年固定期限的孵化场所,租金较低,应用建立孵化器的方法大大降低了新公司的破产率。在以色列的韦兹曼研究所、英国的帕拉塞技术园和瑞典的查尔摩斯园等有孵化设施的园区附近,又产生出新的科学园区来。

由此可见,高新技术开发区是创新企业家活动的苗床。然而,这里有两个值得注意的问题:是否有足够的地方企业家存在?地方条件能否支持新公司的起步发展?某些地方的教训说明,仅利用公共政策往往不能解决新公司的起步问题,只有花费大量代价时才能这样做。这些地方最好吸引那些原有大型公司的分厂,至少在高新技术开发区初建阶段这样做,才能保证基本的基础设施的建设。北卡罗来纳研究三角园的开发特点可以说明这一点。上个世纪 60 年代刚刚开发时,罗利—达勒姆的基础工业——制烟草和棉纺织工业正在衰退,而且越来越多地受地区外部的控制,那时完全没有地方风险资本,交通和通信网络不发达,企业家成功的历史很短。现在情况已经有了很大的变化,其原因主要是由于大型成功公司分厂设置在这里,促进了研究三角园很多大型设施的建设,使企业家有很大的成功机会。

二、增长极理论

增长极理论又叫发展极理论,1950 年由法国学者帕鲁(Perroux)提出,它强调在经济增长中,由于某些主导产业或是具有创新能力的企业与行业在一些地区或大城市的集聚,形成一种资本与技术高度集中、具有规模效应、自身增长迅速并能对邻近地区产生强大辐射作用的增长中心,然后通过增长中心与城市的优先发展,来带动邻近地区的共同发展。在帕鲁最初的陈述中,诱导的增长是在经济空间内发生的。后来,缪尔达尔(Myrdal, 1957),赫尔希曼(Hir-schman, 1958),保德威尔(Bouderville, 1966)和其他一些学者在著作中也阐明了同样的观点,即推动性工业所诱导的增长发源于推动性工业所在的地理中心,这种地理中心被称为增长极。

第九章 技术创新与云南产业发展的载体建设：企业集聚理论视角下的高技术园区发展

一般来说，增长极理论所预期的经济增长诱导类型有：通过前向联系和后向联系促使原有公司扩建或推导新公司的产生；通过地方化经济，在与推动性部门相同类型的部门中形成新的公司；通过居民的活动，间接地促进消费活动和零售贸易的扩建或新建。预期的诱导增长是大量地通过乘数效应产生的。

增长极对周围地区产生的诱导型经济增长需要具备三个条件：第一是需要有推进型企业和主导产业。在增长极中心有一种占统治或支配地位的大型推进型企业，它隶属于主导产业。增长极作为能够推动区域经济增长的增长中心，本质上的区位在一个城市区，并在其影响范围内引导经济活动进一步发展的一系列推进型产业。推进型企业和主导产业一般具有四个特征：与其他部门的产业联系很强，区域产业乘数作用大；通过大规模的购买和销售控制其他企业，形成企业群；企业规模大，增长迅速，对周围环境产生巨大的增长推动力；有较强的技术创新能力。第二是需要有适当的周围环境。适当的周围环境指那些有利于增长极发展的地理位置、交通条件、地区资源、经济结构、技术水平以及区域政策等等，如果没有这些相应的环境条件相配合，推进型区域和主导产业的发展就会遇到困难。第三是需要一个高效畅通的区际增长传递机制。增长极与周围地区有一个资金、人才、技术和物资的交流过程，要使增长极效应得以发挥，这个过程必须快速、高效。

增长极具有正、负两种效应，即"扩散"效应与"回波"效应。形成"扩散"效应的主要原因是发达地区对不发达地区购买和投资的增加；形成"回波"效应的原因是由于发达地区有效率的生产者通过竞争抑制了不发达地区的经济活动。这两种效应的相对强度随国家的经济发展水平而变化。支持建立高新技术开发区的学者认为，高新技术开发区的有效性在于其"扩散"效应压倒了"回波"效应。由于位于高新技术开发区（中心）的公司源源不断地从周围不发达地区（边缘）购买原料、吸收剩余劳动力以及向边缘地区投资，增加了边缘地区的人均收入，从而通过消费乘数刺激边缘地区的经济增长。因此，高新技术开发区的投资应集中于乘数效应较大的和竞争优势较强的那些部门，如微电子、生物工程等，并且要形成专业化的高新技术开发区，在没有贸易壁垒（在一国内通常没有）的情况下就会产生扩散效应。

按照增长极与区域之间的关系，增长极可以划为五种类型（见图9.1，大圆代表一个区域，小圆代表增长极）。

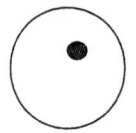 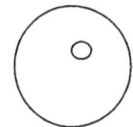 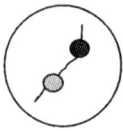 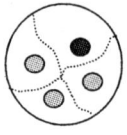 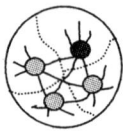

A. 经典型　　　B. 飞地型　　　C. 点轴型　　　D. 散点型　　　E. 网络型

图9.1　增长极类型

A. 经典型：区域内有一个能够带动整个地区经济增长的增长极（用实心小圆表示）。

B. 飞地型：区域内有一个增长极，但其影响却在区域之外，从而它的存在更多地作为经济部门中的而不是区域中的"极"。对于本地区来说，它是一块"飞地"或一个"孤岛"（用空心小圆表示），它不但没有起到带动本地区经济增长的作用，而且强化了区域二元结构。

C. 点轴型：区域内有一条重点开发轴线，沿轴线有一些发展到一定程度的增长极（用深色实心小圆表示）。进一步可以配置一些新的增长极（用浅色实心小圆表示），也可以对原有的增长极进行重点开发，使其能够逐步形成产业密集地带。

D. 散点型：大区域内散布着几个增长极，其中可能有一个主要的、发展程度最高的增长极。散点型本质上还是经典型，大区域可以看做是几个各自带有一个增长极的小区域的联合，这种联合往往是行政上的，增长极的作用被限制在小区域内。

E. 网络型：类似于散点型，不同的是各个增长极之间有着紧密的联系，能够有效地促进整个大区域的经济增长。

高新技术开发区通过区内企业的集群、研究与开发活动的高度集中以及舒适的生活环境和优厚的待遇，吸引最优秀的科学家和工程师纷至沓来；而企业间投入产出的内在联系与各企业间基于产业链、价值链的非正式契约关系，使得企业愿意扎根于该中心，从而导致了聚集经济的产生。因此，高新技术开发区可以看成是地区经济增长极。

与一般制造业形成的增长中心不同，高新技术开发区内企业间的大量联系和所诱导的增长主要不是建立在原料流上，而是建立在信息流基础之上的。高新技术开发区所造成的服务和贸易的增长效果比一般制造业工业园区的增长效果要大，这是因为从事研究与开发活动的工资比从事一般制造业的工资高些。高新技术开发区所造成的地方化经济，一方面是在产品生命周期早期阶段高度竞争中产生的，另一方面则是由于共同利用有特殊专业技能的劳动力而产生的。还有一种更间接的增长诱导类型可能出现，即高新技术开发区有助于增强大学和其他地方研究机构的研究生产能力，因而引诱与大学有关的新公司在高新技术开发区内落户、发展。

三、空间扩散理论

从地理角度来看，扩散（diffusion）是一种创新（innovation）进行空间传播或转移的过程，这种创新可能是一种观念、技术、时尚或其他人类文化特征等。最早对扩散现象进行开创性研究的是被誉为第四代区位论大师的瑞典隆德大学教授哈格斯特朗（T. H. gerstrand），他于1953年发表的《Spatial Diffusion as an Innovation Process》奠定了空间扩散理论的基础，之后一大批美英区位论学者对之又作了深入研究，并将之广泛应用于农业技术推广、市场研究、城市体系及政治和文化地理研究之中。

扩散理论认为，一项创新由于它能够提高系统运行的效率和创造出更高的价值；或者能节约劳动和节约资本；或者提高系统的功能（质量）而创造新的市场，便在创新者与其周围的空间里产生"位势差"。为了消除这种差异，一种平衡力量就会促使创新者向外扩散和传播，或者周围地区为消除差异而进行学习、模仿和借鉴。扩散可以发生在人群之间、企业（厂商）之间、地区之间或企业与地区之间等，经常地通过技术转让、信息交流、人才流动及国际技术贸易等方式来实现。

扩散过程首先是通过创新者（地）与最早的接受者间的信息传输发生的；然后首批的接受者又作为新的创新者继续扩散，如此经过若干时段，接受者的累积数量将趋于饱和，扩散过程亦趋于结束。但扩散要受一系列的媒介限制，有些可以通过大众传播，也可以是人员往来或私人信函、电话等，我们把一个人可能接触信息的空间称为个人信息场（PIF, private information field），而一地域内人们个人信息场的总和则构成平均信息场（MIF）。

由于信息场的空间分布具有明显的距离衰减特征，因而距离成为影响扩散过程的首要因素。在距创新源地较近的个人或地区比较容易先获得有关的信息及技术，距离远的地区则较为困难，这一现象被称为扩散中的近邻效应。

影响扩散的第二位因素是位势。因为创新本质上具有专门技术的性质，无论创新者还是接受者都需具有一定的技术层次，否则即使扩散的媒介存在，而由于接受者在此时刻所处的层次较低亦难以完成扩散过程。为了衡量接受者在平均信息场中的层次和地位，引用了位势的概念以度量之。位势是由接受者本身的性质、层次、规模等因素及其在平均信息场中的区位共同决定的，它表明了接受者与创新者发生相互作用的几率的大小。

哈格斯特朗通过对农业技术改进、汽车和无线电普及等现象进行二十多年的研究发现，技术创新的扩散在不同时段和空间上都有一定的统计规律，简单地说，接受者在开始阶段较少，中间阶段剧增，后期亦趋减少，呈正态分布曲线，其累计数量为逻辑斯谛曲线。

用数学形式表示即是：

$$\frac{dx}{dt} = y(a - by) \quad (a > 0, b > 0) \tag{1}$$

其中 y 表示新技术接受者的累积数量，$\frac{dy}{dx}$ 表示新技术在 t 时刻的扩散速度。上式的解为：

$$\frac{y}{1 - \frac{b}{a}y} = Ce^{at} \quad (C 为系数) \tag{2}$$

当 $t = 0$ 时，$y = y_0$，则

$$C = \frac{y_0}{1 - \frac{b}{a}y_0} \tag{3}$$

代入即得

$$y = \frac{\frac{a}{b}}{1 + \frac{\frac{a}{b} - y_0}{y_0}e^{-at}} \tag{4}$$

令

$$\frac{a}{b} = K, \quad r = \frac{K - y_0}{y_0}$$

则

$$y = \frac{K}{1 + r \cdot e^{-at}} \tag{5}$$

作为完全建立在技术创新基础上的高新技术开发区，不仅具有上述理论概括的一般规律，还具有其他鲜明的特点。与传统产业不同，高技术产业不受或很少受硬资源（特别是能源、矿产等）产地和大运输量条件的限制。它产生于信息时代，其产业最重要的载体是创新的技术及其市场的

信息,而技术本身的传播和扩散特性便决定了必须循着技术创新源区和扩散的途径去研究其空间区位;其次,技术创新只有通过扩散才能使其产业化和商品化得到进一步的发展,从而广泛地提高整个人类的生活水平。

第二节 企业集群与高新技术开发区发展的关联机理

企业集群包括了一批对竞争起重要作用的、相互联系的产业、企业或其他实体。国内外企业集群的研究表明,企业基于价值链等的关系而形成的在空间上的聚焦、在企业内部的相互联系,并通过彼此间非契约关系的共同发展,能极大增强企业的活力,有效提升产业的竞争能力,从而促进区域经济的快速发展。

基于企业集群协同效应的高新技术开发区具有显著的竞争优势,这种优势突破了传统的区位与规模条件,通过强调优化地区环境、完善地区发展的政策指导、培养地区企业家、促进企业间价值链关系的形成,从而凭借各企业间隐形的、非正式的契约关系促进企业在本地区扎根、发展,然后再辐射到周围地区。因此,在高新技术开发区内培养和发展企业集群,将为中小企业的发展创造新的空间优势,意大利、日本和我国浙江地区的"块状经济"的成功实践都佐证了这一点。

一、企业集群与产业竞争力

波特认为,企业集群指在某一特定领域内相互联系、在地理位置上相对集中的公司和机构的集合。作为介于市场和科层制组织之间的"中间性体制组织"的企业集群,有助于中小企业克服市场交易分散性和不确定性的风险,降低中间产品的交易成本,同时,也可以避免垂直一体化的科层组织的低效率。集群对于产业竞争力的表现为:第一,资源集聚效应。企业集群吸引了专业化供应商和专业人才,积聚了专业化信息,形成了专业化市场。企业集群所形成的这种资源集聚效应为集群内企业的生产和销售提供了有效的支持。第二,分工与协作效应。企业集群内部所形成的专业化分工与协作,降低了交易成本,创造了外部经济和集体效率。同时,在集群企业内部,企业间通过集体学习和"干中学",促进企业创新。第三,区域集聚效应。由于地理位置接近,企业集群的竞争自强机制将在集群内形成"优胜劣汰"的自然选择机制,刺激企业创新和企业衍生。第四，资源共享效应。公共物品共享使资源在企业集群内具有更高的运用效率，而区域品牌共享大大增强了集群内企业的比较竞争优势。值得指出的是，集聚效应产生的前提是集群内企业围绕关联产业和产业链形成的有机的分工与协作关系，而这正是高新技术开发区发展中应给予高度关注的地方。

二、高新技术开发区的发展有赖于企业集群的形成

高新技术开发区的一般特征是大量企业在一定区域的集中。但是企业地理位置上的集中和公共物品的共享并不必然产生集聚效应。高新技术开发区的发展有赖于开发区内企业的产业关联性或者业务关联所形成的协调效应。集群（集聚）作为一种特殊的组织形式，集群内企业依据产业链的分工以及长期合作所建立的信任基础，形成了非正式的合作契约。在这些企业间，既有相互的竞争，又有基于资源共享和专业分工所形成的协作。

罗伯特·巴泽尔指出企业群内协同的4种形式：资源或业务行为共享、营销与研发的扩散效益、企业相似性和企业形象共享。与孤立的投资项目相比，协同可以创造远远高于资本成本的收益。

波特（1997）将其业务单元之间的关联分为有形关联（基于价值链中技术、共同客户资源的共享）、无形关联（不同价值链之间的管理技巧和知识技能的共享）、竞争性关联（实际或潜在的竞争对手）。从实际发生的共享行为及其创造竞争优势的方式分析，有形关联可进一步分为生产关联、市场关联、技术关联、采购关联、基础设施关联（法律、财务、人力资本）。波特认为，当共享行为对成本状况与差异化驱动因素产生影响时，共享能带来竞争优势。

国外成功的高新技术开发区实际上都是在企业集群的基础上发展起来的，如美国的硅谷，就是在IT产业上的企业集群。我们可以把高新技术开发区看做是一个特定的区域，该区域由于具有政策、环境等综合的优势，已经具备了企业空间聚焦的基本条件。但是高新技术开发区作为政府主导的产业区，它有不同于历史上自发形成的企业集群区域，在这里政府的主导与选择作用明显。这既可以看成是一个优点，只要政府能充分规划好高新技术开发区，选择好不同高新技术开发区的主导产业，便可以有选择地给予某些特定的企业进入该开发区的优惠条件，从而加快这些高新技术开发区向基于企业集群的专业化高新技术开发区转变。但是这一点也有不利的地方，在市场经济条件下，企业间的集群是建立在价值链关系上，

政府的主导只能起到一时的作用，有时候反而会不利于企业间的集群。尽管如此，企业集群在指导高新技术开发区规划与发展中，还是具有很重要的意义。企业集群内在的运行机制能有效地促进高新技术开发区的协调发展，也能促使开发区内的企业加强竞争，增强企业的活力与提升产业的竞争能力。

第三节　国内外高新技术开发区的案例分析与经验启示

国内外，尤其是发达国家高新技术开发区的发展，除了一般意义上的开发区内高新技术产业的高投资、高风险与高收益的特点外，高新技术开发区内企业基于价值链关系而形成的集群特征也日益明显。而且高新技术产业企业的集群，已经形成了一个全球化的高技术集群现象。例如，美国高技术产业基地——硅谷、波士顿128公路以及北弗吉尼亚、得州的奥斯丁聚集了1 750个高新技术企业，印度的班加罗尔聚集了250个高技术企业，还有我国台湾新竹地区等都形成了高新技术企业的集群[1]。通过分析这些地区的企业集群案例，总结相关的经验教训，将为昆明高新技术开发区推动技术创新与产业发展，尤其是高新技术产业的发展提供必要的借鉴。

一、美国硅谷地区的发展

美国西海岸加利福尼亚州旧金山市向南到圣何塞，大概纵深100公里到太平洋就是美国著名大学斯坦福大学所在地。紧靠斯坦福大学沿101号公路两旁排列的一大批高科技企业的大楼和厂房就是硅谷。1965年以来，美国成立的100家最大的技术公司，有1/3在硅谷。到1999年，硅谷的产值大约相当于我国国内生产总值的1/5，作为世界信息和网络产业的技术创新中心，硅谷地区汇聚了世界上绝大部分高科技企业，形成美国最大的信息与网络企业集群。硅谷地区的众多高科技企业，每年都以25%～40%速度增长[2]，对美国经济作出了前所未有的贡献，其发展速度和效率

---

[1] 《科技参考》，1999年6月28日。

[2] 盖文启：《集群竞争中国高新区发展的未来之路》，经济科学出版社2007年版，第153页。

更成为全球科技企业效仿的榜样。到 2000 年，硅谷的发展速度开始放缓，甚至出现了一定的衰退，但 2002 年迅速走出低谷，规模继续扩大，不但在信息和网络技术方面继续领先，而且还在生物工程方面形成了美国最大的生物科技企业集群。

纵观硅谷的发展历程，硅谷始终能够保持持续不断的自主创新能力，并最终在全球竞争中获得优势，笔者认为有以下一些经验值得昆明高新技术开发区学习：

（1）园区内有众多技术人才与密集的大学、科研机构。硅谷区域内有著名的斯坦福大学、加州大学伯克利分校、圣克克拉大学等学府，人才汇集。世界一流大学和众多的智力人才的地域集中对硅谷经济的发展起到了不可估量的作用。

（2）区域内有利于创新的社会文化环境。简单而言，硅谷文化特征可概括为：鼓励冒险、善待失败、乐于合作等。

（3）风险投资。风险投资业是企业发展的"金融发动机"，硅谷内衍生新技术企业的能力之所以如此强，关键是成功的风险投资为区域创造了一个崭新的金融环境。

（4）产业集聚、企业集群优势。硅谷在成立初期，就是以晶体管、半导体等产业为主，70 年代末又转向电子信息、网络技术，新世纪又将信息网络技术与生物工程技术作为重点，形成了美国最大的信息网络技术与生物工程技术的企业集群。

（5）区域内特有的创新网络。硅谷的成功不是区内生产要素的简单叠加，而是区内各生产要素有效的组合，以及区内形成的紧密的社会创新网络。

二、印度班加罗尔地区的发展

20 世纪 90 年代，印度制定了重点开发计算机软件的长远战略，1991 年将全国第一个计算机软件科技园区建立在班加罗尔地区。在印度政府和卡纳塔克邦地方政府的大力支持下，经过 10 余年的发展，班加罗尔已经成为印度的软件之都，汇聚了 4 500 多家高科技企业，其中 1 000 多家有外资参与，还有 250 家外国公司在这里开展业务，形成了典型的软件企业集群。2000 年，班加罗尔的软件产业出口额占据了全印度软件产业出口额的 1/3，达到近 14 亿美元，实现产值近 20 亿美元①。

纵观班加罗尔的迅速崛起，有以下一些因素值得关注：

（1）政府持续的政策支持。班加罗尔软件园区刚建立时，连电力供应都紧张，但印度政府和卡纳塔克邦地方政府艰苦创业，不遗余力发展 IT 产业并给予持续的政策倾斜，同时竭尽全力搞好基础设施建设，现在园区可为软件科技人员提供能够与任何发达国家相比的一流工资环境和生活环境。

（2）人才聚集、科研教育结构众多。班加罗尔的软件人才远远超过亚洲任何一个城市，这里汇聚了印度一些优秀的技术和管理研究机构，有 77 所工程院校，每年可为社会输送 3 万名工程技术人员，其中 1/3 是信息技术人员。

（3）吸引了大量外国投资。政府的扶持、政策的倾斜、人才的优势吸引了众多国外相关企业在班加罗尔地区投资，世界主要信息公司和软件巨头均在印度投资办厂。

（4）质量管理的国际化、标准化。班加罗尔软件产业的成功，在很大程度上应归功于其质量管理的国际化、标准化与质量检测的系统化。

（5）加强知识产权保护等。

三、中国台湾新竹科学工业园区的发展

中国台湾新竹科学工业园区位于台湾西北部的新竹地区，于 1982 年设立，其宗旨是塑造台湾高品质的研发、生产、工作、生活、休闲的人性化环境，以吸引高科技人才，引进高新技术，建立高科技产业发展基地。经过 20 多年的发展，新竹科学工业园区已经成为台湾高科技产业的摇篮，集中了台湾几乎所有的高科技产业与高科技企业，建立了集成电路、计算机、网络信息等企业集群，有台湾"硅谷"之称。截至 2001 年底，园区营业额达 9 293 亿新台币，占台湾 GDP 的 10%；对外贸易总额为 9 685 亿新台币，占台湾进出口总额的 10%；创造了 98 616 个就业机会②。

20 多年的新竹科学工业园区经验见证了台湾高科技产业的发展史，也为台湾培育了集成电路的国际型企业台积电、联电等，以及计算机及外

---

① 盖文启：《集群竞争中国高新区发展的未来之路》，经济科学出版社 2007 年版，第 166 页。

② 林共市：《高科技产业生态与中国台湾新竹科学工业园区的发展》，载《科技进步与对策》，2002 年第 8 期。

围产业的宏碁、友讯、智邦等公司,更重要的是将这些企业集聚形成了有竞争力的企业集群。在这方面,台湾新竹科学工业园区的成功经验可归结于以下几个方面:

(1) 完善的管理和优惠政策。园区提供了较佳的投资设厂环境,厂商设厂所需要的一切行政手续均可一次性获得解决,并对投资设厂的企业给予了相应的财政和税收的优惠。

(2) 优越的地理区位条件。园区选址十分恰当,既考虑了独特的地缘环境,园区内地理环境优美,交通便利,又考虑了独特的人缘优势,园区内智力资源丰富,高校林立。

(3) 建立在全球高新技术价值链中的产业集聚。园区产业定位精确,将集成电路、计算机、光电、生物技术等作为重点支持的产业,并通过自身廉价的劳动力,将园区打造成为美国硅谷新技术成果的产业基地,在世界高新技术价值链中找到了自己的定位。

(4) 活力旺盛的园区文化和良好的人才引进、培养方式。园区利用其创业先驱来自美国的特点,将美国企业文化带入园区,并与当地文化结合,形成了旺盛的、活力四射的园区文化;同时,政府提供优良的创业环境,以及园区企业高配股、高红利制度等吸引了大批高科技人才。

(5) 园区内创新网络的构建。园区管理当局一方面从整体上组织园区建设,为园区企业发展提供基础保障;另一方面作为参与者,设立各种技术创新的奖助基金,使得园区内的企业得到了更好的金融服务。

(6) 同业工会发挥了重要的协调功能。1983 年,园区厂商组成的"台湾科学工业园区科学工业同业工会",肩负厂商与厂商之间的事务沟通、协调、意见整合以及配合管理局进行各项业务的推广等任务。目前,同业工会已经成为园区厂商之间以及厂商与政府之间的沟通桥梁。

第四节 企业集群视角下的高新技术开发区的发展

一、企业集群视角下的高新技术开发区的发展模式

企业集群的形成方式是多种多样的。例如,意大利的中小企业集群是基于区域的地理环境、资源禀赋和历史文化等原因而缓慢形成的;克罗地亚造船业中小企业集群形成于大企业的拆分。在中国,广东东莞电脑企业集群是依托外资形成的典型；浙江的企业集群则是来源于内生家庭手工作坊。基于企业集群形成方式的多样性，高新技术开发区的发展不宜照搬某一成功模式，而要根据开发区内已经具有的产业聚焦基础或是可能形成的企业集群来加以引导和扶持，以提高开发区的竞争力。高新技术开发区可以是围绕大企业提供配套服务而形成的共生圈，也可以是中小企业的"抱团成堆"。特色化的高新技术开发区的发展模式可以有多种选择。

（一）以市场为依托，发展特色高新技术开发区

波特认为，企业集群成功与否最终取决于市场。马歇尔在研究英国工业区 Yorkshire 和 Lancashire 时发现，市场的自发力量可以促进企业集群，即消费者对消费品和劳务的需求通过市场刺激了生产的集聚。美国华盛顿高科技带在 20 世纪八九十年代悄悄地成为全美最著名的高新技术中心之一，就是因为该地区接近顾客，即国防部和他们的上级机关联邦政府。该高技术带中主要的产业是因特网和医药，积聚在华盛顿可以从政府推行的"ATP"（尖端技术计划）和"NIT"（全美信息基本构想）那里取得成功的商业机会，美国同其他国家的因特网通信一半以上是通过华盛顿，近百家医药公司希望受益于邻近的国立卫生研究院和联邦医药管理实验室。在国内，浙江"板块经济"蓬勃发展也是得益于市场的发展。在浙江，专业化生产集群与贸易集群相得益彰。例如，绍兴有纺织企业集群和绍兴商品城，义乌有各类小商品生产企业集群和小商品城。生产集群和贸易集群（或专业化市场）的并联耦合与联动发展是企业集群发展的显著特点之一。这是专业化高新技术开发区企业集群的一种发展模式。

（二）在产业链上寻找优势环节，发展特色化的高新技术开发区

地区特有的经济、技术、社会、文化基础决定了该地区的竞争优势。在产业链上基于优势环节形成的企业集群是发展特色化高新技术开发区的又一选择模式。例如，从我国台湾新竹工业园区的产业构成上看，虽然它与美国硅谷是类似的企业集群，但是两者之间在产业层次和产业链分工上有较好的互补性。这是因为在 20 世纪 60 年代，台湾地区前往美国取经的时候，采纳了特曼教授的建议：即利用在美留学和创业的台湾人多的特点，吸引移居美国的台湾工程师回岛创业。这样就形成了美国硅谷的产值主要来自于原创性新技术产品的开发；新竹工业园区则集中于科技产品的产业化和规模化生产的局面。另一方面，促进新竹工业园区发展的风险投资渠道、技术创新激励措施也与美国不同。从自身的优势出发，合理定位，而不是简单模仿硅谷的模式，是新竹工业园区成功的经验，值得其他高新技术开发区规划建设者借鉴。

（三）依托现有或具有形成可能的企业集群，发展特色化的高新技术开发区

按照波特的观点，企业集群有外生的，但更多的是内生的。因此高新技术开发区建设优先选择现有的或是具有形成可能的区域，要充分考虑具有支撑产业发展的独特优势的地区。单纯依靠优惠政策吸引和扶持一批所谓的高新技术企业是难以达到高新技术开发区发展的目的的。更为重要的是，在经济全球化时代，靠优惠政策构建的优势将会减弱，高新技术开发区的竞争优势只能构建在具有独特区位优势的企业集群之上。

二、基于企业集群的昆明高新技术开发区的发展对策

建立基于企业集群的高新技术开发区需要政府、企业、社会中介等多种力量的介入，但政府的作用尤为重要。波特认为，政府的角色应该是着力改进影响企业竞争力的环境。在这方面，企业集群作为一种新的思路将帮助政府重新定义和设计地区经济发展的途径和目标，建立基于企业集群的高新技术开发区就是政府公共政策付诸实践的好机会。因此，政府不但需要为高新技术开发区提供高质量的公共产品，而且还需要高度关注高新技术开发区的区位选择、产业定位、产业联系、金融支持等，并为高新技术开发区内企业培育形成战略协同的软环境。

（一）营造昆明高新技术开发区二次创业的区域创新环境

创新是高新技术开发区的基本特征，也是企业集群的生命力。创新的目标是形成具有核心技术、核心竞争力的高新技术产业，而区域创新是实现创新目标的基本保障。一方面区域创新网络的形成，有助于推进高新技术产业的聚焦并使企业集群保存持续创新的能力；另一方面，要实现兴建高新技术开发区的初衷，必须营造区域创新环境，这对高新技术开发区乃至区域经济的发展都具有十分重要的战略意义。

昆明高新技术开发区主要是依靠云南省自身的科技力量和科技资源，促进和实现高新技术成果化、产业化和国际化的基地。开发区内高新技术产业化、国际化和商品化的过程，就是在市场机制的作用下，由众多不同的主体参与，相互作用和相互激励，对创新资源进行重新整合，形成具有一定竞争力的高新技术产业的复杂过程。在这个过程中起决定作用的是高新技术开发区的区域创新能力，它是决定高新技术成果商品化、产业化和国际化速度与质量的最基本的因素。从微观角度分析，高新技术开发区的区域创新能力的大小取决于创新企业群对各种资源的获取、协调、融合以实现创新性集成的能力；从宏观的角度分析，高新技术开发区的区域创新

能力体现在高新技术产业化的能力上。

笔者认为，昆明高新技术开发区的区域创新能力应该是技术创新能力和制度创新能力的集合、融合，企业集群所形成的整体创新能力会大大地超过简单创新能力的叠加。技术创新能力是昆明高新技术开发区区域创新能力的核心要素。只有拥有技术创新能力，经过不断创新，高新技术开发区才能生产出一代又一代的高科技产品，才能形成具有持续竞争力的高新技术产业，也才能与东部沿海地区的高新技术开发区相竞争。

1. 进一步完善"产学研"合作机制，提高高新技术开发区内企业集群的技术创新能力

要通过多种方式促使高新技术开发区内的企业与云南大学、昆明理工大学、云南农业大学等高等院校和科研结构的实验室建立定向联系。企业人员可以通过不定期地访问这些定向联系的实验室的研究人员，就他们所遇到的技术问题进行咨询，并了解这些机构所从事的研究可能给他们公司带来的机遇与帮助。而云南大学等高等院校和科研机构则应鼓励他们的员工及学生到相关的企业去考察以熟悉企业的情况并了解那里的机会，也可以允许他们到当地的高新技术开发区去兼职或担当技术顾问。此外，大学、科研机构还可以与当地的高新技术企业组建联合实验室或开展合作研究计划。

鼓励云南大学、昆明理工大学等高等院校和科研机构为高新技术企业的工程技术人员设立进修与接受继续教育的课程计划，并允许这些学生可以写出论述与其企业产品研发有关的论文来获得学历或学位。为了增加这种课程计划的有效性，应该聘请当地企业中有实力的专家担任兼职教师。云南大学、昆明理工大学等都为省属院校，主要依靠省财政来支撑其运作，这种经费上的依靠所衍生出的规章制度将比其他省份的部属院校更易于与当地高新技术企业建立"产学研"互动模式。当然，在"产学研"互动模式的建立过程中，还有赖于高校、科研机构在制度上更进一步的创新。通过制度创新改变大学或科研机构的传统定位，改变它们单一来源的经费模式，放宽研究人员兼职和创业的限制，尊重知识产权，鼓励研究成果的尽快转移与扩散，以形成高新区的产业发展与高校、科研机构的研究开发活动互动、互补和利益共享。

2. 鼓励制度创新，进一步发展高新技术开发区内企业集群的技术创新能力

制度创新能力是高新技术开发区内技术创新动力源源不断的根本保障，这就需要大力推进高新技术开发区的管理体制与企业产权制度等的创

新，为其发展提供制度保障。

首先要调整昆明高新技术开发区的区域政策，营造开发区新的优势。针对高新技术开发区目前的考核还停留在招商引资、土地开发、技工贸收入等旧的指标体系上的情况，要不失时机地建立了反映成果转化的新考核指标体系，例如将发明专利数、专利实施率、高新技术产品产值等列为主要指标。此外，要通过注意创新氛围的营造，进行高技术企业的股份化试点，争取民间资本支持、技术国际联盟等促进园区内高技术企业的发展。同时要全方位、多层次建立与国外科技园区的联系。通过利用海外、华侨和留学生等渠道建立与硅谷、新竹等园区的紧密联系，通过加入高新技术产业的国际分工体系，来促进高新技术开发区的发展。

其次要调整支持计划体系，由直接支持产业化向支持研究开发、创新阶段转变。无论是发达国家还是发展中国家，科技计划都是一国政府支持高技术产业发展的重要手段。但由于高技术产业发展阶段、国际分工中的地位、市场经济发育程度等方面的差异，不同国家政府对高技术产业发展的支持方式不一样。总体上看，发达国家主要是支持产业化环境建设和研究开发阶段，因此云南高技术发展计划的调整总体上应由目前重点支持科技成果的产业化向支持营造高技术产业化环境建设和研究开发阶段转变，要由直接支持企业产业化向间接支持企业转变。比如：加大对高技术产业研究与开发的支持力度，以及对专利和其他软技术购买的补贴，支持产学研合作，组建技术开发联合体或技术联盟，大力发展风险投资和孵化器等。

第三要建立以人为本的人才激励机制。要以企业产权激励为起点，逐步建立起规范产权激励机制，鼓励员工认股、购股，全面推进产权激励制度的改革，把科技工作转移到坚持以人为本的轨道上来。在分配体制有了很大的突破的基础上，吸引了大批的海外华人到园区工作，从而形成了有效的人才引进和运用机制。

最后要对高技术产业不同主体进行战略性调整和整合。针对国有企业产权不清、权责不明，没有有效的内部治理结构和追求科技进步的内在动力机制等的特点，建立产权清晰、权责明确的国有股份制企业。通过实行人才、资金战略，支持民营科技企业的研究开发与产业化发展，提高民营科技企业的市场开拓能力，实现高新技术成果的有效转化。

（二）重视昆明高新技术开发区的区位选择与产业定位

高新技术开发区的发展有赖于企业间的协作。因此，在昆明高新技术开发区的二次创业过程中，就必须从产业关联性的角度去考虑特色化高新技术开发区的产业定位和地区聚焦。虽然形成企业集群是专业化高新技术开发区发展的目标所在，但专业化的高新技术开发区在何地形成也至关重要。构建高新技术开发区的首要任务就是考虑区位选择。专业化的高新技术开发区的产业定位应该基于本地区已形成的或正在形成的产业集群。

1. 基于企业集群的高新技术开发区的区位选择

传统的区位理论提出，最优的工业区位应使原料集合的运输费用和产品分配的运输费用总和为最小值，运输费用的大小与距离有关，因此工厂应尽可能靠近原料地和市场。仅从投入、产出要素的角度看，工厂的区位因素分为两大类：和运输有关的因素（运输因素）以及和地方特点有关的因素。第一类因素可以用运送原料或产品所花费的公里数、资金或时间来衡量，也可以从运输是否方便的心理意义来分析；第二类因素包括原料地、市场、劳动力、土地、资金、动力（能源）、水、生活质量等。企业集聚、产业集聚则是既与运输有关，又与地方特点有关的一种综合性区位因素。传统的区位分析把运输作为最重要的区位因素，是因为运输是原料地、工厂和市场三者联系的必需因素。在基于企业集群的专业化的高新技术开发区内，区位选择主要考虑的是区位在创新体系中的作用、产业区位以及成本因素等。

高新技术产业通常包含研究与开发、生产制造、销售与服务三个部分。作为创新起源的研究与开发，主要与研究机构和大学的分布有关，因而科技人才密集分布区则决定了创新的区位。从我国的现实情况看，人才的集聚与城市规模成密切的正相关关系，特别是规模较大的政治中心和经济中心城市更是智力最密集的城市。西方一些经济水平高、交通发达的国家也具有这种规律，如 F. Boon 通过实证研究得出结论，城市的创新潜力与其规模等级位序之间呈双曲线关系。所以，昆明高新技术开发区的二次创业必须和云南大学、昆明理工大学等高校的校址变化紧密地结合在一起。

在企业集群的高新技术开发区中，由于相互关联的中小企业"扎堆抱团"，一方面可以使企业间存在着大量的专业化分工，大大提高企业的生产效率，降低了企业的生产成本；另一方面，由于知识的外部性，根植于集群网络中的企业，他们的学习曲线必然下移，交易费用也就必然降低，整个成本也就降低。当然在昆明高新技术开发区二次创业过程中，政府还必须建设好开发区中的基础设施，承担起区域层次骨干网络的规划建设工作，进一步降低运输成本。

综上所述，笔者认为，在企业集群的昆明高新技术开发区的区位规划中，相关管理部门一方面应该促进人才的集中，另一方面要促成产业的集聚，最后也要承担好相关的基础设施建设。

2. 基于企业集群的高新技术开发区的产业定位

在昆明高新技术开发区二次创业过程中，政府不能继续像过去那样，只要有企业进驻开发区内，就给予土地、政策优惠。在吸引企业进入高新技术开发区中时，要重视开发区的特色，发展基于企业集群的特色化高新技术开发区，要重视在高新技术开发区内建立相互依存的产业体系，政策优惠应该鼓励建立企业间基于产业的集群。

首先，对于昆明高新技术开发区的产业布局要坚持以分工协作、本地结网形成产业集聚来安排项目，对于新进区的企业的区位决策也应该明确是以产业聚群为导向的，要根据昆明高新技术开发区的产业发展重点，重点引进生物、医药技术企业以及电子信息企业等。其次，对于开发区内已有的产业发展要重视相关产业的网络体系的建立，要围绕生物和医药技术产业、电子信息产业与新材料产业等，努力形成大中小企业紧密配合、专业分工与协作完善的网络体系。再次，要针对昆明高新技术开发区内产业配套能力弱的现状，可以以大中型高新技术企业或企业集团为龙头，通过产业环节的分解衍生出一批具有分工与协作关系的关联企业。尤其是要积极为进入开发区的跨国企业提供产品配套与相关服务，以增强这些企业的当地植根性，促使其能够在当地发展下去。这种以产业环节分解为契机的模式既可以大量地增加高新技术开发区的新增企业数，更将加强企业的植根性和竞争优势。值得指出的是，昆明高新技术开发区应该根据自己的区位优势和现在已有的产业特色与优势，通过生物、医药等产业集聚的发展，形成具有鲜明特色的高新技术产业聚集。

（三）根植昆明高新技术开发区的区域网络体系

网络是企业集群形成竞争力的基础。在基于企业集群的云南高新技术开发区中，为使开发区内企业协同的利益最大化，根植本地网络，建立开发区内企业间的相互依附的关系，对于提升开发区内企业的竞争能力具有十分重要的意义。建立企业间的这种相互依附的关系，需要政府和中介机构发挥粘合作用，并使之成为一种文化。为此政府一方面要鼓励和支持各种中介服务机构的建立，另一方面要建立对企业金融支持的网络，特别是要运用社会资本来促使企业间的高效协作。这些软环境措施对于维持昆明高新技术开发区内企业间协作具有特殊的粘合作用。

1. 大力发展中介服务机构

科技服务机构属于非政府机构，但是由于它是科技与应用、生产与消费不可缺少的纽带。政府应该通过市场化的方式鼓励某些性质相似的科研机构转职为企业性的科技中介服务机构，也要鼓励科技人员创办这类机构，从而发展中介和服务体系。同业公会，出口代理商，生产力中心，技术信息中心，测量、标准、测试与质量控制中心，研究与开发实验室，集群发展机构等，这些合起来，可以为企业特别是中小型企业提供经营、技术、市场营销、信息、人才、财务、金融、法律等方面的服务，从而能够创造出一种支持企业创新和学习的良好的商业环境。而这种环境能有效地吸引企业进入和长期地根植于开发区，形成企业集群。但这些提供工业服务的很多机构和组织都需要政府的资助。因此摆在政府面前的问题是如何通过制度创新，帮助创业者向符合专业化高新技术开发区的方向发展，降低交易费用，促进企业间的劳动分工和提高企业竞争力，以及如何通过区域营销发展各级高新技术开发区的企业集群。但是需要我们注意的是，在这些活动中，政府起到的仅仅是主持人的角色，活动主角应该是企业、专家、各种机构的负责人，同时也包括当地的市民和劳动者。

要进一步培育和健全技术市场。加强对重大技术供需信息库以及科技信息网络等基础设施的建设。昆明高新技术开发区要根据区位、资源和产业的特点，健全区域中介服务，逐步实现中介服务的组织网络化、功能社会化、服务产业化、形成面向全国与东南亚的电子商务网络交易市场。

要充分发挥行业协会等中介组织的作用。随着产业环境逐渐成熟，各种专业协会，尤其是业界自发组织的行业协会，在地方产业发展中的作用将会更大。在专业化的昆明高新技术开发区中，由于企业的集群是基于产业的类似，所以政府应该鼓励各种这样的行业协会的建立。

2. 构建高新技术企业的金融支持体系

第一要调整政府投资结构，提高资金使用效益。要加大对高技术产业发展的资金支持。通过重点支持战略性、关键性的高技术产业化项目，高技术企业创业期的引导资金以及利用高技术促进传统产业技术升级、产品更新换代的补助资金等手段，加大对高技术产业发展的资金支持。

第二要发展创业投资，培育创业投资机制。通过拓宽资金渠道，发展资本构成多元化的创业投资公司，规范创业投资企业产权制度，健全创业投资的市场准入机制。建立和完善多层次资本市场体系，发展证券市场创业板等多种资金退出渠道，促进投资的良性循环。

第三要加强鼓励和引导，广泛吸引社会投资。通过引导社会资金流向，利用税收优惠、补贴等多种方式鼓励企业增加研究开发投入。通过放宽市场准入领域，改善融资和服务环境，培育投资主体，鼓励更多资金投入研究开发。

第四要建立和完善高技术产品出口融资体系。通过对企业的高技术产品出口和高技术境外投资项目，在流动资金贷款和出口信贷方面给予政策性金融支持；通过建立担保基金，为企业出口高技术产品提供出口信贷担保服务；通过建立风险规避机制，为到境外从事高技术产业投资的企业提供保险服务。

（四）协调高新技术开发区管理体制与昆明的经济、科技、社会及生态的发展

根据《中共中央国务院关于加强技术创新，发展高科技，实现产业化的决定》精神提出的"经济发展和结构调整必须依靠体制创新和科技创新"的总体要求，科技部于2002年初颁布实施了《关于国家高新技术产业开发区管理体制改革与创新的若干意见》（以下简称《若干意见》）。5年多来，昆明高新技术开发区在昆明城市发展中的角色已发生新的变化，正逐步成为昆明经济、科技、社会及生态协调发展的主角。总的来看，如果说在过去的一次创业时期里，昆明高新技术开发区作为地方对外开放先导区之一，为昆明经济发展与振兴起到了积极的牵动作用的话，那么当前，昆明高新技术开发区将在体制创新中因地制宜地融入面向全球开放与发展的全省经济主流之中，这不仅是昆明高新技术开发区发展历史的客观选择，更主要的是世界知识经济的演变态势及经济全球化对昆明高新技术产业发展格局产生重大影响的必然选择。

因此，昆明高新技术开发区二次创业期间的管理体制改革应当紧紧地抓住全省域经济大发展这一主题，理清改革思路，明确自身角色定位，发挥特色优势。目前北京中关村和上海张江高新区已各自成为我国北方和南方国家高新技术开发区中拉动当地经济、社会及生态协调大发展的一面旗帜。北京正在举全市之力在中关村打造"中国的硅谷"；上海正在全面实施"聚焦张江"的战略。因此，在我国进一步对外开放的新形势下，昆明高新技术开发区的二次创业及其价值取向的关键在于要因地制宜地融合甚至引导全省经济发展与城市化建设，并且与昆明经济、科技、社会及生态协调大发展有机结合起来，只有这样才能产生较大的影响力，才能提高城市竞争力，为培育全省下一代有竞争力的企业做准备，为昆明城市的科技进步和可持续发展作出贡献。

（五）建立发展高新技术开发区企业聚群的区域文化

硅谷等成功的高新技术园区的经验表明，一个成功的高新技术产业聚群需要与技术产业特征相容并相促进的区域文化来支撑。根据前面的分

析，并考虑到云南作为内陆省份的文化特征，昆明高新技术开发区的发展应该大力鼓励以下这些文化要素的生长与植根。大力宣扬敢冒风险、富于进取的企业家精神。由于高新技术产业是高风险型产业，失败的机率很高，现实中很多人就是因为害怕失败而不敢创业。因此，我们必须鼓励冒险，也要接受和容忍失败。特别重视信任与合作文化的建立。在中国传统文化的根基中缺乏彼此信任、相互合作的观念，信用不足已成为了影响我国经济生活正常发展的严重制约，但竞争激烈的高新技术产业的发展又十分需要信任与合作。因为它可以促使迅速整合信息和资源、降低成本、降低风险等。所以，我们要特别重视信任与合作文化的建立。此外，还要培养专业忠诚而非企业忠诚的观念，促进人员的流动。还要淡化等级观念和重视非正式交流等。这种支撑高新技术产业聚群的区域文化显然是与传统文化相冲突的，因此，这种区域文化的构建将是十分不容易的。它需要舆论大张旗鼓的宣传和耐心的引导以及政府有力的支持，更需要一些制度上的创新。

第十章 技术创新与云南产业发展的政策体系：技术要素分配

技术要素参与收益分配是指技术要素所有者凭借其对生产要素的所有权或使用权，按照技术要素在社会财富创造过程中贡献的大小参与收益分割的一种分配方式。技术要素参与收益分配能够促进科技成果转化为现实生产力，能够充分调动技术要素所有者的积极性，从而增加技术存量，提升技术质量，促进技术进步，进而提高一个企业、一个地区的竞争力。

第一节 云南企业技术要素参与收益分配的现状

云南企业技术要素参与收益分配的形式比较单一，大多数企业都以简单的奖励代替技术要素参与分配。由于对技术创新的激励不足，制约了技术人员的积极性。云南省企业技术要素参与收益分配的方式主要表现为以下几种。

一、工资奖金的差异化

在技术要素参与收益分配上，云南的企业更多的是采用差别工资奖金的方式，岗位工资、一次性奖励、利润提成甚至进修机会、晋升等变相奖励都体现在对技术创新的激励上。

无论是国有企业还是私营企业，对技术人员采用差别化的岗位工资都较为普遍，大多数企业都根据科技人员岗位的重要程度、岗位贡献大小、责任轻重、技术职称等，对其经济报酬实行有所倾斜的分配形式。也有企业对企业内部的技术人员采取一次性奖励、技术工资的方式。比如，滇虹药业的科研技术人员，在对外来技术的产业转化、工艺改进中能按时、按规定完成任务的，有突出贡献的，分别给予一次性奖励；对于高级技术人员则利用高工资进行激励，一般高级技术人员的工资是一般职工的5~6倍。

利润提成也是部分企业采用的奖励科技人员成果的方法，这种方法比技术工资更能体现对成果的奖励，而不是对工作过程的奖励。利润提成是各企业在技术成果实施转化后，从每年产生的利润中，提取一定比例给予奖励。比如昆明贵金属研究所，新产品投产连续5年内，从实施该科技成果的年税后利润中提取不低于5%的比例用于奖励。相对而言，云南国有企业中采取利润提成的企业较少，一般那些对技术依赖程度较高，竞争压力较大的私营企业会采用这种激励方式。

一次性奖励也是许多企业采用的奖励科研成果的方式。许多企业根据科技项目或科技成果完成情况，对科技人员进行的一次性奖励，主要是奖励现金、实物、住房等。比如云南白药集团对研制成一类新药的研发课题组可一次性奖励400万元。虽然奖励的对象定位、力度、次数在不同企业存在差异，但是大部分企业对效益明显的科研成果采取一次性奖励的办法。

二、技术入股只在少部分企业中采用

由于在治理结构与内部管理机制方面存在着差异，企业在技术要素参与收益分配上也存在着较大的差异。以技术入股的方式参与技术要素分配只在云南少数企业才能实现，由于股份制企业、外资企业在公司治理上较为规范，以技术入股方式参与企业利润分配有较大的实现可能。

以私营企业为例，由于私营企业主（董事会）可以决定企业产权的分配，能够灵活地利用入股的方式对技术成果者加以激励。私营企业不仅在企业成立之初确定技术入股的比例，在企业成立后，仍可以通过预留股份或增资扩股的方式，为技术创新者提供入股的机会。滇虹药业在1993年成立时，11位出资方共筹集资金28万元，另一位技术方用技术作价2万元入股。这种技术方和资金方一方出技术，一方出资金，通过协商给予技术方一定的股份从而确定公司股本结构的方式，在私营企业较多地得到采用。如云南中友科技在1998年成立的信息公司，就是以技术方（个人）出技术，企业出资金成立的新公司，其中技术方占公司股份的49%。

但是，云南省私营企业在技术要素参与收益分配的过程中也存在诸多问题。一是在入股技术的价值评估上没有一个相对权威的评估方式，导致技术方和资金方对技术价值的认识存在很大的偏差，影响合作的顺利进行。技术开发方对技术价值的评价值比较高，而企业对技术价值的认识是要通过市场的检验，技术好坏的标准是能否通过市场实现投资增值，这种认识上的差异使得很多技术转化不能成功进行。二是缺乏为技术方、资金方双方提供保障的体制。技术方与资金方的投入、利益不能通过有效的途径加以保障，从而影响到技术方技术转让和投资方资金投入的积极性。三是企业在内部管理制度上存在的不规范，影响了技术成果的转化。

三、云南企业技术要素参与收益分配的激励效果

政府、企业、市场是企业技术要素参与收益分配中的三个主要主体。真正意义上的技术要素参与收益分配应该是以企业和市场激励为主，政府激励为辅。云南不同所有制企业的激励渠道存在较大的差异，传统国有企业主要是企业激励和政府激励，企业激励还处在较低级的层次上，没有出现股权分享形式的激励。私营企业的激励渠道主要是市场和企业激励，政府激励相对较少。股份制企业由于结构复杂，激励渠道也显示出多样性，由于存在着激励渠道不明显的问题，在一定程度上影响到了对技术要素的激励效果。合资企业，主要是企业激励和市场激励，由于存在技术方和资金方对待技术要素的作用上认识上的差异，在企业运作中的利益各相关方为各自利益而消耗了大量精力，影响到了激励的效果。从激励力度上看，私营企业的力度要比其他企业大，传统国有企业和合资企业在对技术要素的激励力度上相对较弱。

第二节 云南企业技术要素参与收益分配面临的主要问题

云南企业在技术要素参与收益分配的程度不高，形式较为单一，其主要原因在于云南企业在内部分配中还存在着产权归属、技术要素定价等不确定的问题。

一、技术要素的产权归属不清晰

技术成果"所有权"是技术要素参与收益分配过程中的一个重要但又难以界定的问题。技术成果的产权归属决定了该项无形资产价值的归属，涉及技术转移的实现。在现实中，由于"职务"与"非职务"发明

不能明确界定,也给技术成果的产权界定带来了困难。

(一) 云南省职务发明与非职务发明比较

在市场经济国家中,大多数国家的法律规定,职务发明是指雇员在劳动合同有效期内在履行职务中或利用雇主企业的生产工具、设备、资金而产生的发明创造。职务成果主要包括大专院校、工矿企业、科研院所、机关团体创造出的科技成果。非职务成果主要是个人的科技成果。

对于职务发明成果与非职务发明成果,目前没有完整的统计资料,在此以统计数字比较准确的国家专利局公布的专利统计数据为例进行分析。

表 10.1 云南省历年专利申请情况统计表

年度	总累计	当年	发明	实用新型	外观设计	职务发明	其　中				个人发明
							工矿企业	大专院校	科研院所	机关	
1995	5 971	959	195	476	288	318	221	13	44	40	641
1996	7 261	1 290	266	665	359	423	335	24	45	19	867
1997	8 369	1 108	163	612	333	271	202	17	38	14	837
1998	9 505	1 136	163	579	394	306	249	12	41	4	830
1999	10 750	1 245	198	609	438	312	240	14	49	9	933
2000	12 461	1 710	341	737	632	546	410	30	93	13	1 164
2001	14 255	1 793	344	807	642	470	336	36	80	18	1 323
2002	16 035	1 780	448	721	609	548	45	76	402	25	1 232
2003	18 001	1 966	574	788	604	712	435	141	107	29	1 254
2004	20 133	2 132	740	793	599	762	529	95	109	29	1 370
2005	22 689	2 556	776	905	875	1 041	709	152	158	22	1 515
2006	25 774	3 085	1 005	1 076	1 004	1 124	727	192	179	26	1 961
2007	28 882	3 108	1 014	1 100	994	1 286	811	242	206	27	1 822
合计		28 882	7 248	13 260	8 370	9 754	5 973	1 261	1 883	637	19 126

资料来源:国家知识产权局网站查询 (www.sipo.gov.cn)。

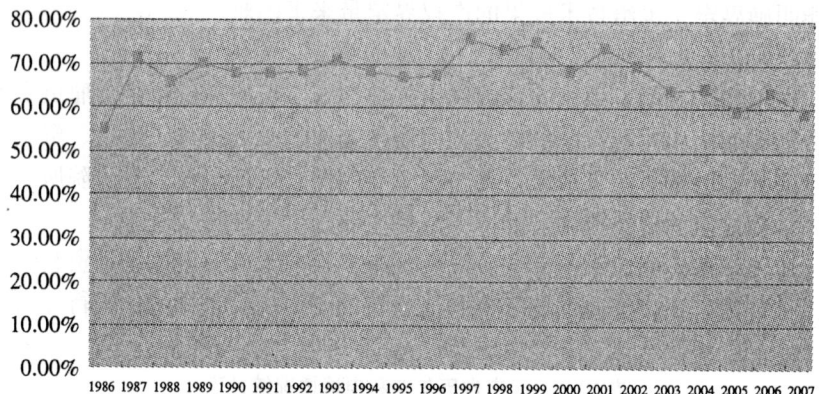

图10.1 云南省历年专利申请总量中个人申请所占比例

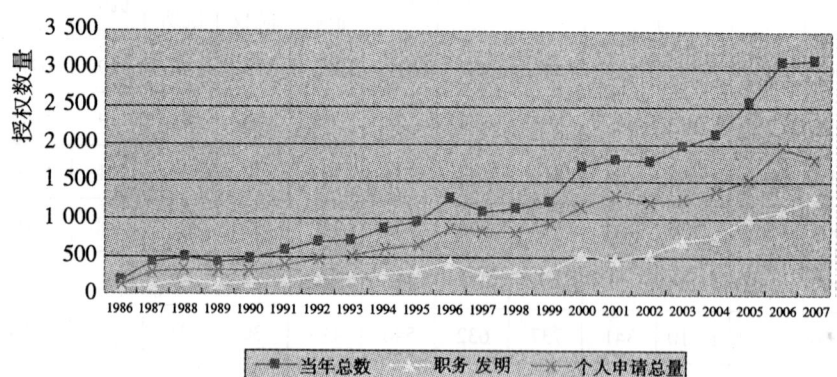

图10.2 云南省历年专利申请数量情况

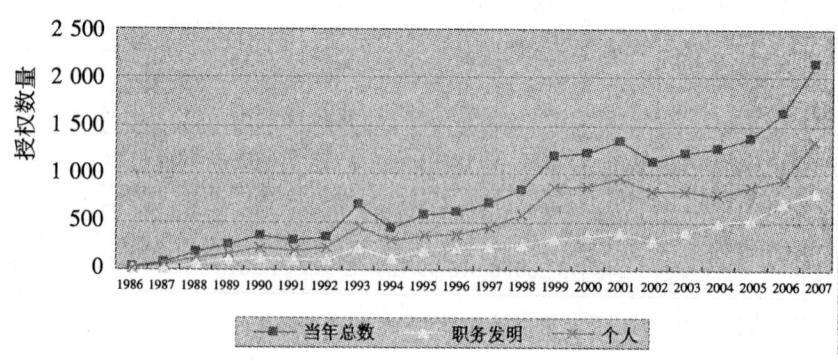

图10.3 云南省历年职务与非职务专利授权情况

第十章 技术创新与云南产业发展的政策体系：技术要素分配

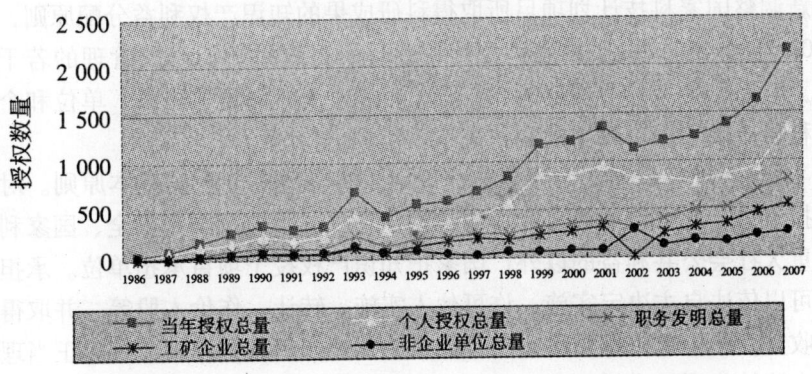

图 10.4 云南省历年企业、非企业、个人专利获得授权情况

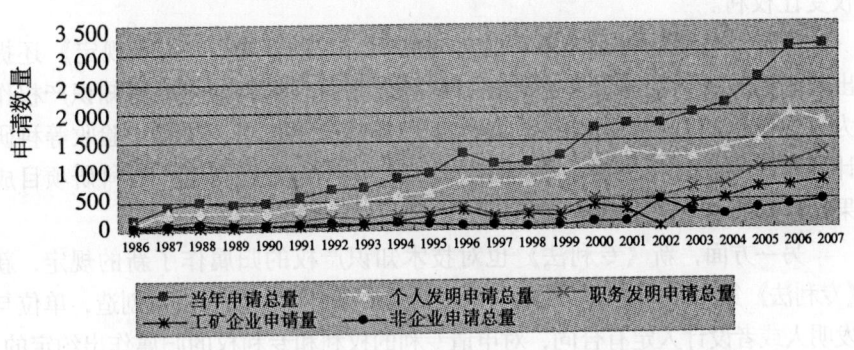

图 10.5 云南省历年企业、非企业、个人专利申请量情况

从以上的图表中可以得出以下结论：

（1）云南省历年非职务发明成果均占发明总量的 60% 以上（图 10.1），平均达到 70%。我们不能说非职务发明成果均来源于职务发明的流失，但从云南科研院所职务成果对外转化的数量明显少于企业申请的数量中，可以看出这一趋势。

（2）自 1998 年 1 月 1 日开始实施《中华人民共和国促进科技成果转化法》，云南省颁布执行《云南省实施〈中华人民共和国促进科技成果转化法〉若干规定》后，个人申请量开始明显增加，而职务发明申请量相对减少。《促进科技成果转化法》中鼓励个人实施成果转化及禁止将职务发明转化为非职务成果的规定在其中起了重要作用。

（二）科技人员、主管部门与所属单位的倾向与利益之争

为最大限度调动科研单位和科技人员创新的积极性，科技部、财政部

重新调整国家科技计划项目所取得科研成果的知识产权利益分配原则，于2002年出台了《关于国家科技计划项目研究成果知识产权管理的若干规定》（下简称《若干规定》）的新政策，进一步明确了国家、单位和个人在科研成果知识产权中的利益关系。

《若干规定》从3个主要方面确定了科研成果分配的基本原则。对国家投资进行的科研项目研究形成的知识产权，除涉及国家安全、国家利益和重大社会公共利益的以外，国家把知识产权授予项目承担单位。承担单位可以依法自主决定实施、许可他人实施、转让、作价入股等，并取得相应收益；承担单位作为科研项目成果的知识产权权利人，在其无正当理由不实施转化项目成果、影响公众对成果的应用时，政府有权予以干预；承担单位要贯彻落实国家关于对成果完成人有优先获得同等条件下的知识产权受让权利。

为促进科研项目承担单位加强对知识产权的保护，《若干规定》还提出若干有关具体措施，其中包括，科技计划管理部门要将取得知识产权作为下达课题的基本目标要求，把知识产权贯穿于立项、执行、验收等科研计划管理的全过程；要求承担单位建立知识产权管理制度，对科研项目成果切实履行知识产权保护责任等。

另一方面，新《专利法》也对技术知识产权的归属作了新的规定，新《专利法》第六条规定："利用本单位的物质条件所完成的发明创造，单位与发明人或者设计人定有合同，对申请专利的权利和专利权的归属作出约定的，从其约定"。新《专利法》引入了约定的方式，以"合同优先原则"来规范知识产权归属，这是一大进步，极大地增加了产权归属的可操作性。

但是，在云南省科研成果的转化过程中，知识产权的归属不清和利益之争仍然在相当大的程度上影响着研发的进一步深入和成果的转化效率。

2001年云南省《关于进一步加强知识产权工作促进技术创新若干意见》的通知规定：专利技术成果在实施转化投产后，发明人、设计人以及转化该专利的主要人员，可连续3～5年从所产生的效益中获得不低于净收入5%的奖励；可在3年内享有不低于60%的该专利股权收益，3年后可享有不低于40%的股权收益；可获得不低于20%的转让收益。

政府此项规定对发明人将成果收益较大范围地倾向了发明人，但是在具体实施时是要由具有利益冲突的单位主持实施，因此在不同的单位产生了不同的效果。

单位与科技人员的成果争议主要是对职务发明范围内的争议，非职务发明成果往往通过协议进行，因此容易引起成果职务与非职务权属争议的往往是科研院所内,而且争议往往会在成果进入应用性实施阶段产生。

通过对几个科技企业调研发现,在社会、产权单位及其代言人与发明人之间,往往会由于利益之争而产生较大的分歧,单位负责人从本单位的利益和业绩考虑的角度出发,往往不愿冒险,而发明人更多地会考虑个人的利益,而力争成果尽快转化。在当前市场化运作的体制下,职务成果的转化如果不能保证发明人的利益,是不可能获得成功的。云南大学单克隆抗体项目转化中,各方充分考虑了技术发明人的利益,产权归属明确,项目进行得也相应比较顺利。

相反,不明确知识产权,出资方与技术入股方的权益得不到保障,就会影响到技术转化和整个企业的效益。任何一项新技术都是有生命周期的,产权单位如果不能够在其生命周期内成功转化,必然会极大地损害发明人的权益,而能否将潜在的技术转化为单位的项目或成果,在很大程度上取决于成果单位的工作效率。有时如果单位不能在技术生命周期内成功地转化使其收到实际利益,往往会导致发明人选择自行转化的途径。一项技术成果,是技术失效还是从单位流失,对单位而言,损失是一样的,都是最终失去该技术,但是对全社会而言,技术流失不会降低其产品价值,而技术失效则会导致更大的损失。因此,社会鼓励接纳"技术流失"而防止"技术失效"。我国的《促进科技成果转化法》也明确规定:如果一个成果数年内得不到转化,发明人有权自行转化,条件是必须征得产权单位同意。

二、技术要素的定价难以及定价机制缺失

对技术要素进行定价是云南省实现技术要素参与收益分配的重要前提。技术要素参与收益分配中的价值评价涉及内部定价和外部定价两个部分,它们共同决定着对技术要素进行分配的最终结果。而云南省技术要素的内部定价机制和外部定价机制几乎都缺失,严重影响云南省技术要素参与收益分配政策的实施。

(一) 云南省技术要素内部定价存在的问题

技术要素的内部定价从技术开发阶段来分包括事前定价、事中定价和事后定价;从定价的主导力量来分包括先外后内和先内后外两种。从云南的实际情况来看,特别是大专院校和科研院所,技术成果内部定价的主要形式是事后定价和先外后内的结合。除了少数技术委托开发项目外,很少有自主研究技术在开发前进行内部定价的情况。通常的做法是,科研人员根据自己的研究方向或发表成果的需要进行研究,单位及政府有关部门根据其重要性给予相应的支持,开发结束后,如果具有可供转移的价值,在

与技术需求方进行外部商定确定价格后,再解决内部分配问题。这实际上使技术成果在转移过程中几乎失去了内部定价的环节,而只有既成事实后的内部分配问题。这种操作方法存在着很大问题,主要表现在三个方面:一是不以市场为导向,容易形成技术开发与产业化的脱节,最终使很多技术成果无法走出实验室,转化为现实生产力;二是无法对科研人员形成有效的事前激励,不利于促进技术创新;三是缺乏内部定价基础,外部定价往往容易失误,给技术供应方造成损失,对将来的技术转让和技术合作造成潜在的问题。

(二)云南省技术要素外部定价存在的问题

技术成果的外部定价指的是技术成果在由供应方、需求方和交易机构三个方面的力量组成的市场环境中,通过相互作用共同对技术成果的转移价格进行确定的过程。课题组通过考察云南省技术市场的交易情况分析云南省技术要素外部定价存在的问题。

从表10.2和图10.6可看出,与全国相比较,云南的技术市场成交额表现出两个特点,一是交易总量小,2006年为82 747.44万元,仅占全国技术市场成交额的0.46%;二是发展不稳定,波动较大,2000年交易量增长了8.94%,2001年增长高达36%,2002年却下降了30%,出现了大起大落的情况。从2004年开始不管从总量还是占全国的比例上都处于下降趋势。总量小说明在技术市场上进行技术交易的数量较少;波动大说明云南省技术交易市场受市场之外的因素影响还比较大,还没有形成规模化和持续性的发展态势。通过调研,课题组发现云南省技术交易市场存在的问题主要包括以下几点。

表10.2 云南与全国技术市场成交额的比较

单位:万元

年份	1999	2000	2001	2002	2003	2004	2005	2006
全国	5 234 123	6 507 519	7 827 489	8 841 713	10 846 728	13 343 630	15 513 694	18 181 813
增长率(%)	—	24.33	20.28	12.96	22.68	23.02	16.26	17.20
云南	172 339	187 742	255 279	179 496	228 717.9	215 555.2	159 174.6	82 747.44
增长率(%)	—	8.94	35.97	-29.69	27.42	-5.75	-26.16	-48.01
云南占全国的比例(%)	3.29	2.89	3.26	2.03	2.11	1.62	1.03	0.46

资料来源:根据《中国统计年鉴2007》计算得到。

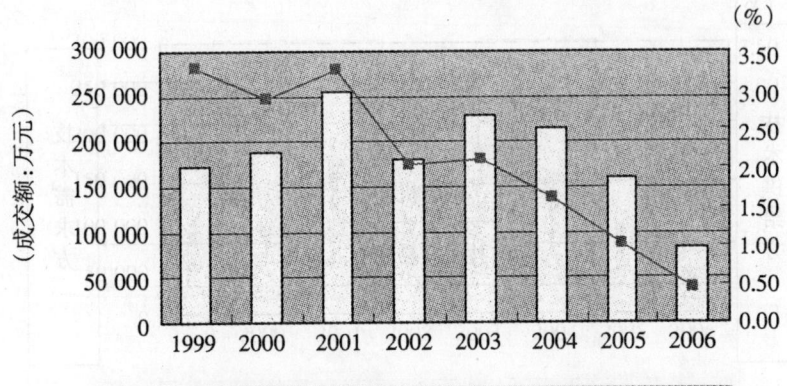

图 10.6 云南技术市场成交额情况

1. 技术成果交易体系表现出"主体多元、手段单一"的低效率状况

云南省技术交易体系存在三种类型：第一是政府部分主导的技术交易机构，包括专业性的交易机构和非专业性的交易机构，专业性的机构如省科技厅下属的"云南省技术交易所"，非专业机构如昆明高新技术产业开发区和昆明经济技术开发区下属的经济发展局、招商局，以及各大厅局所属的科技处等，也在扮演促进技术交易的角色。这类交易机构是计划经济的产物，凭借着政府的信誉、权威以及手中掌握的政策资源，为技术交易体系发挥着重要作用。第二是各高等院校为了促进本校技术成果转化而设置的科技处、产业处等机构。这是一种"校域垄断型机构"。第三是企业化技术交易市场，如：云南产权交易所和云南技术产权交易中心等，这类机构在云南出现得较晚，云南技术产权交易中心直到 2002 年底才成立，但它代表着产权交易市场化发展的趋势。

技术交易市场的功能主要是减少"交易费用"，促进技术成果的转移。云南省的技术交易模式主要集中在图 10.6 所示的几种上。

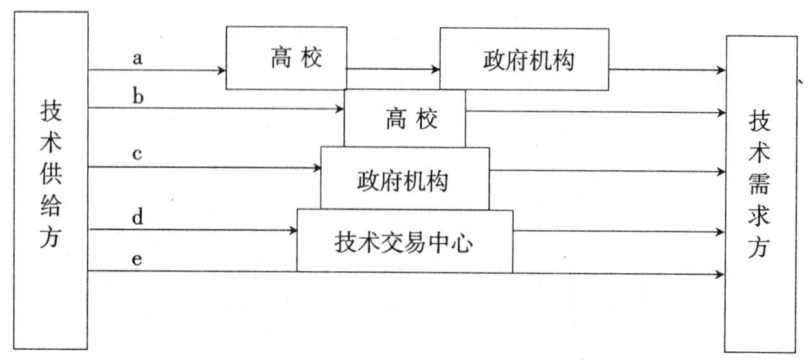

图 10.6　云南省技术交易模式

还有一种与上述模式不同的"自我消化模式（f 模式）"，即：

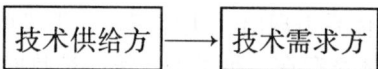

这种模式是在技术开发者找不到合适的投资者，或者不需要与他人合作时，自行对技术进行产业化开发的模式。这种模式又可以分为主动式和被动式两种。

从云南省技术交易的情况来看，a 模式在技术转移中最为普遍，b、c 模式次之，d、e 模式较少。究其原因，从有效降低"交易费用"的角度来看，a 模式由于有高校和政府机构的共同参与，无形中对技术交易过程起到了很好的担保作用，大大减少了交易双方因"不信任"产生的心理障碍，因此其"交易费用"是最低的。例如目前在昆明高新技术产业开发区及创业服务中心、大学科技园等区域内开展产业化的高新技术企业大部分都是在这种模式下完成技术转移的。b 模式由于高校与技术供给方是利益共同体，而 c 模式由于政府机构对技术的具体情况无法完全掌握，因此与 a 模式相比，在有效降低"交易费用"方面均有所欠缺，故在这两种模式下完成的技术转移较少。云南在 d 模式下完成的技术转移虽然不多，但由于云南技术产权交易中心 2002 年底才成立，从相对交易量上看，其交易数量还是很可观的。但云南技术产权交易中心的大部分技术交易是依靠政府完成的，例如，云南省科技厅就明文规定"省院省校合作项目"必须在中心完成交易，而昆明高新技术开发区也规定"泰国北部开发区"的投资项目必须在中心完成交易。因此，d 模式在现实中还是有较强的政府色彩，其运行模式也变成了以下加入政府色彩的运行模式（图 10.7）：

图 10.7　d 模式的运行模式

通过以上模式的分析可以看出，尽管云南省技术交易的中介机构的主体呈现"多元化"的状况，但在借以降低"交易费用"的手段方面却表现得过于单一：主要依靠的是权威机构的信誉，对政府机构的依赖特别严重。

2. 技术交易市场"供给不足"

"供给不足"是指在技术交易市场上可供交易、并能够实现产业化转移的技术成果数量较少。这是由两个方面的原因造成的，一方面是本省自主开发的技术成果质量较低，这有两层含义：一是技术水平较低。根据云南省经济贸易委员会的统计，云南省自主研究的技术成果，达到国内水平的占81%，而达到国际水平的仅有9.75%。二是技术成果商品化水平较低。另一方面，省外或国外的先进技术在云南进行交易的比较少。根据云南省经济贸易委员会的统计，云南在引进技术方面主要以购买先进设备为主要方式，占引进技术总额的76%，而用于购买先进技术的资金只占24%。

造成技术商品"供给不足"的主要原因是技术交易市场发育的不完善。一方面，技术交易市场未能发挥专业化中介机构的促进作用，促进科研成果向技术商品的转化；另一方面，没有发挥好"内引外联"的桥梁纽带作用，促进省内外技术交易的达成，既没能把省内的优秀技术推向省外市场进行交易，也没有及时地从省外引进发展所需的先进技术。

3. "交易费用"较高

交易费用的高低取决于双方的信任程度，一般而言，不信任程度越高，交易费用也就越高。云南省技术成果交易过程中，由于交易费用而影响到技术成果交易的问题，可以从两个层面理解。一方面，在三个类型主体所主导的技术交易总量中，政府主导完成的技术交易数量最多，高校主导的次之，而由企业主导完成的交易数量最少。从可信任程度来看，显然是政府最高、高校次之、企业化的技术交易机构最低。交易费用正好相反，政府主导下的技术交易的交易费用最低，企业化的技术交易中心的交易费用最高。这基本与技术交易的规律相一致，即技术交易数量与信任程度呈正比，与交易费用呈反比。但是，以政府主导技术交易的模式毕竟带有很浓的行政色彩，行政干预过多，已暴露出许多弊端。根据欧美发达国家的经验，只有企业化的技术交易机构，才能使技术成果交易在以市场为导向的环境中完成外部定价。云南企业化的技术交易机构因交易量过少，缺乏竞争，交易费用过高，而形成了外部定价机制缺失的局面。

从第二个层次来看，降低交易费用在于提高信任程度。而信任程度取决于两个方面，一是信用，主要是由企业的实力来体现；二是高度专业化的服务。云南企业化的技术交易市场之所以无法提高信任程度，降低交易费用，就因为在这两个方面都存在缺陷。实际上，云南企业化技术交易机构存在的最大问题在于无法提供高水平的专业化服务。这导致其在交易中所提供的中介服务的权威性受到质疑，增加了不信任程度，从而对降低交易费用无益。而在过度依赖政府信用进行技术成果交易的情况下，自然就造成了以市场为主导的外部定价机制的缺失。

第三节　促进云南企业技术要素参与收益分配和技术进步的对策思路

通过第二节的分析可以得知，云南技术要素参与收益分配面临的主要问题是产权归属不明确、缺乏技术要素定价机制、技术入股机制不完善等。因此，针对上述问题分别提出相应的解决方案，以促进云南企业技术要素参与收益分配和云南省的技术进步。

一、云南鼓励技术要素参与收益分配的政策思路

云南省鼓励技术要素参与收益分配的政策，主要应解决以下问题：一是尽快制定适合云南需要的"鼓励技术要素参与收益分析的规定"（或"条例"）；二是选择适宜的技术要素参与收益分配的方式；三是促进产学研结合，推进技术创新等。具体应包括：

（一）尽快制定《云南省鼓励技术要素参与收益分配的规定》

依据《中华人民共和国促进科技成果转化法》的有关规定，制定《云南省鼓励技术要素参与收益分配的规定》是当前解决云南省技术成果转化难的重要途径之一。要对云南省鼓励参与收益分配的技术范围进行明确界定，明确技术要素参与收益的范围、比例、措施，为企业、高等院校和科研院所技术要素参与分配提供法律依据。

(二) 选择适宜的技术要素参与收益分配的方式

在制定技术要素参与收益分配的政策与方案时，云南应选择适宜的分配方式，建设富有特色的分配制度。首先，要允许和鼓励科技成果拥有者在进行科技开发和成果转化时，采用技术作价入股的方式，或从企业拥有的净资产中划出一定比例按技术积累折股，技术入股既可以在初次分配中体现，也可以在资本收益分配中体现。其次，对一般企业，鼓励实行报酬与效益挂钩的工资和奖励制度，在工资、奖金的发放上对技术人员进行倾斜。再次，对有自主创新开发能力的企业，可与科技人员签订技术承包协议，按协议支付报酬，或从技术开发、技术转让、技术咨询、技术服务收入中，提取一定比例分配给科技人员。总之，针对企业、高等院校和科研院所的不同情况，根据技术研究、开发、转化及实施中的难易程度、贡献大小等因素，确定合理的分配制度，鼓励采取各种方式鼓励技术创新，在分配中，方案的设计要在不失公平的前提下，体现效率原则，防止平均主义和大锅饭。

(三) 促进产学研的结合，推进技术创新

技术要素参与收益分配，要正确处理好成果完成者、成果转化实施者和投资者之间的分配关系，兼顾各方的利益。在成果完成者内部，要处理好主要完成者与辅助者、成果完成者与转化者之间的分配关系。只有处理好这些相互关系，才能形成团结协作、联合攻关的创新机制。而上述关系在很大程度上是高等院校、科研院所与企业的关系，是产学研的结合问题。云南鼓励技术要素参与收益分配的政策要充分考虑企业、高等院校、科研院所三方的利益，促进企业加强与高等院校、科研院所的联系，建立与风险相对称的技术要素收益分配机制。鼓励高等院校、科研单位制定鼓励科技成果转化的有关政策，允许在职科研人员在完成本职工作和保障单位利益的前提下，可以兼职创办科技型企业。鼓励企业与高等院校、科研院所建立紧密型的产学研联合体，通过产学研的结合，推进技术创新。

(四) 建立和完善技术要素股份化的分配制度

要建立并完善技术要素股份化的分配制度，鼓励运用技术入股的方式参与收益分配。首先，要扩大技术成果作价入股的范围，允许专利权和许可实施权、计算机软件著作权、非专利技术成果的使用权、植物新品种和其他生物新品种使用权、法律法规认可的其他科技成果使用权作价入股。其次，在技术入股的比例上，要适当放宽比例的限制。国家在《中华人民共和国促进科技成果转化法》中规定，以科技成果入股，作价金额一般不超过公司注册资本比例的20%，以高新技术成果入股的，作价金额

占公司注册资本比例一般不超过35%。云南可考虑将作价入股的比例超过这两个比例，比如各提高5个百分点。再次，要细化技术要素股份设置，将技术要素股份共设置技术成果、职务成果和综合技术股份三种形式。对技术成果股，可以现金股份配置，对职务成果和综合技术股份，可规定只享有受益权。完善技术要素股份化的分配制度，可以在企业内部形成有效的激励效果。同时，要采取现股、期股、期权等各种方式，形成多渠道、多途径、多形式的股份化分配制度。

（五）建立和完善其他激励机制设计

技术要素股份化不可能在所有企业采用，一般企业只能采用工资、奖励等激励措施。云南鼓励技术要素参与分配的政策也要在建立和完善其他激励机制上下工夫，设计出一套完善的奖励措施与实施办法。

要鼓励企业采用一次性奖励、科技项目承包、净收益提成等分配方式形成企业内部的激励机制。一次性奖励是企业根据科技项目和科技成果完成情况，对科技人员进行一次性现金或住房等实物奖励；科技项目承包是企业与科技人员签订科技开发项目承包合同，企业出课题、出经费、提要求，科技人员按合同规定开发新产品；净收益提成是企业对拥有职务技术成果的科技人员，在技术成果实施转化后，从每年产生的利润中提取一定的比例给予科研人员奖励。鼓励企业采用多种形式奖励科研人员，有利于形成多层次、多渠道的激励机制。

二、技术要素产权明晰化方案

（一）现有法律体制下，建立新的职务成果申报备案制度

对于有可能实施成果转化的项目，无论将来是否需要申请为职务发明成果，在立项或者研发过程中，发明人均需报告备案。发明人在完成一项职务成果后，应在法定时间内向所在单位报告并提交全部技术资料存档。

对于职务成果以及职务发明专利，单位享有不可撤销、不可转让的免费实施权。但应在法定时间内做出只保留免费实施权，或要求拥有无限期或有限期的独占实施权、专利申请权和专利权，以及作为单位技术秘密处理的选择决定。在申报程序上，设立单位应对期限，如果单位需要此项成果，就应在备案期内与发明人协商成果应用及权属分配和收益分配，如果单位在备案期内不进行成果转化，期满后视为自动放弃该项成果实施的实施优先权或成果产权。成果的转化权属就归发明人所有。

建立职务成果的备案制，就可以将发明人和所在单位放在同等的法律地位上，进行同等的法律约束，两者的区别只在于，作为成果的原始投资和管理者,单位享有各项权利的优先权。

(二) 鼓励以协议约定的方式决定知识产权的归属

在市场经济国家中,人与企业的关系是在法律范围内的合同约定的关系,因此企业雇佣员工时研究成果只受法律和雇佣合同约束,争议只受法律关系调整,可以通过调解和诉讼解决两者存在的争议,科学家可以在不同的单位进行相关的研究并且在不同的单位取得成果。但在我国,个人与单位不仅是雇佣关系,而是具有封建大家庭式的所有权关系,在诸多人事、劳动、福利关系的笼罩下,使个人成为"单位的人",无论上班还是下班后都与单位有关,8小时以外的智力产品就变成了单位所有的产品。单位以"一刀切式"的方式来界定职务与非职务发明成果归属不利于发明人群体的创新动力。

所谓成果的权属具体为:署名权,发明权,使用权,收益权,出让权。在现有的知识产权概念下这些权利是一个合一的概念,法律并不禁止上述权利分割使用,因此对于每一个具体的项目或者成果,鼓励单位与发明人群体进行单独约定,才能调动发明人的创造动力,这可以减少将该项成果形成后知识产权的成果及其利益归属争议,也可实现对可能产生争议由过去单位规定和裁决转变为通过法律对协议约定内容进行调解和裁决。单位与发明人之间原有的雇佣和从属关系在具体项目和成果上通过"约定"转变成了平等的协议关系。

单位还可以在研究开发项目的立项之时即订立项目合同,约定双方的权利义务。另一方面,也要对科技人员进行一定的约束,如果发明人在完成职务成果后隐瞒不报、将职务发明创造变为非职务发明创造,以及违反有关约定等,也应受到有关法律的制裁。

由于法律不可能解决所有可能出现的争议与问题,淡化"职务"与"非职务"的界限,通过"协商与合同"解决具体问题,把在职务发明中可能出现的问题,控制在法律调整的范围内解决产权单位与发明人的矛盾,这样才能尽可能地减少产权单位与发明人的矛盾,促进科技成果产业化的进程,使双方获得到双赢的效果。

(三) 在合法的基础上建立合理"职务发明成果产权"的分配办法

根据市场规则,谁是投资者,谁就是产权所有者。在常规产权处置中,经过评估的专利技术和非专利专有技术已经能够作为无形资产入股,得到《专利法》、《公司法》的确认。目前的体制下引起纠纷的往往是那些正在研发阶段的智力投入的产权问题。由于在最终完成之前,能否获得预期的成果是一个未知数,其知识产权既无法确定,也无法分配,如何保护在这一阶段的发明人的知识产权,是目前我国的一项法律空白。目前对这一问题的处置尚处于在产权单位承诺的基础上所进行的分配,即成果的产权全部归单位所有,由该单位承认研发群体的贡献。由单位给研发群体以奖励,并在实施产业化阶段再按公司法给予股份或者报酬。

这种建立在产权单位的承诺基础上的利益分配,与产权权利的分配在法律上是两个完全不同的范畴。正是这种分配概念的差异造成了发明人权益受损,这是单位与发明人产生利益之争的根源。

因此,在法律上保护发明人在整个研发过程中的权利是一个重要的问题。需要建立一套从课题立项到研究过程,到中试阶段,到成果转化整个过程的知识产权保护机制,使职务发明成果的知识产权建立在可规范处置的框架之下,保护技术发明人在各个研发阶段的成果权利。

(四)建立职务成果的竞争转化机制

一个成果的成功转化,对社会的贡献要比成果本身的归属和其收益的归属对社会的贡献要大得多,整个社会应该形成一种有利于成果转化的竞争机制,促进成果的即时转化。

一项科技成果,只有发明人最了解自己成果的价值和风险,最有继续完善发明促进其转化的积极性。以往对于职务发明成果只有产权单位有权决定是否转化和如何转化的规定,在很大程度上阻碍了知识成果的转化,产权单位对技术成果转化与否的决定往往取决于当时的领导对该成果的把握。为了避免单位领导因对发明成果转化价值或者风险承受能力的顾虑,以及观念差异而导致的职务成果被搁置,应当在发明人与单位之间建立成果转化的竞争机制。规定只要达到转化条件,单位和发明人中有一方提出成果转化方案,即使存在异议,也能够实施该成果的下一阶段研发和成果转化。

对于一项可继续进行研发的项目,产权单位和发明人群体双方均拥有在利用前期成果的基础上继续研发的权利。为了避免一方不同意继续研发或者转化而使研究中止,可通过竞争研发机制来解决。

如对利用政府资助的科研项目、产权单位前期投入不大的阶段性职务发明成果,因某种原因而被搁置(在此被搁置的界定,应以是否进行下一阶段试验或产业化的投资来确定)。半年后如果其中一方愿意继续研发或者转化,可同时向对方和上一级主管部门(或者公正机构)提交书面的后续研发、转化方案来启动备案实施机制。备案期内对方必须对实施方案做出答复和承诺,如果对方在备案期提出了应对方案,则双方通过协商继续进行后续的研发和成果转化;如果对方在备案期内不作答复或者不提交其书面应对方案（则视为放弃后期的研发），备案实施程序自行生效启动，使得愿意实施方在其提交备案记录一个月（或一年）后，可以自行处置该职务发明成果。

实施方有权按其方案进行投资，其成果收益可以按所提交方案与对方分享，后期实施风险由实施方自行承担。实施方在实施后期研发期间，另一方如果要重新实施该项目的实质性转化，可以通过协议优先收购实施方已经作出的后期成果。

三、技术要素的定价方案

从上面的分析中可以看出，云南省技术要素的价值评价机制存在着很多问题，从内部定价看，主要体现在产权不清晰所带来的价格扭曲问题；从外部定价看，在技术商品供给、技术商品需求及技术交易体系和外部支撑条件方面，存在着不足和缺陷。在价值评价机制方面存在的不足，在相当大的程度上影响了云南省技术人员技术创新和技术转化的积极性，不利于云南省技术转化和科研成果产业化的实现。

为了促进云南省技术成果的转化，创造有利于技术产业化的环境，需要建立技术成果的价值评价机制，具体内容应包括：

（一）建立有利于技术交易发展的外部环境

云南技术成果价值评价机制的建立，首先需要从政府层面建立有利于技术转移和技术交易的外部环境，具体包括：

（1）根据国家颁布的《促进科技成果转化法》、《关于以科技成果出资入股若干问题的规定》、《关于以高新技术成果出资入股问题的规定实施办法》、《关于促进科技成果转化的若干规定》、《关于促进民营科技企业发展的若干意见》等法律和行政法规，制定云南省政府具体实施办法和优惠政策。其实施办法和优惠政策要具体有效。

（2）建立高新技术成果转化项目认定制度，设立专门机构，对申报的高新技术成果转化项目进行技术等级、市场前景、项目风险和知识产权状况等方面的认定和评估，由云南省认定的项目需进入云南产权交易市场进行交易。

（3）建立高新技术成果价值和高新技术出资入股比例评估机构，为高新技术挂牌交易提供价格依据。成交价格和出资入股比例则由市场竞价、协商定价、招标投标、拍卖等形式确定。

（4）建立高新技术产业的风险投资公司和风险投资基金。风险投资（又称创业投资）可由财政出资建立"种子"基金，带动社会资金投入，形成一个风险投资网络。

（5）建立技术产权交易信息网络。将目前全国已建立起来的技术产权交易所的信息通过产权交易信息网络连接起来，扩大信息的覆盖面，实现广义的"挂牌"。

（二）建立健全内部定价机制的方案

（1）逐步建立事前定价、技术产权明确的制度，变事后定价为事前定价，各大专院校、科研院所及国有企业在进行技术开发时要明确技术成果的产权，发明人和所属单位的比例可根据具体情况来确定。

（2）在立项时，项目以合同形式下发，科研人员既承担有关责任，也享有相应利益；在开发中，由科研人员与所属单位共同对开发中出现的问题给予解决；在结题时，对最终结果进行评估并奖惩。

（三）建立健全外部定价机制的方案

（1）完善技术产权交易所运作模式，逐步建立起政府监督下的技术产权交易所市场化运作模式。政府监管是指政府与技术产权交易所是监管与被监管的关系，其特点是政府监管市场、市场实现交易。市场化运作指技术产权交易按照企业法人体制建立，在经营活动上具有较大的独立性，按照公开、公平、公正的市场原则对技术成果和技术产权进行市场化交易。为保证技术成果在技术产权市场内进行交易，由政府作出国有、集体技术产权的交易应当在技术产权交易所交易的规定。成交的出让方、受让方应当凭交易所出具的交易凭证、交易合同到政府有关部门办理变更手续。依照规定可以在场外交易的，凭双方签订的交易合同办理权证变更手续，不需要交易所介入。

（2）逐步扩大云南技术产权交易的范围。首先进行科技成果的交易；其次在技术成果交易逐步完善的基础上开展科技成果产权交易，将科技成果产权化，通过技术产权与风险投资基金、创业基金相结合，促进技术成果产业化；最后是产权（股权）交易，形成风险投资和创业投资的进入和退出机制。

（3）发挥云南省优势，根据国际发展趋势，走专业化的技术产权交易道路。如根据云南省实际，举办生物资源技术展览会或交易会，为技术交易谈判创造机会。在有可能的条件下，成立生物资源技术交易中心。

（4）培养专利代理人。借鉴国际经验，培养专利代理人，并建立激励代理人制度以加速专利技术的交易。通过专利代理人，将前沿性技术，向感兴趣的公司推荐，以提高技术定价的准确性和交易的时效性。

总之，完善技术产权外部定价机制的关键在于建立技术成果市场化交易的机制，通过市场的有效竞争达到发现价格的目的。

四、技术入股方案

要创建有利于云南技术要素参与分配和技术进步的市场经济环境，必须在现有环境和条件下创造更宽松、更自由的资本交易体系和准入门槛，让科技成果更快速地以资本形式进入市场，实现转化。创建有利于云南创业环境和技术进步的技术成果入股方案主要包括以下几项内容。

（一）建立专门的地方性法规，形成更宽松和规范的创业环境

针对云南省创业环境尚不完善的情况，在国家相关法律许可的范围内建立地方性的，有利于企业和科研院所科技开发，有利于企业和地区引进域外技术、人才和风险投资，有利于技术成果交易的地方性法规。以相对宽松的制度环境、相对自由的交易体系和相对完善的法律制度来促进技术成果的转化。

（二）建立市场化的技术评估机制，降低交易成本、促进技术成果资产化

技术交易的前提是技术成果能够以资本形式进入交易市场。规范的技术成果交易的前提是完成无形资产的评估。目前技术评估是建立在技术成果的产权证书、项目实施的可行性报告基础上的，由于同一项技术成果应用于不同规模、不同投资方式的项目中，其收益都会有很大的差异，仅以项目实施的可行性报告为依据确定的技术成果的评估价格必然带有很大的随意性。因此，需要建立一整套市场的技术价值评估机制，完全由市场化决定技术成果的价值。

（三）允许成立没有注册资本、低成本运作的法人企业

可通过地方法规，允许成立适应技术研发和成果交易为经营内容的、无注册资本的低成本运作的企业，允许这类企业以技术成果或者类似的无形资产直接以资本的形式在资本市场上运作，并以合法交易者的身份在成果交易市场进行交易并获得技术交易所得；也可以允许企业以股东的身份将其拥有的技术成果出资入股，建立新的企业。其财务可以委托管理、可以按年度报税，按项目计算研发成本和交易所得。

（四）支持科技中小企业的发展，加大对中小企业技术成果转化的资金支持力度

科技创新成果大部分出自于中小企业，对中小企业进行科技投入的支持能够产生最大化效益。针对云南中小企业创新不足的矛盾，建立和完善中小企业创新基金，变目前创新基金对创业成功企业的支持为对持有创新技术成果并谋求创业者的支持,变对经营业绩的考察为对技术成果前景的分析,使创新基金真正成为支持技术创新、成果转化的有效机制。

(五)设立科技专项资金支持政府项目的技术成果的资本化

在政府项目以无形资产作价入股时,允许政府出资以技术股以等比例投入,直接鼓励技术流入企业。可设想将政府投入的50%作为无偿资助,50%作为无息贷款。由于这一机制一方面支持了政府鼓励发展的技术领域的开发,另一方面支持技术成果的资本化,从而能极大调动起科研院所技术开发和成果转化的积极性,促进科研院所和企业进行技术领域的深层次开发。最终无论对企业,还是对科研院所都会有较大的吸引力,对其技术成果的资本化起到推动作用。

第十一章 技术创新与云南产业发展的政策体系：政府采购

云南省政府采购制度自 1999 年开始至今已经有 9 年时间，这一制度的推行为云南省加强公共财政管理，提高政府预算资金的使用效率，遏制利用公共财政资金进行"寻租"等方面发挥了积极的作用。2003 年 1 月 1 日实施的《中华人民共和国政府采购法》明确规定："政府采购应当有助于实现国家的经济和社会发展政策目标，包括保护环境，扶持不发达地区和少数民族地区，促进中小企业发展等。"但在云南省政府采购的实践中，如何有效发挥政府采购的公共政策职能，促进自主创新的实现，还在探索之中。在制度设计中，使政府采购制度真正成为企业自主创新的助推器是云南省面临的重大问题。

第一节 政府采购与自主创新的关系

Hoskisson 和 Bnsenits 认为自主创新是企业运用自身的资源与能力来开发新产品或服务的实践，即企业以自身的开发为基础通过自身的努力和研究产生技术突破，实现科技成果的商品化、产业化和国际化，获取商业利益的创新活动。自主创新是一个内涵和外延极其宽广的概念。

自主创新具有三种形式：一是在自主研究、开发基础上的创新；二是对全球创新资源和创新要素的自主整合和集成；三是在别人（国内外）先进知识和实践经验的基础上经过消化吸收而进行的再创新。[1]

---

[1] 郭爱芳、周建中：《美国政府采购支持技术创新的做法及其借鉴意义》，载《科学与科学技术管理》，2003 年第 1 期。

相应地，自主创新在内涵上包括四层含义：即技术突破上的内生性、自主的知识产权、创新技术的领先和强大的市场竞争绩效。自主创新的技术来源于国家内部的技术突破，是国家依靠自身的力量，通过独立或合作的研究开发活动而获得的，自主创新以获取自主知识产权为重要目标和保障；自主创新的目的是在技术上超越别国，因此自主创新技术必须具有全球领先性；自主创新技术的开发不能脱离市场，必须和市场契合，具备强大的市场竞争力。

公共技术创新是经济增长的原动力，政府采购是政府促进公共技术创新的最重要政策工具之一。在美国、加拿大、英国、日本等国家中，政府采购政策一直作为促进科技创新、实现科技进步的重要政策工具而存在，并发挥了不可替代的作用。

所谓公共技术采购是指各级政府为了开展日常政务活动或为社会提供公共服务的需要，在财政的监督下，以法定的方式、方法和程序（按国际规范，一般应以竞争性招标采购为主要形式），从市场上为政府部门或所属公共部门购买自主创新商品和服务的行为。

21世纪，公共技术创新已成为一国获取超额最大利润、加速国民经济发展、提高核心竞争力和实施可持续发展战略的重要手段。大力促进公共技术创新，已经成为世界各国的共识，各国政府纷纷采取相应政策，引导、促进本国的技术创新。但是只凭企业依靠自身的力量进行自主创新是远远不够的，政府必须要积极地参与、引导，甚至在某些领域里发挥主导作用，必须依靠政府利用公共政策手段来加以解决。在政府的公共政策手段中，政府采购政策是其中一项极其重要的手段，也就是说，通过政府采购能够切实地支持企业技术创新，并且通过政府采购对企业技术创新的支持可以进一步实现其他的政府公共政策。运用政府采购推动企业技术创新，不仅符合我国转变经济增长方式的需要，更是符合提高我国核心竞争力的需要。

我国现行的《政府采购法》为发挥政府采购功能、推进我国企业自主创新提供了重要的法律基础。现行《政府采购法》[①] 第九条规定："政府采购应当有助于实现国家的经济和社会发展政策目标，包括保护环境，扶持不发达地区和少数民族地区，促进中小企业发展等"。《政府采购法》第四十五条还进一步规定："国务院政府采购监督管理部门应当会同国务院有关部门，规定政府采购合同必须具备的条款"。根据这一法律规定，

---

① 陈秋生：《云南省政府采购工作手册》，云南省财政厅2007年版，第2-13页。

国家可以专门制定有利于支持企业技术创新的政策，将支持企业自主创新，采购具有我国自主知识产权的产品，确定为任何政府采购合同之必备条款，以此使政府采购真正成为实现国家政策目标的手段和工具。

为发挥政府采购对自主创新的促进作用，财政部向各地印发《关于实施促进自主创新政府采购政策的若干意见》。《意见》要求各级财政部门在一定采购范围内或选择一些采购项目以支持企业的自主创新在全国信息产业科技创新会议上，信息产业部和国家发展与改革委员会都表示要积极推动落实政府采购制度，通过建立政府采购工作协调机制和出台实施细则，加大对自主创新的采购支持。

第二节 云南政府采购的现状

一、云南政府采购的现状

2003年全国人大颁布了《中华人民共和国政府采购法》，使政府采购工作进入到规范化的运作之中，政府采购规模有较大的增长。云南省政府采购规模从1999年的1.5亿元增长到2005年的50.54亿元，累计节约资金13.03亿元，平均节约率在10%左右，成效显著。近年来，在各级党委和政府的重视和关怀下，各级财政部门以《采购法》的实施为契机，开拓进取，扎实工作，政府采购制度改革工作取得新成效。

（一）政府采购管理机构基本健全

1998年12月，云南省政府建立政府采购协调会议制度，负责领导、协调和监督省级政府采购工作，省政府成立了政府采购中心，挂靠省财政厅。2001年底，全省16个州市先后成立了政府采购协调领导小组和专职的政府集中采购机构，挂靠财政部门，由财政部门负责监督管理。政府采购制度的实施，得到了全省各级党委、政府、人大、纪检监察部门的重视和支持，成为深化财政支出管理制度改革的一项重要举措。2003年1月，《政府采购法》颁布实施，按政府采购法"管、采分离"的要求，政府采购实行管理机构和执行机构分设。目前，除省财政厅成立了政府采购管理处外，全省大部分州市也相继成立了政府采购监督管理机构，全省16个州市已设立管理机构78个，其中独立设置管理机构34个，共有管、采机构117个，管理和采购人员253人，实现了管理与执行的职能分离，打破了"裁判员与运动员不分"的局面，建立起管理、监督的制约机制。昆明和楚雄已将集中采购机构从财政部门分离出去,挂靠政府机关事务管理局,按照《政府采购法》中"政府采购管理机构不得设置集中采购机构,不得参与政府采购项目的采购活动"的规定,实现了管理机构和集中采购机构设置的分离。采购管理机构负责行政事业单位政府采购的监督管理,集中采购机构负责组织实施。

(二)政府采购制度建设取得新成效

政府采购管理部门围绕《采购法》开展了新一轮的制度建设。对以前制定的有关规章制度进行了全面清理,及时废止了一些与《采购法》不一致的管理规定,保证了政府采购政策的统一,制订了年度政府采购目录和工作要点,指导全省采购工作的开展。转发了《政府采购货物和服务招标投标管理办法》、《政府采购信息公告管理办法》、《政府采购供应商投诉处理办法》、《政府采购评审专家管理办法》、《政府采购代理机构资格认定办法》,并根据云南省实际提出了贯彻实施意见,拟订了《云南省政府采购管理办法》,明确和规范了政府采购的采购主体、采购方式、招投标、监督检查、合同签订、履约验收、资金结算、会计核算等程序,为各地政府采购工作的开展和规范运作提供了法规和政策依据。《政府采购法》的颁布实施,进一步规范了政府采购管理和政府采购行为。至此,云南省政府采购工作步入了法制化、规范化的轨道,正朝着健康、有序的方向发展。

(三)政府采购范围和规模不断扩大

云南省1999年实行政府采购制度以来,采购预算逐年增加,采购规模不断扩大,采购效率日益提高,节约了大量的采购资金,集中采购的规模效益逐步显现;以公开招标为主的集中采购机制逐步形成,政府采购制度在全省范围内得到全面贯彻实施;在货物采购规模不断扩大的同时,服务和工程采购也呈现快速增长的势头。

1. 采购规模迅速增长

2000年至2004年,共计完成采购预算117.5亿元,年递增29.9%;完成采购合同金额109亿元,年递增29.6%。采购规模不断扩大,采购预算逐年增加,实际采购金额不断增长。

2. 采购效率日益提高

2000年至2004年,全省共计节约资金8.73亿元,节约率为7.43%。其中,省级实际采购的合同金额比采购预算节约资金3.57亿元,节约率为7.43%。通过政府采购,可以大大节约采购资金,提高资金使用效率。

3. 采购范围不断扩大

1999年，政府采购开始之初，仅对货物进行政府集中采购，采购金额1.53亿元。随着政府采购工作的深入开展，不仅货物的采购规模不断扩大，采购范围也逐步扩展，不仅服务中的印刷、汽车保险和维修纳入了政府采购范围，工程中的房屋装修、装饰、电子工程等项目也纳入了政府采购范围，工程和服务的采购量不断增加。2000年至2004年，工程采购量占采购总量的比重从4.07%增加到11%，服务采购量占采购总量的比重从4.3%增加到16.2%，年平均递增62.4%。

4. 采购方式逐步规范

《政府采购法》颁布实施后，采购项目逐步规范到法律规定的五种采购方式上，其中以公开招标为主的政府采购模式逐步形成。公开招标采购金额达到政府采购总额的52%。采用单一来源采购方式的采购量只占采购总量的4.5%。

二、云南自主创新产品、服务、系统的购买方式以及涉及的范围

云南省在自主创新产品、服务、系统购买的协议供货制度建立方面起步较晚，目前仍在试点阶段。从2005年省级单位和昆明市的政府采购协议供货执行情况来看，政府采购协议供货，一是将属于年度政府采购目录范围内达不到公开招标限额，而且货物规格、标准统一、现货货源充足的计算机及其配件、显示器、打印机及配件（含桌面多功能一体机）、复印机及配件、传真机等均纳入了协议供货的范围。二是对不属于本次协议供货范围项目的采购项目，仍按原有程序办理。

为了营造激励自主创新的环境，推动企业成为技术创新的主体，国务院印发了《关于实施〈国家中长期科学和技术发展规划纲要（2006—2020年）〉若干配套政策的通知》（以下简称《配套政策》），提出了一系列鼓励自主创新的具体政策，其中明确提出"建立财政性资金采购自主创新产品制度。建立自主创新产品认证制度，建立认定标准和评价体系。"

在上述背景下，科技部、国家发展与改革委员会、财政部联合制定了该《国家自主创新产品认定管理办法（试行）》。目的是贯彻落实《规划纲要》及其配套政策的有关要求，建立国家自主创新产品认定制度，为我国政府财政性资金优先采购自主创新产品等相关工作提供依据，鼓励全社会尤其是企业开展自主创新，发挥公共财政对自主创新的促进作用，积极营造激励自主创新的环境，努力建设创新型国家。《管理办法》的作用

主要有两个方面,一是为我国自主创新产品的认定评价工作提供制度依据和方法指导,规范认定程序和认定标准,使认定工作做到公开、公正、公平和科学;二是经过认定后,提出一个国家自主创新产品目录,为鼓励自主创新的相关优惠政策提供支撑和依据。

被认定的国家自主创新产品将在政府采购、国家重大工程采购等财政性资金采购中优先购买,并在高新技术企业认定、促进科技成果转化和相关产业化政策中给予重点的支持。目前,财政部正在研究制定在政府采购中对国家自主创新产品的具体优惠措施。例如,在预算中要优先购买列入自主创新产品目录的产品安排,在政府采购招标、投标评审中给予适当的加分等。

科技部会同国家发展与改革委员会、财政部委托相关机构,在国家层面上开展产品的认定评价工作。科技部对认定评价结果进行审定,形成《国家自主创新产品目录》《产品目录》初步意见,并向社会公示。公示无异议的,科技部会同国家发展与改革委员会、财政部形成正式《国家自主创新产品目录》《产品目录》,颁发国家自主创新产品认定证书,并向社会公开发布产品目录。

一些省市已经开展了自主创新产品认定并发布了产品目录,纷纷通过政府采购支持自主创新产品。据悉,江苏省、北京市已经制定了本省或本市的自主创新产品认定的办法,并对当地企业的产品进行了认定,被认定的产品将在当地政府采购等相关工作中享受优惠,这在自主创新产品认定方面做出了很有意义的尝试。目前,云南省对自主创新产品、服务、系统的认定和产品目录尚处于研究中,对政府如何通过规范政府采购、推进云南自主创新还处于探索阶段。

第三节 云南自主创新的政府采购与现行政府采购制度的矛盾

在云南省现行的科技创新体系中,对于技术创新活动的支持,大多体现在科技投入的扶持上,比如设立专项科研项目资金用以资助技术创新活动、对企业技术改造或者技术引进给予税收优惠、设立工业园区扶持创新型企业等。这与西方发达国家较为健全的科技发展政策体系比较来看,仍然存在一些不足和需要完善的地方。科技投入政策一定程度上可以帮助企业克服技术创新过程中的技术风险,但是,对降低市场风险的作用有限。

云南省每年通过成果鉴定或者获得专利的技术成果有许多，但是，成果的市场转化率偏低。这与西方发达国家形成巨大反差。西方发达国家通过比较完善的公共财政政策手段从投入和需求两个方面帮助企业克服技术创新过程的技术和市场风险。例如，北欧国家通过在能源管理中引入"需求侧管理模式"，通过政府间合作以政府采购的形式，在节能技术领域取得了许多新的技术和产品，并在各国加以推广，获得了很好的社会效益，例如节能热泵的采购。政府作为市场中最大的单一购买主体，其对市场需求的引导作用是其他任何主体所无法企及的，这有利于帮助创新企业克服市场风险。

从目前云南省自主创新的政府采购看，自主创新之所以缺乏政府采购的支持，主要原因仍在于目前的政府采购制度的缺失。

一、政府采购推进公共技术采购的制度设计仍不明确

《政府采购法》第一条为"为了规范政府采购行为，提高政府采购资金的使用效益，维护国家利益和社会公共利益，保护政府采购当事人的合法权益，促进廉政建设，制定本法"。尽管在第九条提到了促进经济和社会发展，但《政府采购法》并没有明确地把促进经济和社会发展作为目标。提高自主创新能力，是我国经济增长方式转变和结构调整的关键。作为政府调控经济的一种重要手段和方式，政府采购理应在促进企业自主创新当中发挥积极作用。尽管在"十一五"规划中把政府采购制度作为促进公共技术采购创新能力的一种手段，但为了凸显自主创新的重要性，应该使这一目标在《政府采购法》中显现出来，使其成为发挥政府采购调控企业行为的法律依据。

二、政府采购目标与支持自主创新存在矛盾

政府采购制度从1998年推行以来，一直强调节省采购性财政开支，并以此作为评价政府采购工作主要乃至唯一的标准。而拥有自主技术的企业，在产品投入市场初期，由于前期研发投入过多，造成产品和服务成本相对过高，这无形中把这些企业排除在了政府采购的范围之外，使得这些拥有自主技术的企业在政府采购过程中处于不利的位置。尽管国家已经明确提出将政府采购的公共政策功能作为政府采购工作的重点，由于节省资金仍是政府采购的一项重要评价标准，这与利用政府采购支持企业自主创新形成了不可调和的矛盾，而且这一矛盾在短期内很难解决。

三、政府采购与激励企业创新存在矛盾

当前,我国产业发展和升级对技术的需求呈现加速增长的趋势,如果继续沿用"市场换技术"的方式推进技术进步,必将难以承受大量引进技术的巨额成本。这就需要建立相应的政府政策支持系统来支持企业自主创新。而当前我国的政府采购无论是从法律上还是从实践上看,对自主创新企业的鼓励和支持并不明显,在政府采购程序和方式上,对自主创新企业也没有特别的安排。通过购买性支出,引导企业自主创新,引导地方产业结构调整,是政府义不容辞的责任,也是推动技术发展的有效途径。一方面,可以对入围企业进行技术创新起到一定的激励和引导作用,加大其进行技术创新的积极性和主动性;另一方面,可以向相关产业和企业传递一种信号,即政府鼓励企业进行自主创新,从而在企业中形成一种创新氛围,使企业成为技术创新的主体。但是从目前的实践看,政府的采购政策与导向,并不支持企业自主创新,政府采购政策中,没有专门针对企业创新的制度安排,对企业自主创新的激励严重不足。

四、政府采购缺乏基本的技术标准作为采购底线

政府采购最基本的要求是为政府采购有用的产品和服务,因此项目的技术标准是政府采购的底线。为实现政府采购的公共政策目标而放弃起码的技术标准,从而影响政府职能实现的程度,无异于本末倒置,失去了政府采购存在本身的意义。而我国目前在各个领域的技术标准都不够健全和统一,严重影响了各级政府推行有利于推动企业自主创新能力政策的积极性,无法使政府按客观需求制定促进技术发展的公共政策,无法通过政府采购对企业自主创新进行有目的培育和支持。

第四节 云南自主创新的政府采购的有利条件

财政部门和中央各部门在各级政府的领导下,按照我国"进一步扩大政府采购制度实施范围和规模,进一步规范政府采购行为"的部署,积极开展政府采购工作并取得了显著成效,自1998年以来,政府采购的规模逐年扩大。根据全国36个省、市、自治区、计划单列市和部分中央单位报表统计,2006年全国实际政府采购预算4 122.2亿元,实际采购规模3 681.6亿元,比上年增长25.8%,节约资金440.6亿元,节约率为

10.7%。政府采购的范围已由货物采购扩大到工程及服务领域，这表明全国各地都在积极推行政府采购制度，充分发挥其优势。

一、云南省自主创新的政府采购的有利条件

我国政府采购工作的重点正在向支持自主创新、自主品牌方向转移。从过去仅仅是采购物美价廉的产品、防止腐败，到如今主动支持企业自主创新，我国政府采购工作重点的转移，为云南省通过政府采购支持企业自主创新创造了良好的外部环境。

2006年，在京举行了"2006年政府IT技术产品采购与应用高峰论坛"，表明我国政府采购工作的重点正在向支持自主创新、自主品牌方向转移。

过去我国政府采购强调的一是经济性，即买东西要物有所值；二是廉洁性，即防止商业贿赂。这是从2003年开始实施《政府采购法》以后一直作为工作指标，作为工作评价基本标准的两个方面。在《国家中长期科技发展规划》中，政府采购应执行的公共政策群中增加了科技政策，而且将科技政策放在了首要位置。政府采购执行科技政策的着力点是要通过市场的方法、政府采购的方法来支持自主科技创新、自主技术创新，所以支持自主创新成为今后相当长时间里政府采购工作的重点。

财政部在2006年政府采购重点中，明确提出了要"注重研究和运用政府采购政策工具，在继续实施政府采购节能产品和无线局域网产品政策的基础上，研究发挥政府采购政策功能的领域和思路，研究指定优先采购环保型产品、国产自主创新产品的政策措施，并在部分行业或产品领域有所实施和突破"，这正是政府采购工作重点转向支持自主创新的体现。

中央国家机关在促进国内企业自主创新方面早有实践，并从中受益。据中共中央对外联络部信息办副主任任锦华介绍，中联部信息化项目始终坚持原创性、自主开发、自主知识产权或可控代码，对推进我国软件行业的发展、促进国家电子政务建设起到了一定的示范作用。目前，中联部享有政务系统正在运行的全部应用软件完整的知识产权，为中联部应用系统的升级、完善，提供了有利条件。中联部在电子政务过程中最大可能地使用国产设备，并以有用、实用、够用为原则，探索适合中国国情的低成本发展之路，受到国家相关部门的肯定。

从过去仅仅是采购物美价廉的产品、防止腐败，到如今主动支持企业自主创新，我国政府采购工作重点发生了重大转移，使政府采购的意义提升到了一个更高的层次。支持中国的企业创造自己的品牌、搞自己的自主

知识创新，已中国政府采购工作的首要任务。

但是也应该看到，我国政府从2007年年底开始开放中国政府采购市场，让中国产品与国外产品、中国供应商与国外供应商进行平等竞争。这势必对中国的供应商，尤其是处于创新阶段的中国企业造成了很大的竞争压力。所以，要支持中国企业的发展和中国企业的自主创新，必须制定相应的政策，通过政策安排，扶持国内供应商，促进中国企业的自主创新能力和水平的提高。

二、政府采购支持的企业自主创新的实现机理

2006年初，国务院颁发了《国家中长期科学和技术发展规划纲要（2006—2020）》。该纲要明确了今后15年科技工作的指导方针，其中放在第一位就是自主创新。该纲要进一步阐述了自主创新在我国科学技术领域的重要性，并提出了要把提高自主创新能力放在全部科技工作的突出位置。同时，在重要政策和措施中明确提出了要实施促进自主创新的政府采购。这对于刚刚起步的中国政府采购而言，无疑指明了前进的方向，也为云南省的政府采购提出重要的任务。

政府采购作为一种技术创新激励的手段，其发挥的作用是任何其他方式所无法替代的。政府部门的购买能够形成最为强大的市场需求，对企业和科研院所的技术创新起到极大的需求拉动作用。这种作用与政府直接提供研发资助和政策优惠明显不同。政府采购则是一种能够增强企业或者科研机构适应市场、推出新产品，直接将科学研究转化为生产力的最为有效的方法。

首先，政府采购可以为企业自主创新提供一个稳定的市场，变相地为企业自主创新提供资金支持。科技投入是科技创新的物质基础，是科技持续发展的重要前提和根本保障。

其次，政府采购可以降低企业自主创新的研发风险。科技研发具有很大的不确定性，给企业的资金投入带来了很大的风险。如果仅靠企业单方面投入和承担所有的研发风险显然不利于推动企业自主创新，限制了企业自主创新的积极性和主动性。

此外，国家对科技研发的政策环境对企业自主创新起到了非常重要的导向作用，作为政府资金投向之一的政府采购，通过其公共政策功能体现了政府的宏观政策导向，可以为企业自主创新提供良好的政策环境。因此，我国必须在政府采购、技术开发资金投入及产业政策方面对这类企业予以关注和倾斜，以保证作为民族创新企业的领导性品牌能长久、稳定。

第五节 国外利用政府采购扶持自主创新企业发展的成功经验

实施扶持自主创新的政府采购政策，利用政府采购政策推进技术创新、产品创新和产业结构升级，是发达国家的普遍做法。纵观美、英、日、韩等国自主创新企业的成长历程，可以发现政府采购在其中起到了举足轻重的作用。

一、美国的经验

美国是最早采用政府采购的国家之一。从其1761年第一部《联邦采购法》的颁布开始，美国政府相继以立法的形式规范政府采购，建立了一个由法律规则、组织体系、采购程序、方法以及申述制度等方面构成的较为完善的政府采购体系。美国《政府采购法》的立法宗旨就是"扶植和保护美国工业、美国工人和美国投资商，要求美国政府购买本国的货物和服务"。美国政府的公共技术采购不仅份额大，而且采购价格高于市场价格，有效地降低了处于技术领域工业发展早期的产品进入市场的风险。1960年集成电路产品刚刚问世时，联邦政府采购占到了全部产品的100%。美国在1993年颁布了《购买美国产品法》，主要包括两个部分：一部分对"国内最终产品"、"国内报价"、"国外最终产品"和"外国报价"分别进行了界定；另一部分规定了《购买美国产品法》的程序。美国政府采购政策所奉行的原则是，只有在美国生产产品的数量不足或者国内价格过高，或者不购买外国货将会对美国国家利益产生不利后果的情况下，才可以购买外国货。

二、英国的经验

英国贸工部与财政部的政府商务采购办公室遵循"从供货商那里获得创新"的准则，将创新贯穿于公共采购过程。英国还规定政府部门、政府实验室、国营公司必须从本国公司采购计算机和通信器材等。

三、日本的经验

日本自主创新企业的迅速发展离不开政府采购制度的有力支持。最为典型的莫过于日本电子通信业的发展。日本通过国有的电报电话公司

（NTT）和日本电子计算机公司（JECC）采购，来确保国内电子通信市场的增长。NTT是国有垄断企业，其采购规模在电子通信产品市场上占有相当大的比例，其采购政策遵循优先使用国内产品的原则，并支付带有补贴性质的高价格。

四、韩国的经验

韩国政府为保护本国自主创新企业的发展，以法律形式规定，科技部长及有关部门首长，为扩大新技术产品销售，可要求国家机关及地方政府、政府投资机构接受政府出资和补助等财政支援的机构、其他公共团体等优先采购自主创新产品；对本国带有创新技术的产品，即使价格较高也优先购买，对一些中小企业开发的新技术，韩国政府实施收购，并出资支持中试和产业化。对国有企业，政府也要求企业优先采购国产装备和其他产品。

第六节 完善云南自主创新产品政府采购管理的政策建议

一、制定政府采购自主创新产品目录，明确政府采购激励自主创新产品的范围

云南省财政部门会同科技主管部门、政府采购管理部门等，在获得国家权威认证机构认定的创新产品和技术范围内，结合政府采购法和云南省政府采购管理特点，选择国民经济中具有一定影响（对经济和社会影响大的领域或项目），且需要重点扶持的产品，形成"政府采购自主创新产品目录"，并实行动态管理。自主创新产品政府采购遵循公开、公正和诚实信用的原则，应当有利于实现云南经济和社会发展政策目标，包括保护环境，扶持不发达地区和少数民族地区，促进中小企业发展等。

在具体认定时，遵循以下标准：

第一，产品要符合国家法律法规、国家产业技术政策和其他相关产业政策。

第二，产品具有自主知识产权。

第三，产品具有自主品牌。

第四，产品创新程度高。

第五，产品技术先进，在同类产品中处于国际领先水平。

第六，产品质量可靠，须通过国家认证认可监督管理委员会或省质量技术监督部门资质认定的实验室和检查机构的检测。

第七，产品具有潜在的经济效益和较大的市场前景或能替代进口。

只有符合以上全部条件，才能被认定为自主创新产品。云南省各级国家机关、事业单位和社会团体必须优先采购列入目录的产品。

二、优先安排自主创新项目，建立激励自主创新的政府首购制度

采购人在编制年度部门预算时，应当标明自主创新产品；财政部门在预算审批过程中，凡使用财政资金进行采购的行政事业单位和非行政事业单位都应纳入政府采购，应当优先购买列入目录的自主创新产品；各级财政部门在部门预算审批过程中，在采购项目已确定的情况下，应当优先安排自主创新产品的采购预算；各级财政部门应当在部门预算的相关表格中增加反映自主创新产品政府采购的内容，随同编制年度部门预算的通知一并下发。

云南省内企业或科研机构生产或开发的试制品和首次投向市场的产品，且符合国民经济发展要求和先进技术发展方向，具有较大市场潜力并需要重点扶持的，经认定，省政府进行首购，由采购人直接购买或政府出资购买，使企业克服商业销售风险，帮助社会消费者对新产品的认可和接受，促使产品更新换代和结构调整；政府对于需要研究开发的重大创新产品或技术，应当通过政府采购招标方式，面向全社会确定研究开发机构，签订政府订购合同，并建立相应的考核验收和研究开发成果推广机制。使企业根据政府需求，进行研究和开发具有自主知识产权的重要高新技术产品，政府对新技术产品的订购，可以克服企业进行新技术开发的盲目性，它是一种主动性的促进措施，与被动性的首购制度一起构成对企业自主创新开发产品的全面支持和促进。值得强调的两点是，一是订购的原则必须十分明确，包括明确的创新概念、创新标准和创新认定程序及责任；另一点是遵循先有创新成果然后采购的原则，并且保证订购的对象是通过竞争的方式获得的。

三、加强预算控制，强化自主创新产品政府采购预算管理

云南省自主创新产品政府采购资金，按财政国库集中支付相关规定执行。各级财政部门在编制年度部门预算的通知中，要明确提出自主创新产品的政府采购预算编制要求。采购人根据要求编制本部门自主创新产品政

府采购预算。

采购人在编制年度部门预算时，应当按照目录的范围编制自主创新产品政府采购预算，标明自主创新产品。各级财政部门要把科技投入作为预算保障的重点，年初预算编制和预算执行中的超收分配，要体现法定增长的要求。自主创新产品政府采购预算是对政府采购预算的补充和细化，是部门预算的有机组成部分。

各主管部门应当自财政部门批复部门预算之日起40个工作日内，严格按照批准的自主创新产品政府采购预算编制自主创新产品政府采购计划，报财政部门备案。自主创新产品政府采购计划与政府采购计划同时编制，并单独列明。

各级财政部门依法负责指导采购人编制自主创新产品政府采购预算，并对预算执行情况进行监督，追加或调整的采购预算必须要实行"听证制"，以广泛接受各有关方面的质询和监督。

要逐步建立自主创新产品与国外同类产品比较的机制，建立购买国外产品审核体系。采购外国产品时，坚持有利于企业自主创新或消化吸收核心技术的原则，优先购买向云南省转让技术的产品。

四、完善云南自主创新产品政府采购评审方法

按照《关于政府采购招投标进行公证有关问题的通知》（云南省财政厅，云财采[2003]7号）的文件精神，进一步完善云南省自主创新产品政府采购评审方法。采购人采购自主创新产品应当采用法律规定的采购方式，其中，达到公开招标数额标准的，应当采用公开招标方式采购。采购文件不得标明特定的供应商或者产品，以及含有倾向性或者排斥潜在自主创新产品供应商的其他内容。采购人采购的产品属于目录中品目的，招标采购单位应当合理设定供应商资格要求，在供应商规模、业绩、资格和资信等方面可适当降低对自主创新产品供应商的要求，不得排斥和限制自主创新产品供应商。具体包括：

第一，采购人采购的产品属于目录中品目的，采用邀请招标方式采购的，应当优先邀请符合相应资格条件的自主创新产品供应商参加投标；采用竞争性谈判和询价方式采购的，应当优先确定自主创新产品供应商参加谈判、询价。

第二，采用最低评标价法评标的项目，对自主创新产品可以在评审时对其投标价格给予5%~10%幅度不等的价格扣除。

第三，采用综合评分法评标的项目，对自主创新产品应当增加自主创

新评审因素，并在评审时，在满足基本技术条件的前提下，对技术和价格项目按下列规则给予一定幅度的加分：在价格评标项中，对自主创新产品给予价格评标总分值的 4%~8% 幅度不等的加分；在技术评标项中，对自主创新产品给予技术评标总分值的 4%~8% 幅度不等的加分。

第四，采用性价比法评标的项目，在评审时，对自主创新产品在技术评标项中给予 4%~8% 幅度不等的加分，并对其投标报价给予 4%~8% 幅度不等的价格扣除。

第五，采用竞争性谈判、询价方式采购的，应当将对产品的自主创新要求作为谈判、询价的内容。在满足采购需求、质量和服务相等的情况下，自主创新产品报价不高于一般产品当次报价的最低报价 5%~10% 的，应当确定自主创新产品供应商为成交供应商。

五、完善政府采购合同管理制度，确保自主创新采购政策的落实

云南省自主创新产品政府采购合同必须将促进自主创新作为必备条款，明确支持自主创新产品的内容和具体措施。自主创新产品政府采购合同应当在履约保证金、付款期限等方面给予自主创新产品供应商适当优惠。

自主创新产品政府采购合同应当由采购人与中标、成交自主创新产品供应商签订。采购人也可以委托采购代理机构代表其与中标、成交自主创新产品供应商签订政府采购合同。

由采购代理机构以采购人名义与中标、成交自主创新产品供应商签订自主创新产品政府采购合同的，应当提交采购人的授权委托书，作为合同附件。采购人不得与中标、成交自主创新产品供应商签订自主创新产品分包项目合同。中标、成交的自主创新产品供应商不得将政府采购合同进行分包，更不得进行转包。

采购人与中标、成交自主创新产品供应商应当在中标、成交通知书发出之日起三十日内，按照采购文件确定的事项签订自主创新产品政府采购合同。

自主创新产品政府采购合同履行中，采购人需追加与合同标的相同的货物或者服务的，在不违背促进自主创新的原则、不改变合同其他条款的前提下，可以与供应商协商签订补充合同，但所有补充合同的采购金额不得超过原合同采购金额的 10%。

六、细化云南货物审核制度和购买外国产品审核制度

云南省应专门制定法律或者法规，进一步落实我国《政府采购法》中关于购买本国货物的规定，保证国内一些具有创新能力企业有稳定的市场需求，进而拉动各个创新主体自主研发、自主创新。采购人应根据《中华人民共和国政府采购法》规定，优先购买本国产品；财政部会同有关部门制定本国货物认定标准；采购人需要的产品在中国境内无法获取或者无法以合理的商业条件获取的（在中国境外使用除外），在采购活动开始前，需由国家权威认证机构予以确认并出具证明；采购外国产品时，坚持有利于企业自主创新或消化吸收核心技术的原则，优先购买向我国转让技术的产品。

七、进一步加强云南对政府采购自主创新产品的监督

云南省各级财政部门应当加强对自主创新产品政府采购工作的监督检查。要对自主创新产品实行跟踪问效，对质次价高的自主创新产品及时调整出目录。要将各部门、单位对执行的自主创新产品的情况纳入年度审计。

凡自主创新产品政府采购合同签订后，采购人不严格履行合同约定，拒绝接受或提供约定的自主创新产品的，财政部门应责令其纠正，否则不予支付采购资金。任何单位和个人对自主创新产品政府采购中的违法行为，有权控告和检举，有关部门应当按照各自职责及时处理。

采购代理机构在代理政府采购业务中有违法行为的，按照有关法律规定给予处罚，直至依法取消其进行相关业务的资格，构成犯罪的，依法追究刑事责任。

自主创新产品政府采购合同因变更、撤销、中止或终止而造成的损失，当事人有过错的一方应承担赔偿责任，双方都有过错的，各自承担相应的责任。

八、建立促进云南中小企业自主创新的政府采购制度

云南省中小企业一般规模小，技术、设备落后，资金短缺，承受市场风险的能力较弱，经营管理水平落后，在市场竞争中同大企业或外国企业相比处于不利的地位。但同时，在云南省有相当一部分的中小企业都是自主创新的主体。因此，应当建立更为特殊的政府采购政策以鼓励、扶植和促进中小企业发展，提高其自主创新能力和整体竞争力，这也是各国政府

通行的做法。

　　第一，规定给予中小企业以特别优惠。在国外一般表现为门槛价优惠和价格优惠。如美国规定 10 万美元以下的政府采购合同，要优先考虑中小企业，并给予价格优惠扶持；中型企业价格优惠幅度在 6% 以下，小型企业价格优惠幅度在 12% 以下。云南省应借鉴这一做法，建立中小企业参与政府采购的优惠政策以达到扶植中小企业发展的目的。

　　第二，规定在一定条件下允许将大额采购分割成若干部分进行招标，使中小企业享有更多机会参与投标竞争。由于中小企业规模小、资金不雄厚，在参与投标竞争中与大型企业相比明显处于劣势，为了使之与大型企业有相等的机会，并为中小企业创造更多的投标机会，就应规定允许将大额采购合同实行分割招标，使其能参与投标，充分发挥其小而专、小而特的优势而中标。

　　第三，改变有些在客观上对中小企业不利的规定。例如，政府采购在评标时主要考虑的因素是价格、维修、服务承诺、实力评估等政府采购的经济效益，而中小企业在这些方面没有任何优势。

　　第四，应该突出重点，向符合资质条件的中小企业科技企业倾斜，制定专门的可操作的政策措施。通过政府采购，加强政府对企业开发可操作的政策措施。通过政府采购，培育创新产品市场，这对于企业技术创新带动作用最为直接。

第十二章　技术创新与云南产业发展的人才支撑

科技人才是指从事或有潜力从事科技活动,有知识、有能力,能够进行创造性劳动,并在科技活动中作出贡献的人员。从广义而言包括所有从事自然科学方面工作的科技人员,从狭义而言我们可以将科技人才定位于专业技术人才。为了方便分析与研究,本研究定位于专业技术人才,从专业技术人员、科技活动人员及 R&D 人员等角度分析云南科技人才队伍中存在的一些问题,对云南省人才引进政策进行比较分析,实证分析云南两个重点产业高层次人才问题,并对云南引进高层次科技人才提出建议。

第一节　云南科技人才队伍总体状况

科技发展的历史表明,杰出的科学家和科学技术人才群体引领科技发展的方向,是一个地区或国家科学技术事业蓬勃发展的决定因素;科技人才队伍的整体创新能力决定着科技发展的水平,决定着科技传播的速度和广度。从长期发展的角度来看,科技人才资源开发利用效率的高低、作用的大小决定着生产力发展的快慢、国家和民族发展的进程。随着经济全球化的迅速发展,中国的经济将全面融入世界经济的大潮,云南科技人才队伍必将面对人才竞争的四大趋势,即人才素质更需国际化、人才配置更趋市场化、人才需求更加多元化、人才开发与管理更为法制化①。

在新的形势下,云南省省委、省政府坚持实施人才强省战略,积极推动了全省科技人才队伍的建设。1999 年,省委、省政府就做出了《关于加

---

① 《云南人才战略研究》,科学出版社 2004 年版,第 7~13 页。

快高层次人才培养引进的决定》,省第七次党代会提出要牢固树立"人才是第一资源"的观念,用事业凝聚人才、用精神鼓励人才、用感情关心人才、用适当的物质待遇吸引人才,实施人才五大工程,深化科技奖励体制改革,实施了中青年学术和技术带头人后备人才和技术创新人才培养引进计划,加大对高层次人才培养引进的力度,全面推进云南省人才强省战略。

从自身发展看,云南科技人才队伍建设取得一些成绩,如2006年全省专业技术人员62 496人,占云南省人口总数的0.14%;2003年至2006年的四年间专业技术人员增加12 305人,增长了24.52%;2006年全省共有64人入选中青年学术技术带头人后备人才,37人入选技术创新人才;"两院"院士由1997年的3位增加到9位等(表12.1)。目前有一大批科学技术专家在云南省农业、生物医药、新材料、环境工程、信息技术等领域发挥着骨干核心作用。

表12.1 云南省2003—2006年专业技术人员增长情况表

	专业技术人员	科学研究机构	高等院校	企业	其他
2006年	62 496	8 542	9 884	331 603	12 465
2003年	50 191	7 190	8 132	22 456	12 413
增加额	12 305	1 352	1 752	309 147	52

资料来源:《云南省统计年鉴》。

但由于云南省经济实力、人才环境政策等的条件限制,云南省的科技人才队伍与全国各省市科技人才队伍相比,处于下游水平,不具备相对优势,比较优势有待提高。我们可以从科技活动人员数及R&D人员的全时当量两个方面的全国比较看出(表12.2)。

表12.2 2006年西部地区科技活动人员对比表

地区	从事科技活动人员/万人	从事科技活动人员全国排序	科学家和工程师/万人	科学家和工程师全国排序	科学家和工程师占科技活动人员比重	比重全国排序
内蒙古	3.99	25	2.85	25	71.43%	5
广 西	5.86	22	4.06	22	69.28%	10

续　表

地　区	从事科技活动人员/万人	从事科技活动人员全国排序	科学家和工程师/万人	科学家和工程师全国排序	科学家和工程师占科技活动人员比重	比重全国排序
重庆	7.56	20	5.24	20	69.31%	9
四川	19.48	7	12.48	8	64.07%	24
贵州	3.6	26	2.2	26	61.11%	29
云南	5.34	24	3.51	24	65.73%	19
西藏	0.41	31	0.28	31	68.29%	14
陕西	14.51	11	9.32	11	64.23%	22
甘肃	5.8	23	3.96	23	68.28%	15
青海	1.05	29	0.68	29	64.76%	21
宁夏	1.31	28	0.9	28	68.70%	11
新疆	2.85	27	1.9	27	66.67%	17

资料来源：《中国科技统计年鉴2007》。

截至2006年，云南省从事科技活动人员总数为5.34万人，只占全国从事科技活动人员总数的1.29%，在西部地区占7.44%。其中主体部分——科学家和工程师总数为3.51万人，占全国总数的1.25%，在西部地区占7.41%。两项指标在全国均排在第24位，处于全国各省市的下游水平。科学家和工程师占从事科技活动人员数的65.73%，其中一半分布在研究与开发机构、大中型工业企业和高等学校当中，分别占据15.81%、42.28%、22.00%。

截至2006年，云南省研究与试验发展（R&D）人员全时当量为1.6万人年，占全国R&D人员全时当量的1.00%，西部地区的6.47%。其中科学家和工程师全时当量为1.28万人年，分别占全国总量的1.00%，西部地区的6.44%。两项指标在全国都排在第24位（表12.3）。

表 12.3 2006 年西部地区 R&D 人员全时当量对比表

地 区	R&D 人员全时当量/万人年	R&D 人员全时当量排序	科学家和工程师全时当量/万人年	科学家和工程师排序	科学家和工程师全时当量占R&D人员全时当量比重	比重全国排序
内蒙古	1.48	25	1.2	25	81.08%	18
广 西	1.89	22	1.63	22	86.24%	6
重 庆	2.68	20	2.18	20	81.34%	16
四 川	6.86	8	5.4	9	78.72%	23
贵 州	1.07	26	0.87	26	81.31%	17
云 南	1.6	24	1.28	24	80.00%	21
西 藏	0.1	31	0.09	31	90.00%	1
陕 西	5.95	11	4.63	11	77.82%	26
甘 肃	1.67	23	1.35	23	80.84%	19
青 海	0.26	29	0.21	29	80.77%	20
宁 夏	0.44	28	0.39	28	88.64%	2
新 疆	0.74	27	0.65	27	87.84%	31

资料来源:《中国科技统计年鉴 2007》。

第二节 云南科技人才队伍行业分析

从行业的角度说明云南科技人才队伍的分布、流动性特征,并分析形成这些特征的原因。

一、科技人才行业集中度

在云南科技人才行业分布方面,云南省科技人才行业分布呈现出过度集中在某一两个行业上。从大专层次及以上人才的行业分布来看(2006年),云南省 90.06 万的专业技术人员中的 40.41 万都集中在一个行业——教育业中,集中度高达 44.87%,而科学研究和综合技术服务业的集中度只有3.90%。云南省科技人才行业分布呈现出的集中度比云南人才行业集中度还要高。如2006年云南省专业技术人员行业分布图（图12.1）和分布表（表12.4）。

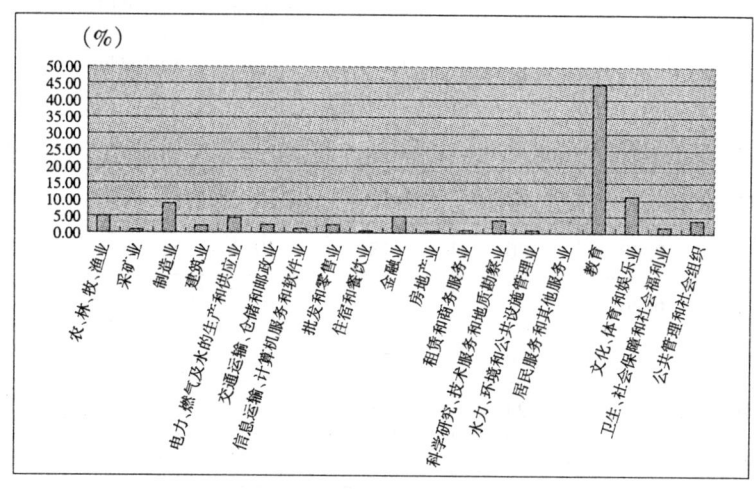

图12.1　2006年云南省专业技术人员行业分布图

资料来源：根据《中国统计年鉴（2007）》整理。

表12.4　2006年云南省专业技术人员分布表

专业技术人员	合计	农、林、牧、渔业	采矿业	制造业	电力、燃气及水的生产和供应业	建筑业	交通运输、仓储和邮政业	信息传输、计算机服务和软件业	批发和零售业	住宿和餐饮业
云南/万人	90.06	4.46	0.84	7.77	1.96	3.85	2.05	1.14	2.19	0.45
比例/%	100.00	4.95	0.94	8.63	2.18	4.27	2.28	1.26	2.43	0.50
专业技术人员	金融业	房地产业	租赁和商务服务业	科学研究、技术服务和地质勘察业	水力、环境和公共设施管理业	居民服务和其他服务业	教育	卫生、社会保障和社会福利业	文化、体育和娱乐业	公共管理和社会组织

续表

专业技术人员	合计	农、林、牧、渔业	采矿业	制造业	电力、燃气及水的生产和供应业	建筑业	交通运输、仓储和邮政业	信息传输、计算机服务和软件业	批发和零售业	住宿和餐饮业
云南/万人	4.40	0.53	0.70	3.51	0.83	0.08	40.41	9.90	1.54	3.44
比例/%	4.89	0.59	0.78	3.90	0.93	0.08	44.87	11.00	1.71	3.82

资料来源：根据《中国统计年鉴（2007）》整理。

二、科技人才行业流动性

云南省科技人才行业分布呈现出过度集中在某一个行业的同时，还表现出人才集中度高的行业人才流动相对较低。除"采掘业"和"农、林、牧、渔业"外，大专以上人才流动比例最低的四个行业依次为"国家机关、政党机关和社会团体（流动率28.28%）"、"卫生体育和社会福利业（流动率30.77%）"、"电力、煤气及水的生产和供应业（流动率31.76%）"、"教育、文化艺术和广播电影电视业（流动率31.79%）"（图12.2）。

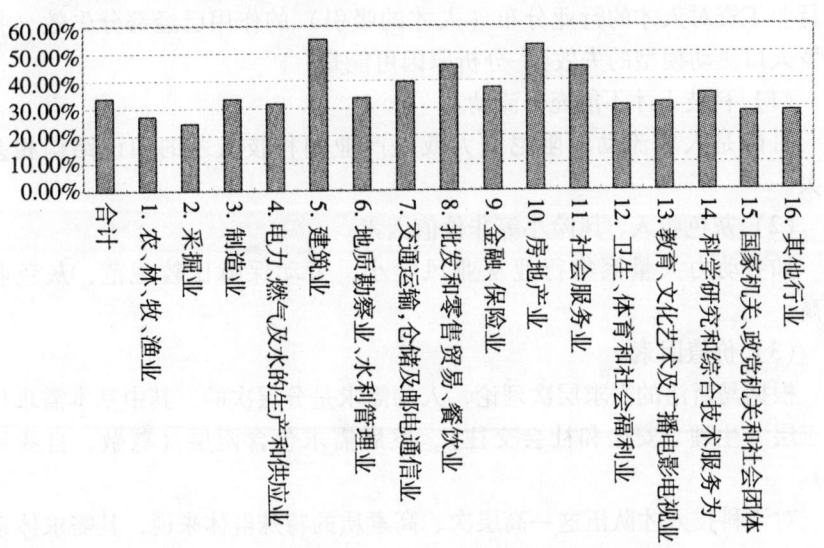

图12.2 云南省各行业大专以上人才流动比例图

资料来源：《云南人才战略研究》，第175页。

因此，云南省产业发展对科技人才需求不仅面临着经常提及的科技人才数量不足、科技人才质量不高的问题，还面临着科技人才行业分布不合理、流动性差的问题。我们认为后者已经成为云南省产业发展不容忽视的问题。

三、流动性原因分析

对于科技人才流动性问题，可以引入托达罗的人口流动模型进行分析。该模型如下：

$$M = f(d) \quad f' > 0$$

在这个公式中，M 表示科技人才从一个产业转移到另一产业的数目，d 表示两个产业的预期收入差异，$f' > 0$ 表示科技人才流动是预期收入差异的增函数。

该公式表明了行业的平均工资是科技人才流动或集中的一个非常重要因素。但有关研究表明它不是唯一的因素，其重要性随着流动人群的学历层次递增而呈下降趋势。

从全国来看，云南省在一些行业上，尤其是"国家机关、政党机关和社会团体"和"教育、文化艺术和广播电影电视业"两个行业，其职工平均工资收入不具备吸引人才的竞争力，但又聚集了大量的人才，表明了行业工资对人才的行业分布（人才的吸引）的作用已经部分失效（托达罗人口流动模型的失效），分析原因可能是：

（1）科技人才不能充分流动。

可能是人才流动的阻尼太大或是产业间科技人才的知识结构相差太大。

（2）灰色收入、风险小等非价值因素。

如劳动力大量聚集行业从业风险小，劳动保障比较规范，灰色收入高。

（3）价值因素。

根据马斯洛的需求层次理论，人的需求是分层次的，其中基本需求包含三层（生理、安全和社会交往），发展需求包含两层（尊敬、自我实现）。

对于科技人才队伍这一高层次、高素质的特殊群体来说，其需求体系中基本需求一般已能满足（通过收入、固定的工作岗位实现），他们更多的是追求发展的需求，尤其是自我价值的实现。

他们对行业或地区的选择，除行业或地区的平均收入（满足基本需求）依然起到作用外，行业或地区的人才效用的发挥（实现发展的需求）的作用急剧上升，成为科技人才流动中的一个主要成分，而不能被忽视。

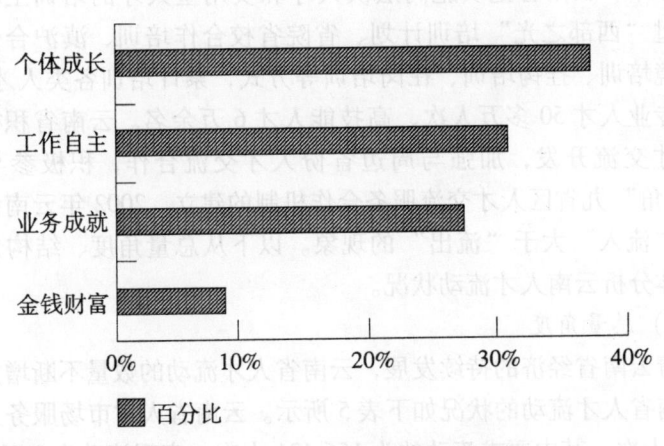

图12.3 科技人员注重的四大因素

对于科技人才追求的价值因素的研究，知识管理专家马汉·坦姆仆经过大量实证研究得出，科技人员注重的前四个因素分别为：个体成长、工作自主、业务成就和金钱财富（图12.3）。其中前三个因素都与上述的价值因素密切相关，与科技人才的效用发挥密切相关，与科技人才的环境政策密切相关。这对于科技人才政策制定应该具有一定启示意义。

第三节 云南科技人才流动和效用

云南科技人才面临着许多问题，主要集中体现在人才流动性差，即行业间科技人才流动率低和区域科技人才吸引力低。区域科技人才吸引力低具体表现在难以引进区域外的科技人才，难以留住区域内的科技人才。其深层次原因是云南科技人才政策环境不规范，科技人才效用难以发挥，即科技人才注重的价值因素难以实现。

一、云南科技人才流动

科技人才流动是市场经济发展的客观规律。通过人才流动，使科技人才向急需的行业和单位流动，向更能发挥作用的岗位流动，有利于促进新技术的传播，推进城乡经济发展，繁荣科学教育事业，避免科技人才的积压、浪费和使用不当，对创造一个人尽其才、才尽其用的用人环境，提高人才资源的配置效率具有十分重要的意义。

近年来，云南省把实施高层次人才和实用型人才的培训工程列为重点，通过"西部之光"培训计划、省院省校合作培训、滇沪合作培训和出国出境培训、挂钩培训、在岗培训等方式，累计培训各类人才10多万人次、专业人才50多万人次、高技能人才6万余名。云南省积极探索区域性人才交流开发，加强与周边省份人才交流合作，积极参与并推进"泛珠三角"九省区人才交流服务合作机制的建立。2002年云南省首次出现人才"流入"大于"流出"的现象。以下从总量角度、结构角度两方面来具体分析云南人才流动状况。

（一）总量角度

随着云南省经济的持续发展，云南省人才流动的数量不断增加。2006年，云南省人才流动的状况如下表5所示。云南省人才市场服务人才达到276 400人次，其中要求流动的为156 431人次，实现流动为9 525人。其中实现流动的数据在西部六省中是最低的，登记要求流入人员在西南六省排第四名，云南省在人才流入规模上还比较小。2006年，云南省人才交流会的情况如下，参加云南省人才交流会求职人员为140 600人，而达成流动意向协议为40 071人。从规模上来看，云南省的这两项指标在全国的排名都靠后，这说明云南省人才市场仍然不够活跃。

表12.5　2006年西部六省区市人才流动基本情况表

项目 地区	服务人才			人才交流会			
	接待人员	登记要求流动	实现流动	举办人才交流会	参会求职人才	参会招聘单位	达成流动意向协议
	人次	人	人	场	人次	家次	人
重庆	307 548	55 340	20 476	1 476	198	135 000	249 000
广西	1 414 861	194 427	68 993	822	1 063 265	31 517	291 367

续　表

项目\地区	服务人才			人才交流会			
	接待人员	登记要求流动	实现流动	举办人才交流会	参会求职人才	参会招聘单位	达成流动意向协议
	人次	人	人	场	人次	家次	人
四川	745 618	201 677	78 178	1 791	1 861 463	58 312	303 862
贵州	203 321	138 947	43 621	498	1 114 205	33 152	423 398
云南	276 400	156 431	9 525	44	140 600	20 252	40 071
陕西	2 008 630	241 509	79 831	474	493 587	13 221	80 891

资料来源：云南省人事厅。

（二）结构角度

本部分我们从云南省人才流动的企业结构、学历层次和年龄结构方面来分析云南省的人才流动结构状况。

从云南省人才流动的企业结构来看，云南省人才流动的企业结构包括国有企业、民营企业和外资企业（表12.6）。首先，人才主要流向国有企业。在2006年，云南省人才市场服务了5 750家国企用人单位，在西南地区仅次于四川和广西，这说明云南省国有企业对人才的需求量比较大，流入国企的数量也比较大。随着国有企业改制工作的进行，国有和国有控股企业的用人机制变得更加灵活和有效，也吸引了一部分人才，尤其是高技术人才，出现了人才向国有企业"回流"的现象，在"十一五"期间，这种"回流"的势头尤其明显。

表 12.6　2006 年西部六省区市人才流动结构状况表

项目 地区	服务用人单位			登记流动人员学历情况			登记流动人员年龄情况		
	国有企事业单位	民营企业	外资企业	大专及以下	本科	研究生（硕士、博士）	35 岁以下	35～55 岁	55 岁以上
	家	家	家	人	人	人	人	人	人
重庆	1 947	12 705	3 577	46 754	7 740	846	41 980	12 475	885
广西	6 533	19 773	1 957	129 993	61 995	2 439	141 345	48 974	4 108
四川	6 927	27 535	1 805	125 759	58 486	17 432	172 503	18 281	455
贵州	1 549	12 970	396	100 394	37 488	1 065	116 083	22 645	1 399
云南	5 750	13 460	1 042	5 021	148 255	3 155	117 116	39 107	208
陕西	2 206	7 589	537	183 258	54 808	3 443	198 266	41 041	2 202

资料来源：云南省人事厅。

其次，人才流向民营企业。云南省民营企业流向在西部地区排在第三位，也仅次于四川和广西。在改革开放初期，云南省民营企业很难吸引到高层次的人才。近年来，随着云南省民营经济的不断壮大，出现了高层次人才合同期满后到民营高科技企业任职的案例。"十一五"期间，云南省民营经济会实现更为快速的发展，高技术民营企业将会吸引一定规模的高层次人才。最后，人才流向外资企业。云南省服务外资企业 1 042 家，从总量上看，外资吸引人才的规模较小。造成这种状况的原因与云南省外资企业发展较慢有关。

从登记流动人员的学历上来看，我们可以得出云南省登记流动人员在大专及以下、本科和研究生的数量分别为 5 021、148 255 和 3 155 名，在西南六省中的排名分别最后一位、第一和第三。这一方面说明云南省中高层次人才流动率比较高。另一方面，也可以反映出云南省对中高层次人才的需求量比较大。

从登记流动人员的年龄结构上可以看出，云南省在人才流动方面，35 岁以下、35～55 岁和 55 岁以上的流动人员分别为 117 116、39 107 和 208 人，在西南六省分别排在第四、第三和第六，这说明云南省人才流动的中青年数量比较多，年龄结构偏低。

云南省人才流入的规模和结构都表明云南人才政策不仅需要加强人才引进的优惠条件,更加需要加强人才环境建设,优化人才效用发挥的机制。

1. 人才流动后能力发挥和收入水平普遍提高

调查统计显示:60%的人才认为流动后收入有明显提高或有所提高,81.17%的人才流动后更能发挥能力。

2. 人才流动时主要会遇到的障碍

调查显示:"社会保障机制不完善"是流动的第一障碍,其次是"对现在的工作已经满意"和"缺乏有吸引力的单位"。

3. 吸引科技人才的主要有利因素

(1) 家属在滇。我们对省外大学生回省工作的原因的调查中,发现家属(父母、爱人及亲友)在云南省工作的原因排在第一位。云南省的人才因多年来文化传统的熏陶,在思想上偏向回到家乡,建设家乡,这一思想观念有利于云南省籍的人才返回云南,投身于云南省的经济社会建设。

(2) 优惠政策。云南省在1999年推出了《关于加快高层次人才培养引进的决定》,在推出的5年时间内,该决定为云南省吸引人才起到一定的作用,吸引了一批高层次人才来滇工作。该决定中所提及到一些政策,如奖励、工作经费资助、入滇手续的办理等,不仅激励人才来滇工作,也为单位进人提供了指导、条件。

(3) 优势产业。云南省引进人才,用人单位吸引人才,其实质是产业对人才的集聚作用,优势产业具有较强的集聚力量。云南省的现有产业当中,有部分产业在全国具有较强的优势,比如烟草加工业、民族医药产业、水力发电业,这些产业集聚了与该产业相关的一些高层次人才。

(4) 气候环境。昆明四季如春,具有较好的气候环境,这对吸引高层次人才来滇工作也具有一定的作用。尤其是对甘肃等气候环境很恶劣的省份的人才具有较强的吸引作用。

(5) 优势资源。云南省具有较丰富的自然资源,如植物、动物、有色金属等,这些具有区位优势的资源无法进行大规模移动,与此相关的研究、开发、利用的工作人员都将在云南省内开展工作。

4. 留不住科技人才的主要因素分析

(1) 经济水平比较落后。云南省经济水平低,与其他较发达的省份相比,对科技人才的吸引缺乏竞争力,许多科技人才在物质利益的驱动下,离开了云南省。

(2) 产业规模小。云南省虽然有几个具有较强优势的产业，但大部分产业规模小，不利于吸引人才和留住人才，如软件产业，缺乏熟练的编程人员，难以吸引高层次的软件人才。

(3) 学科不健全。高层次的科技人才的工作开展，往往需要较健全的学科支撑，而云南省大部分学科不健全。即使用一些物质条件吸引到几个科技人才，也会由于其工作无法开展或难以开展，而迫使科技人才离开云南。

(4) 诚信体系不健全。在吸引科技人才的时候，许多部门单位在有相关引进人才政策的指导下，承诺了许多条件和优厚待遇，但科技人才吸引进来后，却无法兑现承诺或迟迟不兑现承诺，对科技人才失去诚信，迫使科技人才另谋高职。因此，各单位在引进人才时要健全诚信体系。

(5) 市场化体制不健全。云南省市场化程度比较低，用人体制不够灵活，许多单位为"留住"人才，采用卡人政策，结果导致更多的人才离职，外面的人才的不敢进来的局面。因此，必须改变这种饮鸩止渴的用人体制，建立市场化的用人机制，营造一个人才能够自由来去的环境，在动态中留住人才。

二、云南科技人才效用发挥情况

云南留不住现有人才的一个非常重要的原因是云南缺乏让人才充分发挥效用的政策环境。据调查，47.87%的专业技术人才没有能正常发挥出自己的能力。从行业分布看，交通运输、仓储及电信业，金融保险业和教育、文化艺术及广电业三个行业都有超过半数的专业技术人才没有正常发挥自身能力；而科研和综合技术服务业，卫生、体育及社会福利业两个行业的专业技术人才没有正常发挥自身能力比例也接近50%。

调查分析发现：限制云南人才能力发挥的三大原因依次是人际关系复杂，薪酬较低，提升机会太小。

第四节 云南人才引进政策

在"十五"期间，指导云南省人才引进工作的最主要的一个文件是1999年12月31日颁发的云发［1999］46号《关于加快高层次人才培养引进的决定》。该文件在颁发和执行的几年中，为突破云南人才"瓶颈"制约，全面推进云南社会经济发展，在云南省人才培养和人才引进方面起到一定的指导作用。但面临中国加入 WTO、西部大开发和中国—东盟自由贸易区建设的历史机遇，面临经济全球化、人才竞争空前激烈的新挑战，我们有必要重新思考有关的人才引进政策。

一、引进人才对象与定位

在《决定》中说明了云南省引进人才的对象和定位。引进的人才为云南省急需人才。引进人才的重点对象是紧缺急需的高层次人才，具体包括：

在国内外学术技术领域处于领先水平的学术技术带头人和国家有突出贡献的专家；

具有博士学位或高级职称的生物技术和医药、新材料新技术、电子信息、环保、机光电一体化等高新技术产业，生物、烟草、旅游等支柱产业，重点工程等领域的专业技术人才和经营管理人才；

宏观经济管理、金融、法律等人才；

拥有专利、发明和特殊才能或重大贡献的人才；

在云南找到用人单位、专业对口、工作急需的大学本科毕业生。

与部分省份的引进人才的政策相比，云南省的引进人才的对象与定位主要存在以下两个方面的问题：

一方面，引进人才的对象范围相对狭窄。江苏省引进优秀人才的对象是"凡是本省经济和社会发展所需要的各类优秀人才均可在江苏自主择业"，而云南省定位于"云南省急需人才"。相比而言，急需人才比所需人才的范围要窄许多。我们认为，经济建设、社会发展需要许多许多的各类人才，人才要发挥作用需要人才群体的支撑，因此，引进人才不仅包含急需的人才，也要包含发展需要而缺乏的人才。

另一方面，云南省引进人才的门槛过高。只有具备以下条件之一就成为江苏省引进的优秀人才。

具有大学本科学历或中级专业技术职务任职资格、年龄在三十五周岁以下且为本省经济和社会发展所急需的人员；

具有硕士以上学位（含硕士）或高级专业技术职务任职资格的专业技术人员；

本省高新技术、支柱产业、重大工程、新兴产业等领域急需的专业技术、经营和管理人员；

在国外取得本科以上学历并获学士以上学位的回国人员；

具有特殊才能的其他各类高科技人才和创业型人才。

与前述所列的云南省引进的几种类型相比,云南省人才引进的门槛较高,不利于云南吸引人才。

二、引进人才的工资、住房待遇

引进的高层次人才,除档案工资按国家有关规定管理外,其工资待遇完全放开。由用人单位与本人协商,从优确定其报酬。

对引进的在国内外享有较高声誉、在国内具有领先水平、在各自学科或技术领域内起骨干核心作用的优秀学术技术带头人,经省人事厅组织专家委员会审查认定后,由用人单位分别提供1套不低于130、110、90平方米的住房供其使用。机关事业单位按财政供给渠道,由同级财政分别给予15万、10万、7万元的购房补贴。在云南省服务满10年并作出突出贡献的,其住房产权全部归个人所有。

引进的优秀人才的工资待遇按照国家和省有关规定,可由用人单位与引进的人才协商确定;或参照本单位的同类人员的待遇;或按所创效益的一定比例提取。

对于以上待遇,在最近公布的《云南省引进高层次人才享受政府购房补贴和工作经费资助评定认定暂行办法》中有所调整。将购房补贴的标准提升为30万、20万、15万,其余不变。

江苏省的人才政策中的有关规定是"引进的优秀人才的工资待遇按照国家和省有关规定,可由用人单位与引进的人才协商确定;或参照本单位的同类人员的待遇;或按所创效益的一定比例提取。"

相比之下,云南省的政策更具体,江苏省的政策更灵活。由于经济实力的差距,在引进人才的工资待遇和住房补贴,云南省与许多省区相比是并不具备优势的。

三、引进人才的家属、子女配套政策

云南省规定引进高层次人才的配偶、未婚子女随调随迁,不受进城指标限制并免收城市增容费。

对于所引进人才的家属子女,江苏省有如下政策:

配偶、未成年子女是农业户口的,可以随同其在现住地登记城镇户口。

随迁家属,各级政府有关部门不得收取城市增容费以及相关费用。

调入的优秀人才按人事管理权限凭政府人事部门开具的调动通知,直接到公安部门办理其本人及其配偶、未成年子女户口的迁移手续。

引进的优秀人才要求安排其配偶工作的,用人单位应想方设法,通过多种途径妥善安排。政府人事部门以及所属的人才流动服务机构应积极予以协助。

引进博士及具有正高级职称并有突出贡献的专业技术人员,由设区的市以上政府人事部门发给用人单位优秀人才引进通知书。引进人员凭通知书为其在中小学学习的子女选择教学条件较好的学校就读,其户籍所在地教育行政部门应积极帮助联系办理入学手续,有关单位不得收取政府规定以外的费用,并与正常招收的学生一视同仁。

从境外引进的优秀人才,在享受工资、住房、配偶安置、子女入学等优惠政策外,可参照国际惯例与用人单位协商其他方面的待遇。

相比之下,云南省的相关规定过于笼统,不利于相关政策的执行和落实。

四、引进人才的职称晋升

云南省规定引进的高层次人才,原职称予以承认,申报高职不受本单位设岗比例限制。

江苏省的有关政策是"用人单位对引进的优秀人才,可以在核定的专业技术职务结构比例范围内聘任相应的专业技术职务,也可以根据其自身条件和岗位需要,低职高聘。"

相比之下,云南省的引进人才在申报高职时不受本单位设岗比例限制,而江苏省的引进人才可以进行低职高聘。

五、引进人才的科研条件

云南省规定对引进的在国内外享有较高声誉、在国内具有领先水平、在各自学科或技术领域内起骨干核心作用的优秀学术技术带头人,由省人事厅组织专家委员会审查认定后,机关事业单位按财政供给渠道,由同级财政分别给予一次7万、5万、3万元的工作经费资助,并可向省科学技术委员会申报科研启动经费资助。

江苏省的《引进优秀人才工作实施办法》(1999年)中没有相应的规定。

六、引进人才的绩效评价

云南省规定对引进的高层次人才实行目标管理。将待遇与贡献挂钩,对业绩突出的给予奖励,对连续两年考核不适应岗位要求的,不再列入引进的高层次人才管理范围。

江苏省对引进人才时具有"用人单位应对所需引进的优秀人才进行认真的考核并对其学术水平、专业技术及管理能力进行科学的测评和论证。用人单位测评和论证有困难的,可委托政府人事部门核准的人才测评机构进行。"

江苏省对引进人才的绩效考核在《引进优秀人才工作实施办法》(1999年)中没有相应的规定。

七、江苏省引进人才具有的而云南省引进人才不具有的几点优惠条件

江苏省的引进人才还享有以下一些优惠政策:

(1)各级政府人事部门(含人事行政部门授权的人才流动服务机构)具体承办优秀人才引进审批手续。对用人单位申报引进优秀人才,有关人事部门应简化手续,特事特办,审批时间一般不应超过5个工作日。

(2)引进的优秀人才因流动原因辞职或被辞退的,本人要求恢复原身份的,可按国家和省有关规定办理,并享受所在单位同类人员的同等待遇。其他特殊情况可采取特殊办法妥善处理。

(3)用人单位在引进优秀人才的同时,应积极发挥现有人才的作用。鼓励省内各类专业技术人员、管理人员根据本人意愿,到能充分发挥他们作用的岗位上工作。

(4)用人单位要建立单位领导与引进优秀人才联系责任制度,对引进的优秀人才要从政治上关心,生活上照顾,思想上经常沟通,充分听取优秀人才的意见和建议,对他们在工作、生活中遇到的实际困难要及时研究解决,为他们早出成果、多出成果创造良好的条件。

(5)充分发挥人才市场在人才资源配置中的基础性作用,建立和完善人才市场运作机制,为引进优秀人才创造良好的条件。各级政府人事部门所属的人才流动服务机构要继续做好人事代理工作,为用人单位和人才提供优质、高效的人事代理服务。

由此可见,云南省在引进人才政策的制定上,还需要多下工夫,确确实实地为引进人才的提供优惠和服务。

第五节 云南生物医药产业高层次人才存在的问题案例调查

生物医药产业是云南省的五大支柱产业之一，是云南省现在及将来的一个重要的经济增长点，推进生物医药产业向更高层次发展，保持生物医药产业快速增长的态势，生物医药产业高层次技术人才将起到关键性的作用。

为分析云南省生物医药产业的高层次人才的吸引问题，课题组访谈省内几家生物医药企业的人力资源部门，以期待能从实地调查中了解一些情况，得到一些启示。为保护企业的声誉，在研究报告中我们采用A、B、C分别代表访谈的几家生物医药企业。

一、生物医药企业A集团的调查分析

A集团是集中药材栽培及标准制定、新药研发、药品制造、药品流通服务为一体的大型现代化高科技医药企业，是云南省实力最强、规模最大、品牌最优的大型医药企业集团。A集团拥有全资、控股、参股企业18家，职工2000多人。

近年来，伴随着高新技术产业的发展，A集团致力于高层次人才队伍的建设并取得了显著成效。A集团坚持从企业经营发展需求的角度出发，全方位吸引、培养和塑造人才。根据企业经营管理的需要，引进了熟悉市场运作、善于经营决策的高层次管理人才。例如，A集团的现任总裁W先生，自1999年进入A集团以来便为A集团的发展带来了诸多崭新的管理理念，从而为A集团注入了勃勃生机。A集团还根据企业的发展和新产品的开发需要，引进了在专业技术领域具有较强开拓能力的技术创新人才或能解决技术领域疑难问题的高技能人才。2000—2001年，A集团的天然药物研究院引进了三名博士，这三名博士在新药研发等一系列重要项目上发挥了积极作用。

据统计，自1999年以来，仅集团母公司（A公司）就引进了各类专业技术人才100多人，其中包括博士研究生7人，硕士研究生10人，具有高级专业技术职务的4人。在高层次人才的流动方面，A集团形成了引进的人才远远多于流失的人才的良好局面。

在高层次人才的培养、引进和使用方面，A公司经过不断探索而形成

了一系列具有自身特色的方法和措施。

1. 搭建高层次人才的引进平台，引进激发高层次人才效用的激励机制和竞争机制

A集团于1999年成为省内首家获得设立博士后流动工作站资格的生物医药企业，为引进高层次技术人才搭建了创业平台，形成了将产学研结合为一体的培养人才和使用人才的机制。目前该博士后站已有3名博士后进站（其中2人已圆满完成项目〈课题〉出站），为企业的研发工作作出一定的贡献。

为了激发高层次人才的潜能，A集团采用有效的激励机制和竞争机制。在研发领域，推行了"首席科学家制"（项目经理制），采取"成果共享"的分配方式，将科研人员的个人收益与研究成果紧密挂钩，对具有重大贡献的首席科学家和项目组成员予以重奖，极大地调动了科研人员的工作积极性和创造性。在销售领域既采用奖励制度，又采用"末位淘汰制"，极大地激发高层次销售人员的能力。

2. 改革薪酬和考核体系，以弹性的薪酬与福利机制吸引和留住优秀高层次人才，并激励高层次人才不断创新

为了充分发挥薪酬待遇对吸引和留住人才的激励作用，A集团对薪酬和考核体系进行了配套改革，建立了一套鼓励人才创新、创造的分配制度。在研发领域，对开发出一、二、三类新药或其他成果的首席科学家和项目组分别给予50万~300万元不等的重奖；在销售领域则将内部创业机制与"末位淘汰制"有机结合，销售业绩优秀者不仅可以获得"年度销售明星"的荣誉称号及重奖，还可以和股东分享超额利润，业绩不佳者则予以淘汰。销售公司运行四年，有近20人次的分公司经理享受到了超额利润，也有10名分公司经理被解聘。这样奖惩分明的激励机制有效促成了一支优秀的高层次销售人才队伍的形成。对生产及管理类人才，则从清华大学引进一套全新的模式，实行以薪点为基础的岗位技能薪酬体系与360度考核制度。该薪酬体制将薪点率与集团效益挂钩，又将集团效益状况与员工收入紧密相连，从而促进了利益共享、风险共担的关系的形成。A集团将员工主体工资收入的60%作为业绩工资，并将业绩工资与考核结果挂钩。此举更好地体现了多劳多得的分配原则，极大激发了高层次人才的工作积极性，有利于增强高层次人才与企业共命运的使命感。为进一步增强薪酬等因素对高层次人才的吸引力，A集团对部分稀缺人才实行以市场为导向的谈判工资制，执行"工资特区"政策。工资特区对各领域出类拔萃的高层次人才都敞开大门。包括生产一线的能工巧匠也有机

会享受"特区"的待遇，例如，A集团2004年就有3名优秀的高级技术工人被纳入工资特区。此外，A集团对部分有特殊贡献的高层次人才还提供10万~15万元不等的住房补贴。这一系列举措都为A集团吸引和留住优秀人才起到了积极的作用。

3. 不断完善高层次人才的培养机制，致力于高层次人才梯队的形成与高层次人才的本土化

为了开发和转化高层次人才潜能，创建学习型、创新型企业，A集团对高层次人才的培养机制进行了不断完善。例如，A集团通过各部门岗位工作轮换以不断提升部分高层经营管理人员和中层干部的工作能力。与此同时，A集团积极完善培训制度，坚持开展一系列分职能、分层面、内容丰富实用的培训活动。A集团除推行自身的一套缜密的培训方案外，在培养高层次人才领域还得到了来自省委、省政府及有关部门的诸多支持和帮助。

在云南省人事厅、科技厅、环保局等安排下，A集团与国内外高等院校开展了一系列颇具特色的培训活动。例如，2002年3月底，A集团派出以总裁W先生挂帅的18人队伍赴南开大学接受为期一周的高层管理人员培训；2002年8月，上海有机所和复旦大学药学院的10位教授来A集团对有关专业技术人员进行了现代中药生物技术培训；2002年，A集团派出2人赴浙江大学接受为期一个月的工业污染物排放规范化管理培训；2003年12月，A集团聘请国家会计学院院长陈小悦前来进行《产权制度与公司治理》专题讲座，130余人参加了培训；2004年5月，A集团又与南开大学合作举办了"A集团现代物流管理培训班"，A集团有53人参加了培训。这些举措为高层次人才的本土化起到了重要作用。

此外，在省委、省政府的政策及部分资金支持下，A集团多次派中高层管理人员或技术业务骨干参加了与国内外机构或高校的人才培养项目。例如，2001—2004年，A集团先后有4名中高层管理人员被列入省科技厅组织的技术创新人才培养项目，接受了高校在职学位教育，并到欧洲等国外先进企业进行了参观考察和学术交流；2003—2004年，在省委组织部，省人事厅、财政厅的协助支持下，A集团选派出1名生产技术管理骨干全脱产参加了"云南省第二期领导干部和中高层管理人员赴国（境）外中长期培训"项目，并到英国进行了学习培养；2003年A集团则派出了1名业务骨干赴泰国参加了业务培训等，这些项目使企业人才走出国门，放眼广阔的世界，不但极大提升了人才素质，也为企业的发展带回了很多国外先进的管理和技术经验。

据统计，从 2000 年至 2004 年上半年，A 集团开展了各种较大规模的培训累计达 90 余场，参加培训的人员超过 3 500 人次，投入资金近 300 万元。在积极组织培训活动的同时，A 集团还通过设立自学成才奖学金、指导员工设计职业生涯发展计划等方式，鼓励员工自主培训，帮助员工不断进行素质和能力的自我开发。这些举措都有效提高了员工的素质和能力，同时也为高层次人才队伍储备了后备力量。

A 集团在引进人才的同时，也面临着部分人才流失的状况。对于一个有效的企业运作机制来说，人才的流动是正常的。据统计，1999 年以来集团母公司（A 公司）流失人才 10 余人，但均属正常流动。如部分员工因家庭或居住地点变动调动工作，一些员工则在积累了一定工作经验后希望自主创业等等。

就整体而言，A 集团对高层次人才所采取的一系列措施是成功的，当然也存在一些不足。例如，从集团层面上来看，A 集团所属各分、子公司所处地域存在一定差异、发展基础参差不齐，从而导致高层次人才地域分布严重不均衡。在部分新兴或发达地区设立的分、子公司或机构人才队伍整体素质高，流动性较强；而一些地处边疆少数民族地区的分、子公司（如：大理、文山、丽江公司）整体区位优势相对薄弱，交通闭塞，经济文化发展滞后，薪酬待遇缺乏竞争力，因此在一定程度上制约了高层次人才的引进。这些问题亟待不断协调和解决。

二、生物医药企业 B 公司的调查分析

B 公司成立于 1951 年，原是云南省一家集天然药物研发、生产、销售、商业批发、连锁零售和外贸于一体的国有制药企业。1995 年 12 月改制为股份制企业，2000 年 12 月在上海证券交易所上市。2002 年，B 公司成功引入战略合作伙伴——H 公司，从而形成了强强联合之势。

B 公司依托云南省丰富的天然药物资源，走天然药物高新技术产业化和中药现代化的发展道路。B 公司以系列特色中药、民族药而闻名，并显示出了专业化的优势。B 公司还引入了沿海发达地区优秀民营企业的管理理念、经营机制和企业文化，从而加快了发展步伐。B 公司力争在 2010 年成为全球天然药物科技化、现代化的杰出代表和具有国际竞争力的大型医药跨国企业。对于高层次人才的引进，公司主要采取以下一些措施。

1. 确立企业人力资源的战略地位

B 公司将 2004 年定为"人力资源战略年"，说明 B 公司对人才的高度重视，尤其是高层次人才的高度重视。在人力资源战略年中 B 公司为

树立"创一流品牌，育一流人才"的目标，提出了"选人：不拘一格、任人唯贤；育人：共同成长、授人以渔；用人：集体配合、用人所长；留人：人尽其才、事得其人"的理念，试图形成"岗位职业化，职业市场化"，"专心工作每一天，企业发展我进步"的一个良好的用人环境。

2. 搭建高层次人才引进平台

B公司目前拥有一个药物研究所、一个博士后流动工作站和一个医药设计所。2001年6月21日，B公司与云南大学正式签订"博士后联合培养协议"，标志着B公司博士后科研工作站正式启动。这些高层次人才引进平台为B公司引进许多的人才。2002年底至今，B公司从全国引进60余位职业经理人。

3. 进行人力资源管理改革，优化高层次人才资源的要素配置

2001年10月9日，B公司正式启动人力资源管理改革，此次改革以"价值创造"为核心，旨在建立"对内具有公平性，对外具有竞争力"的薪酬体系，提高公司的综合协调和人才资源管理水平。2002年12月，入选为云南省技术创新人才的两位同志开始享受公司发放的"技术创新人才政府特殊生活津贴"。2003年7月1日，B公司集团薪酬及绩效管理改革全面铺开，积极探索市场化的高层次人才的配置、激励、约束机制，确立了以价值创造为基础的绩效考核体系，从而优化高层次人才资源的要素配置。

B公司虽对高层次人才的引进方面作了许多的改革和尝试，但在引进高层次人才的同时，也面临着人才的严重流失。导致这样的局面的原因可能是：引进高层次人才举措的实施具有滞后性，还没有发挥其应有的作用；各项措施的改革带来的暂时性的企业环境动荡，造成高层次人才的流失。不过我们也应看到B公司的决心和所具有的基础，只要找到问题的真正症结，采取相应措施，人才流失局面一定会好转的。

三、生物医药企业C公司的调查分析

C公司是一家合资成立的有限责任公司。该公司致力于植物药的研究开发和生产，以云南特色药物Z系列产品为主攻方向，是国内唯一专业化开发、生产Z系列产品的厂家。目前C公司在Z系列药品的研究水平方面已达到业内一流水平。

该公司人才流动居中等水平，每年引进的人才数约占公司总人数的4%。C公司对高层次人才采取了优惠政策与措施。

1. 搭建高层次人才引进平台,为发挥高层次人才的作用提供良好环境

2003 年 5 月,C 公司经人事部批准设立了博士后流动工作站。该公司下属的医药研究院有 3 名博士和 30 多名本科以上学历的技术人才。C 公司目前已初步形成"生产一代、储备一代、开发一代、研究一代"的自主研发创新体系,初步建立了企业模式、市场运作、集中力量、整合优势、创新开发天然药物的新型药物研究开发中心。

2. 改革薪酬与福利机制,激发高层次人才的能力发挥

在工资待遇上,C 公司随行就市,灵活处置,执行谈判工资制。为高层次人才免费提供住宿。通过薪酬福利的改革,激发高层次人才的工作能力。

3. 创造性开展高层次人才培训,致力于高层次人才后备队伍的形成与高层次人才的本土化

2004 年初,C 公司从国内一所著名大学引进一名博士担任人力资源部总监,同时从另一所著名大学引进一名硕士担任人力资源部培训主管。加强对人才的管理理念的培训,加强高层次人才引进和培训。C 公司在高层次人才培训方面的一个创造性措施是创立一所学院,专门负责对招收的优秀大学生进行综合素质培训,旨在为 C 公司培养一支高素质的营销队伍。此举为 C 公司高层次人才后备队伍的形成与高层次人才的本土化起到了重要作用。

C 公司在高层次人才的引进与培养方面虽然取得了一定成绩,但也面临着人才流失的状况。人才流失的主要原因是部分高层次人才对 C 公司企业文化的不认同而离开公司。随着 C 公司的不断成长,企业文化底蕴的积淀,C 公司高层次人才流失的状况相应也会得到改善。

四、案例调查分析的几点启示

通过对云南省生物医药企业的高层次人才引进的调查分析,我们对云南省生物医药企业如何吸引、培养高层次人才可以得到以下几点启示:

(1)确立高层次人才资源的战略地位,优化高层次人才的工作环境。

(2)搭建高层次人才引进平台,建立高层次人才培养、引进和使用的激励机制和竞争机制。

(3)进行人力资源管理改革,建立弹性的薪酬、福利机制和合理的绩效考核体系。

(4)加强高层次人才的培养,致力于高层次人才梯队的形成与高层

次人才的本土化。

第六节 云南软件产业高层次人才分析

一、软件产业人才缺乏

云南省软件产业是云南省委、省政府比较重视的一个高科技产业，目前云南省软件产业在人才方面主要存在的问题是：一是软件技术人才缺口大，二是软件管理人才更缺乏。

随着国民经济和社会信息化发展的需要，云南软件设计与开发人才在数量和层次上的缺乏日显严重。目前，云南省有软件从业人员3 142人，软件研发人员1 200人，在全国排名第17位[①]。但要满足"十五"期间云南信息产业发展，据估算至少还需要3万本科以上的中高级软件人才[②]，而要满足"十一五"期间信息产业的发展，这一软件技术人才的缺口将会更大。软件产业是一个高技术、人才密集型的产业，软件技术人才的缺乏，将导致软件产业很难发展。软件技术人才的主要的原因是人才的培训速度低，跟不上信息产业的发展速度。

和软件技术人才相比，软件管理人才更缺乏。软件是一个高度协作的工程，但目前云南的软件企业过多地依赖于几个软件技术人才，在软件开发中没有规范性的整体开发思路和整体设计规划。这样开发出的软件因为与个人"捆绑"，既没有通用思路，又很难协同开发正规产品，更不用说开发大型基础软件。对云南省软件产业来说，优秀的软件开发人才固然重要，但科学、合理的软件开发秩序和合理的管理模式更为重要，这意味着云南省软件产业更缺乏软件管理人才。

二、软件人才吸引政策比较分析

云南省软件人才主要集中在昆明高新区云南软件园，我们以该园的优惠政策为依据进行人才吸引政策的比较。软件园有如下一些优惠政策：

入驻昆明高新技术创业服务中心和云南软件园的企业，符合条件的除可享受《国务院关于批准国家高新技术产业开发区和有关政策规定的通

---

① 施惠：《云南软件产业发展现状和目标》，《软件世界》，2004－01－15。
② 新华网云南频道，2001－10－28。

知》(国发［1991］12号)、《鼓励软件产业和集成电路产业发展若干政策的通知》(国发［2000］18号)、《中共云南省委、省政府关于加快发展高新技术产业的决定》(云发［1998］25号)、《中共云南省委、云南省人民政府关于加快高层人才培养引进的决定》(昆高开委发［2001］56号)的优惠政策外,还可享受昆明高新区提供的下列优惠：

(1) 为进区企业在工商登记、人员(调动、招聘、培训)、职称评定、出国政审、户籍管理、会计核算、政策法律咨询等方面提供简便和快捷的服务。

(2) 进区高新技术项目经批准后,可给予贷款贴息、补息、参股和提供一定的风险投资资金和信用贷款担保。

(3) 进区企业的产业化用地,每亩不高于15万元人民币,并且购地资金可在3年内分期分批缴纳。

(4) 根据进区企业研究开发和生产厂房和科研用房。

(5) 低价为企业提供研究开发和生产经营场所。

(6) 设立高新区《高层人才专项资金》,给予进区单位人才培训、进修以及获得硕士、博士学位者每人给予1 000~10 000元的资助。

(7) 高新区建盖的人才公寓将以低价出租或无偿居住,为进区企业引进具有硕士以上学位或高级以上专业技术职称的高层人才,提供短期居住用房。

(8) 给予引进资金和项目的中介者到位引进资金0.5%~2%的奖励。

(9) 对进区企业实施财政专项列支奖励办法。

为对比云南省软件人才政策,我们列出北京市和大连的部分软件人才政策：

北京软件人才政策[①]：

为推动北京市软件产业的跨越式发展,保持软件产业在全国的领先地位,并尽快达到或接近国际先进水平,北京市政府下发了关于贯彻国务院鼓励软件产业和集成电路产业发展若干政策的实施意见。在总共24条软件政策中,有好几条与吸引人才直接有关,如规定凡受聘于本市软件基地或软件企业,具有本科及以上学历且取得高级专业技术职称的,或在国内外获得硕士及以上学位的软件专业技术人员和管理人员,可由用人单位按照有关规定,直接办理调京手续,其配偶及未成年子女可随调、随迁；市财政预算中安排专项资金,用于软件企业高级管理人员和技术人员兴办高

---

① 孙海东,《北京晚报》。

新技术企业或增加本企业资金投入以及个人第一次购买住房、轿车的资金补助,补助标准不超过个人上年已纳个人所得税的80%;国外留学生和外籍人员来京创办软件企业的,享受国家及本市对软件企业的各项优惠政策等。

此外,实施意见还明确了许多促进软件企业发展的其他政策,如市政府建立软件产业创新创业资金,主要用于支持企业、个人利用软件成果创业投资和软件孵化器建设;市计委、科委、经委共同出资,设立软件产业发展专项资金,用于支持研究开发拥有自主知识产权的软件技术和产品;鼓励高等院校、科研机构、国内外企业和个人在京投资兴办软件企业或兴建软件园,其建设项目所需用地,凡以出让方式取得土地使用权,可免交土地出让金;鼓励国内外企业、科研机构、高等院校在京设立各种类型的软件研究与开发中心,经市科委认定符合驻京研发机构条件的,可享受相应的优惠政策;新创办的软件企业经认定后,自获利年度起,第一年和第二年免征企业所得税,第三年至第五年减半征收企业所得税;在中关村科技园区内注册并经认定的软件企业,也可以选择享受园区内高新技术企业的企业所得税优惠政策等。

大连软件人才政策:

入住大连软件园的企业可以免费查阅园区人才储备库,选聘适合企业需要的各类人才。入园高新技术企业、软件企业需要的应届本科及以上毕业生,无条件给予落户指标,办理落户手续。在入园高新技术企业、软件企业任职2年以上,具有本科及以上的专业技术人员和经营管理人员,给予其本人、配偶及未成年子女落户指标,随报随批,免收城市增容费。入园海外留学人员及其配偶和未成年子女给予办理多年有效的《暂住证》,免收城市增容费,其子女入学、入托均享受大连市常住户口人员待遇。

与其他地区的软件人才政策相比,云南省软件人才政策条款没有自己的特色,不具有优势。云南省软件高层次人才政策中对人才的学历要求的门槛比较高,要求硕士以上,而其他城市比如大连则要求本科以上,在软件行业中,有许多人才的能力非常强,而学历并不高。云南省的政策使得自己选择人才的范围缩小了很多,很可能把许多优秀人才挡在门外。高新区建盖的人才公寓将以低价出租或无偿居住,为进区企业引进具有硕士以上学位或高级以上专业技术职称的高层人才,提供短期居住用房。这一政策和其他城市的同类政策相比,劣势是很明显的。这种短期居住用房不可能长期留住人才,这种优惠政策的优惠程度不是很大。

三、软件人才引不进来、留不住的主要原因

出台优惠的人才吸引政策是一回事,能否真正吸引来人才则是另一回事。国内大多数城市都一致地发出渴望软件人才的声音,但真正能够吸引并留住优秀人才只有北京、上海、深圳等寥寥几个城市而已,而更多的优秀软件人才则把发展的目标瞄准了海外。据一份来自北京大学企业研究中心对软件工程师的抽样调查显示:约有30%以上的软件工程师希望到美国发展,而从清华、北大近几年走出来的软件工程师中,大约也有40%以上的人有这样的期望。目前我国软件人才缺口很大,各省市也都在加大对软件人才的吸引力度,但软件人才流失是大部分地区面临的问题。物质待遇和产业环境成为能否吸引、留住软件人才的关键因素。

任何一个软件企业都需要下述三类高级人才:第一类是既懂技术又懂管理的软件高级人才;第二类是系统分析及设计人员,即软件工程师;第三类是熟练的程序员,即软件蓝领。云南要实现软件工业化生产,必须拥有大批从事基础编程的程序员,每个程序员按规定加工整个工程中的某个标准件,如同传统产业的流水线作业,这样我们的软件业才能形成规模,健康发展。在世界软件业进入工业化生产的今天,中国依然是几十人的中小企业在进行小作坊式生产。目前我国拥有的软件技术人员大约16万人,分布在大大小小约6 000家的各类软件公司里,其中,50人以下的企业占55%左右,50人至200人的企业占42%左右,1 000人以上的仅有北大方正和中软总公司、东大软件集团、用友软件集团等少数几家。出席"软件工程国际学术会议"的专家指出,中国软件业"偏软"的根源在于小作坊式的生产,企业规模小,软件开发不能形成规范化的流程作业,没有规范性的整体开发思路和整体设计计划,软件往往与个人"捆绑",软件生产效率和质量难以有量化保证,产品的竞争力也就可想而知。软件小作坊发展首先要解决的应当是人力问题,优秀的高级开发人才固然重要,但相当数量的软件蓝领工人的分工协作对于软件企业的发展更为重要。

对于云南省软件产业的实际情况,云南软件产业最缺乏的是那些训练有素,能够把科研成果转化为产品,从事编码写程序工作的软件蓝领工人。

四、云南吸引软件产业人才的建议

云南在面对软件人才流失时,应立足现实,在稳定现有软件科技人才的同时,引进和聚集大批软件科技人才,这是确保云南软件人才战略有效

实施的关键。

从各个城市的软件高层次人才吸引政策来看,大部分政策主要集中在收入待遇方面,而且力度不是很大,吸引力不是很大。收入待遇固然是吸引人才的很重要的因素,但不是全部因素。云南省的高层次软件人才吸引政策在收入待遇方面不具备优越,因此必须从其他方面弥补:

首先,加大、加快软件工人的培养。软件工人的数量和素质是软件产业的基础,直接决定软件产业上升的潜力。培养与拥有大量基础程序员是软件产业成熟的标志。大批"软件蓝领"进入软件业,除了可以促进软件企业采取工厂式运作并形成标准化,降低开发成本之外,还可以避免对个别程序员的过分依赖,保持企业发展的稳定性和可持续性。没有大批的"蓝领工人"构筑金字塔的底座,仅仅依靠少数高精尖人才,云南软件业难以形成规模经济。产业的发展离不开产业工人出现,如果没有职业化的软件工人,软件发展难以形成规模。当足够多的经过规范化训练的软件白领工人大量兴起,充实到各个软件企业中,云南的软件业必将走上健康稳定的发展道路。

其次,整合现有软件企业的规模。现有的小作坊式的经营严重限制了云南软件业的发展,扩大规模是云南软件业发展的重中之重。

再次,加强软件开发中规范性的整体开发思路和整体设计规划。软件是一个需要高度协作管理的工程,软件企业不能再像过去那样过多地依赖于几个技术人才。科学、合理的软件开发秩序和合理的管理模式更为重要。

最后,引进国外跨国软件公司和加强同国外先进软件公司的全方位的交流同样重要。通过学习交流,可以使我们开阔视野,增长经验,少走弯路,尽快进步。

参 考 文 献

[1] 亚当·斯密. 国民财富的性质与原因. 北京：商务印书馆，1972.
[2] 中共中央马克思恩格斯列宁斯大林著作编译局. 资本论. 北京：人民出版社，2004.
[3] 熊彼特. 经济发展理论. 北京：商务印书馆，1997.
[4] 熊彼特. 资本主义、社会主义与民主. 北京：商务印书馆，1997.
[5] 纳尔逊，温特. 经济变迁的理论演化. 北京：商务印书馆，1997.
[6] 杜因. 经济长波与创新. 上海：上海译文出版社，1993.
[7] G. 多西，C. 弗里曼，G. 纳尔逊. 钟学义，沈利生，陈平，译. 技术进步与经济理论. 北京：经济科学出版社，1992.
[8] 迈克尔·波特. 李明轩，邱如美，译. 国家竞争优势. 北京：华夏出版社，2002.
[9] 钱纳里. 工业化和经济增长的比较研究. 北京：三联书店，1989.
[10] 吴敬琏. 中国增长模式抉择. 上海：上海远东出版社，2006.
[11] 苏东水. 产业经济学. 北京：高等教育出版社，2000.
[12] 简新华. 产业经济学. 武汉：武汉大学出版社，2002.
[13] 辜胜阻. 创新与高新技术产业化. 武汉：武汉大学出版社，2003.
[14] 厉无畏. 中国产业发展前沿问题. 上海：上海人民出版社，2003.
[15] 胡建绩. 产业发展学. 上海：上海财经大学出版社，2008.
[16] 杨公仆，夏大慰. 产业经济学教程. 上海：上海财经大学出版社，1998.
[17] 庄卫名. 产业技术创新. 上海：中国出版集团东方出版中心，2005.
[18] 袁庆明. 技术创新的制度结构分析. 北京：经济管理出版社，

2003.
- [19] 庄卫名等. 发展与技术进步. 上海: 立信会计出版社, 2003.
- [20] 丁巨淘. 技术创新促进西部经济发展研究. 北京: 中国统计出版社, 2002.
- [21] 林竞君. 网络、社会资本与集群生命周期研究. 上海: 复旦大学出版社, 2005.
- [22] 霍夫曼. 工业化的阶段和类型: 对经济历史过程的数量分析. //张培刚. 农业与工业化. 武汉: 华中工学院出版社, 1984.
- [23] 韩振海, 李国平. 国家创新系统理论的演变评述. 科学管理研究, 2004 (4).
- [24] 弗里曼. 日本: 一个新国家的创新系统. 载G. 多西, C. 弗里曼, G. 纳尔逊. 钟学义, 沈利生, 陈平, 译. 技术进步与经济理论. 北京: 经济科学出版社, 1992.
- [25] 纳尔逊. 美国支持技术进步的制度. //G. 多西, C. 弗里曼, G. 纳尔逊. 钟学义, 沈利生, 陈平, 译. 技术进步与经济理论. 北京: 经济科学出版社, 1992.
- [26] 伦德瓦尔. 创新是一个相互作用的过程: 从用户与生产者的相互作用到国家创新体制. //G. 多西, C. 弗里曼, G. 纳尔逊. 钟学义, 沈利生, 陈平译. 技术进步与经济理论. 北京: 经济科学出版社, 1992.
- [27] 陈柳钦. 技术创新、技术融合与产业融合. 科技与经济, 2007 (3).
- [28] 王斌. 技术创新、经济增长与产业结构升级. 北京机械工业学院学报. 1999 (11).
- [29] 盖文启. 集群竞争中国高新区发展的未来之路. 北京: 经济科学出版社, 2007.
- [30] 王缉慈. 创新的空间: 集群与区域发展. 北京: 北京大学出版社, 2001.
- [31] 王缉慈, 魏心镇. 新的产业空间: 高新技术开发区的发展与布局. 北京: 北京大学出版社, 1993.
- [32] 钟坚. 世界硅谷模式的制度分析. 北京: 社会科学出版社, 2001.
- [33] 辜胜阻. 创新与高技术产业化. 武汉: 武汉大学出版社, 2001.
- [34] 王缉慈. 现代工业地理学. 北京: 中国科学技术出版社, 1994.
- [35] 安纳利·萨克森宁. 地区优势. 硅谷和128公路的地区文化和竞

争. 上海：上海远东出版社，1999.

[36] F. M. 谢勒. 技术创新——经济增长的原动力. 北京：新华出版社，2001.

[37] 王缉慈. 关于高新技术产业开发区对区域的发展影响的分析框架. 中国工业经济，1998（3）.

[38] 蔡宁等. 基于企业集群的工业园区发展研究. 中国农村经济，2003（1）.

[39] 翁恺宁. 专业型经济开发区管理体制和产业发展模式比较分析. 特区经济，2002（1）.

[40] 贺灿飞，魏后凯. 信息成本、聚集经济与中国外商投资区位. 中国工业经济，2001（9）.

[41] 叶建亮. 知识溢出与企业集群. 经济科学，2001（3）.

[42] 刘志远，周春花. 高技术产业聚集的经济学分析. 经济理论与经济管理，2002（4）.

[43] 匡志远，陈杰. 高新技术开发区内产业聚集的发展战略. 经济管理，2001（7）.

[44] 张元志. 高科技产开发区的聚集效应与区域竞争优势. 中国科技论坛，2001（9）.

[45] 彭致圭. "园区经济"大有可为. 经济日报，2003-07-08（4）.

[46] 王缉慈. 关于中关村发展模式的深层思考. 北京联合大学学报，2000（1）.

[47] 樊圣君，张旭亮，张振宇. 论区域集群的独特社会资本优势及对区域和国家持续竞争优势的意义. 经济评论，2001（4）.

[48] 张国胜. 基于企业集群的高新技术开发区发展研究. 湖北社会科学，2003（12）.

[49] 郑勇军. 产业区域化与大产业区的培育. 浙江经济，2001（7）.

[50] 李会莉. 我国技术转移现状及发展建议. 企业改革与管理，2006（1）.

[51] 杨建科. 西部开发中的技术转移与人才流动的对策研究. 唐都学刊，2005（9）.

[52] 林耕，傅正华. 北京地区高校技术转移状况分析. 中国高校科技与产业化，2007（1）.

[53] 张树南等. 实施省院省校科技合作 加速云南经济跨越发展. 云南科技管理，2003（1）.

[54] 张勇. 我国FDI技术外溢及对策. 经济纵横, 2006 (11).

[55] 谢军. 外资技术溢出对国内企业影响的实证研究. 商业时代, 2007 (4).

[56] 云南省科技厅. 增强云南核心竞争力 培养引进高科技人才. 对策研究, 2004 (3).

[57] 杨先明. 国际直接投资、技术转移与中国技术发展. 北京: 科学出版社, 2004.

[58] 李志军. 当代国际技术转移与对策. 北京: 中国财政经济出版社, 1997.

[59] 刘秀玲. 国际直接投资与技术转移. 北京: 经济科学出版社, 2003.

[60] 戴庚先, 朱恩良. 技术创新与技术转移. 北京: 科学技术文献出版社, 1994.

[61] 赵黎明. 技术转移论. 北京: 中国科学技术出版社, 1992.

[62] 王美今, 沈绿珠. 外商直接投资技术转移效应分析. 数量经济技术研究, 2001 (8).

[63] 李燕燕、孙新蕾. 欠发达地区吸引外商直接投资技术转移的效应分析. 经济经纬, 2002 (5).

[64] 黄少华. 西部地区技术转移的历史考察. 自然辩证法研究, 2005 (10).

[65] 石茗露. 泛珠三角区域合作背景下西部地区承接产业转移分析. 区域经济, 2006 (8).

[66] 罗美娟, 杨先明. 西部开发与东西部合作创新机制. 世界经济文汇, 2000 (3).

[67] 阿尔弗洛德·拉帕波特. 创造股东价值. 昆明: 云南人民出版社, 2002.

[68] 阿塔纳修斯·阿西马科普洛斯. 收入分配理论. 北京: 商务印书馆, 1995.

[69] 程国平. 经营者激励——理论、方案与机制. 北京: 经济管理出版社, 2002.

[70] 陈国宏. 我国工业利用外资技术进步关系研究. 北京: 经济科学出版社, 2000.

[71] 何传启. 分配革命——按贡献分配. 北京: 经济管理出版社, 2001.

[72] 高培勇. 深入分配: 经济学界如是说. 北京: 经济科学出版社, 2002.

[73] 韩保江. 西方世界的拯救——现代西方收入分配制度变迁与贡献. 济南: 山东人民出版社, 1998.

[74] 劳动和社会保障部劳动工资研究所. 重构与创新——现代企业工资收入分配制度. 北京: 中国劳动和社会保障出版社, 2001.

[75] 刘满强. 技术进步系统论. 北京: 社会科学文献出版社, 1994.

[76] 卢希瑞. 科学技术是创新价值的巨大源泉——企业盈亏兴衰的深层奥秘探析. 北京: 经济科学出版社, 2002.

[77] 刘学. 技术和约与交易费用研究. 北京: 华夏出版社, 2001.

[78] 马源平. 收入分配论. 西安: 陕西人民出版社, 1992.

[79] 帕特里克·沙利文. 价值驱动的智力资本. 北京: 华夏出版社, 2002.

[80] R. 库姆斯, P. 撒维奥蒂, V. 沃尔什. 经济学与技术进步. 北京: 商务印书馆, 1989.

[81] 桑庚陶, 郑绍濂. 科技经济学. 上海: 复旦大学出版社, 1995.

[82] 孙洛平. 收入分配原理. 上海: 上海人民出版社, 1996.

[83] 汪同三等. 技术市场. 北京: 商务印书馆, 1997.

[84] 王瑞明, 徐至展. 高新技术产业若干领域的发展. 北京: 经济科学出版社, 1996.

[85] 魏江. 企业技术能力论——技术创新的一个新视角. 北京: 科学出版社, 2002.

[86] 肖耀球. 技术进步机理与数量分析方法. 长沙: 国防科技大学出版社, 2002.

[87] 谢德仁. 企业剩余索取权: 分享安排与剩余计量. 上海: 上海三联出版社, 上海人民出版社, 2001.

[88] 尹祥硕. 技术进步与新经济. 北京: 人民出版社, 2002.

[89] 陈秋生. 云南省政府采购工作手册 [M]. 云南省财政厅编印 2007.

[90] 郭爱芳, 周建中. 美国政府采购支持技术创新的做法及其借鉴意义 [J]. 科学学与科学技术管理, 2003 (6).

[91] 吴萍, 丁恒龙. 论政府技术创新激励政策 [J]. 镇江高专学报, 2004 (2).

[92] 赵树宽, 刘清恩, 韩通. 充分发挥政府采购政策功能加快提高自主创新能力 [J]. 工业技术经济, 2006 (3).

[93] 徐中民，张太强，程国栋．生态经济学理论方法与应用．郑州：黄河水利出版社，2003．

[94] 胡宝清．区域生态经济学理论、方法与实践．北京：科学出版社，2005．

[95] 陈德昌．生态经济学．北京：经济科学出版社，2003．

[96] 李向前．绿色经济——21世纪经济发展新模式．成都：西南财经大学出版社，2001．

[97] 陈大夫．环境与资源经济学．北京：经济科学出版社，2001．

[98] 桃建．环境经济学．成都：西南财经大学出版社，2001．

[99] 舒惠国．生态环境与生态经济．北京：科学出版社，2001．

[100] 焦毕方．环保型经济增长——21世纪中国必然选择．上海：复旦大学出版社，2001．

[101] 严茂超．生态经济学新论：理论、方法与应用．北京：中国环境科学出版社，2001．

[102] N. Rosenberg, "*Inside the black box.*" Cambridge University Press, 1982.

[103] P. Romer, "*Increasing Returns and Long-Run Growth*", Journal of Political Economy, 1986, Vol. 94, No. 5, pp. 1002 – 1037.

[104] R. Lucas, "*On the Mechanics of Economic Development*", Journal of Monetary Economy, 1988, Vol. 22, No. 5, pp. 3 – 10.

[105] P. Romer, "*Endogenous Technological Change*", Journal of Political Economy, 1986, Vol. 98, No. 5, pp. 71 – 102.

[106] Price, W. J., and Bass. L. W., "*Scientific Research and the Innovative Process*", Science, 1969, 1969, Vol. 164, No. 16, pp. 802 – 806.

[107] Kline, S. J., "*Innovation Is Not a Linear Process*", Research Management, 1985, Vol. 28, No. 4), pp. 36 – 45.

[108] Schmooler, J., "*Innovation and Economic Growth*", Harvard University Press, 1966.

[109] R. Rothwell, *Industrial Innovation: Success, Strategy, Trends*. In M. Dodgson and R. Rothwell, The Handbook of Industrial Innovation. Edward Elgar, 1994, pp. 42 – 43.

[110] Kamien, M. I. and Nancy L. Schwartz, "*Market Structure and Innovation: a Survey*", Journal of Economic Literature, 1975, Vol. 13, pp. 1 – 37.

[111] Scherer, F. M., "*Size of Firm, Oligopoly and Research: A Comment*", Canadian Journal of Economics and Political Science, 1965, Vol. 31, No. 2, pp. 256 - 266.

[112] Acs, Z. J. and Audretsch, D. B., "*Innovation and Size at the Firm Level*", Southern Economic Journal, Vol. 57, No. 3, pp. 739 - 744, Jan. 1991.

[113] J. S. Worley, *Industrial research and the new competition*, Journal of Political Economy, 1961, 61, pp. 183 - 186.

[114] Dosi, G. *Technological paradigms and technological trajectories: asuggested interpretation of the determinants and directions of technical change*, Research Policy, Vol. 2, 1982.

[115] Dosi. *Source, procedures and Microeconomics of Innovation* [J]. Journal of Economic Literature, Vol. 26, 1988. pp. 1127.

[116] L. Biondi and R. Galli, *Technological trajectories*, Futures, July/August, 1992, pp. 580 - 592.

[117] OECD, *National innovation system*, Introduction. 1997, pp. 9 - 10.

[118] Cooke P, Hans - Joachim Braczyk H J and Heidenreich M (eds.) *Regional Innovation System: the Role of Governances in the Globalized World* [M]. London : UCL Press, 1996.

[119] P. Patel and K. Pavitt, *The nature and economic importance of national innovation system*. OECD, STI, 1994, No. 14.

[120] P. Patel and K. Pavitt, *National System of Innovation Under Strain*. http: www. sussex. ac, 1998 - 09 - 21.

[121] G. Menseh, *Stalemate in Technology: Innovation Overcomes the Depression*, New York, Ballinger, 1975.

[122] Van Dujin, *the Long Wave in Economic Life*, London : George Allen and Unwin, 1983, 129.651.

[123] Colin Clark, *The Conditions of Economic Progress*, Macmillan Company, 1957, pp. 493.

[124] Mary Jo Waits : "*The Added Aalue of the Industry Cluster Approach to Economics Analysis, Strategy Development and Service Delivery*", Economic Development Quarterly, 2000, 2.

[125] M · Steiner, *Clusters and Regional Specialization*, London: Pion Limited, 1998.

[126] Porter, M. E., *The Adam Smith address: location, clusters and the "new" microeconomics of competition*. The National Association of Business Economists, 1998.

[127] Krugman, P., *Productivity and Competitiveness*. In Peddling Prosperity, New York, W. Norton, 1994.

[128] Michac E. Porler, *Cluster and the new Economics of Competition*, Havard Business Review, Nv-dec, 1998.

[129] M. Pieter Van Dijk, Robellotti: *Enterprise Clusters and Networksin Developing Countries*, London : Frank Cass, 1997.

[130] Chol - Won Li, *Technological Distance, Growth, and Scale Effects*. Forthcoming in Economic Journal, July, 2002, pp. 2—6.

[131] Jaffe A., M Trajtemberg and R. Henderson, *Geo—graphic Localization of knowledge spillovers as Eveidenced by Patent citations*, NBER Working Papers Series 1993, No. 3993, pp. 11—18.

[132] Wackernagel M., Rees W. E., *Perceptual and structural barriers to investing in natural capital: Economics from an ecological footprint perspective*. Ecological Economics, 1997, No. 20, pp. 3 - 24.

[133] Wackernagel M., Onisto L, Bello P, *National natural capital accounting with the ecological footprint concept*. Ecological Economics, 1999, Vol. 29, pp. 375 - 390.

[134] Wackernagel M., Monfreda C., Erb K H, Haberl H, Schulz N B, *Ecological footprint time series of Austria, the Philippines, and South Korea for 1961 - 1999: Comparing the conventional approach to an actual land area approach*. Land Use Policy, 2004, No. 21, pp. 261 - 269.

[135] Wackernagel M, Monfreda C, Schulz N B, Erb K H, Haberl H, Krausmann F., *Calculating national and global ecological footprint time series: Resolving conceptual challenges.*, Land Use Policy, 2004, No. 21, pp. 271 - 278.

[136] H. T. Odum, *Environmental Accounting, Emergy and Environmental Decision-Making*, John Wiley, N. Y. 1996.

[137] S. Lan, H. T. Odum, *Emergy syntesis of the environmental resource basis and economy in China*, Ecological Sciences, China, pp. 230 - 239.

[138] H. T. Odum and E. C. Odum, *Emergy and public policy*, part 1 - part2, Environmental Engineering Science, University of Florida, USA.

[139] S. Ulgiani, H. T. Odum, *Emergy use, environmental loading and sustainability – An Emergyanalysis of Italy*, Ecological Mdodeling.

后　记

本书缘于云南大学发展研究院的产业经济学重点学科的建设。产业经济学从作为一个有机整体的"产业"出发，探讨产业内部各企业之间相互作用关系的规律、产业本身的发展规律、产业与产业之间互动联系的规律以及产业在空间区域中的分布规律等内容。在产业经济学重点学科的建设过程中，以杨先明教授为学术带头人的研究团队认识到了技术创新在产业经济学理论发展中的重要性，团队成员以云南为例研究了一系列与产业经济理论和产业发展实践内容相关的技术创新问题。本书在文献研究技术创新与产业发展关系的基础上，以云南为例分析了技术创新与产业发展的载体情况、高新技术产业化的环境、技术创新与高新技术产业化发展、高新技术产业化与工业结构优化、技术创新与生物产业发展、技术创新与产业生态环境变化、产业转移过程中的技术创新与产业发展等问题，采用先进的定量方法，试图从技术创新的角度说明云南产业发展滞后的原因，提出了促进云南省技术创新与产业发展的对策思路。

本书是产业经济学学科建设的成果之一。黄宁在杨先明教授主持的《云南省中长期科技发展重大问题研究》课题基础上，结合产业经济学学科建设，提出全书的研究思路和基本框架。本书是一项集体研究成果，各章的分工具体如下：第一章，张国胜；第二章，雷晓凌、黄宁；第三章，张国胜；第四章，黄宁；第五章，黄宁；第六章，徐晓勇、张国胜；第七章，黄宁、张国胜；第八章，黄宁；第九章，张国胜；第十章，黄宁；第十一章，张国胜、黄宁；第十二章，雷晓凌、张国胜。最后由黄宁和张国胜统稿、定稿。

在研究和写作过程中，我们将引用的文献和观点按学术规范标注这些中外作者的相关信息。在付梓之际，除了对这些学者的学术精神和学术贡献深表敬意外，本书作者期望读者能够对书中的不妥之处给以批评指正。

还有一些年轻的研究生以不同的方式对本书的出版作出了贡献，他们是金红丹、周丽盛、黄晋、高明、史晓斌等同学。

在本书的出版过程中，云南大学出版社蔡红华、石可老师付出了辛勤的劳动，在此表示衷心的感谢。

作　者
2008年10月